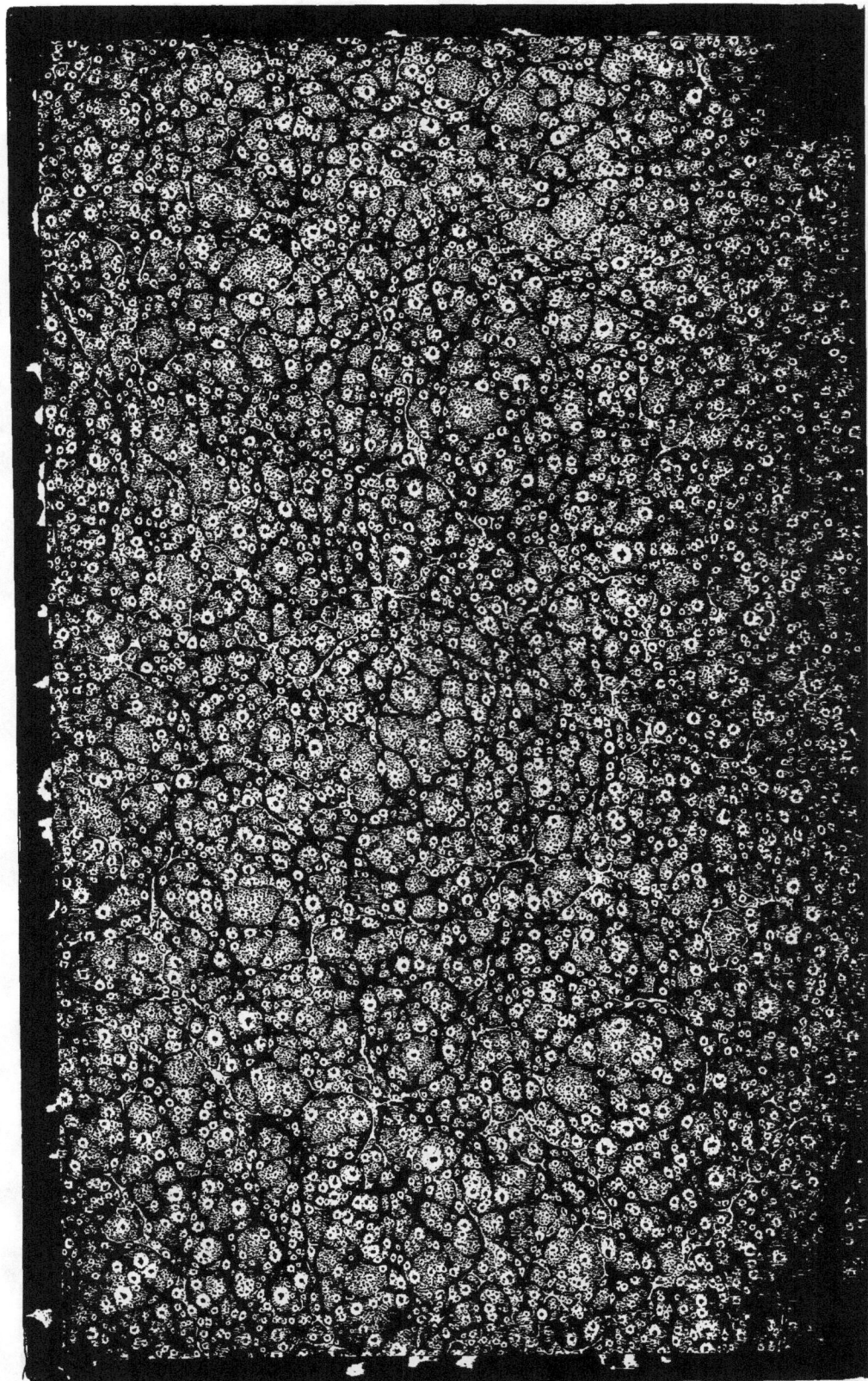

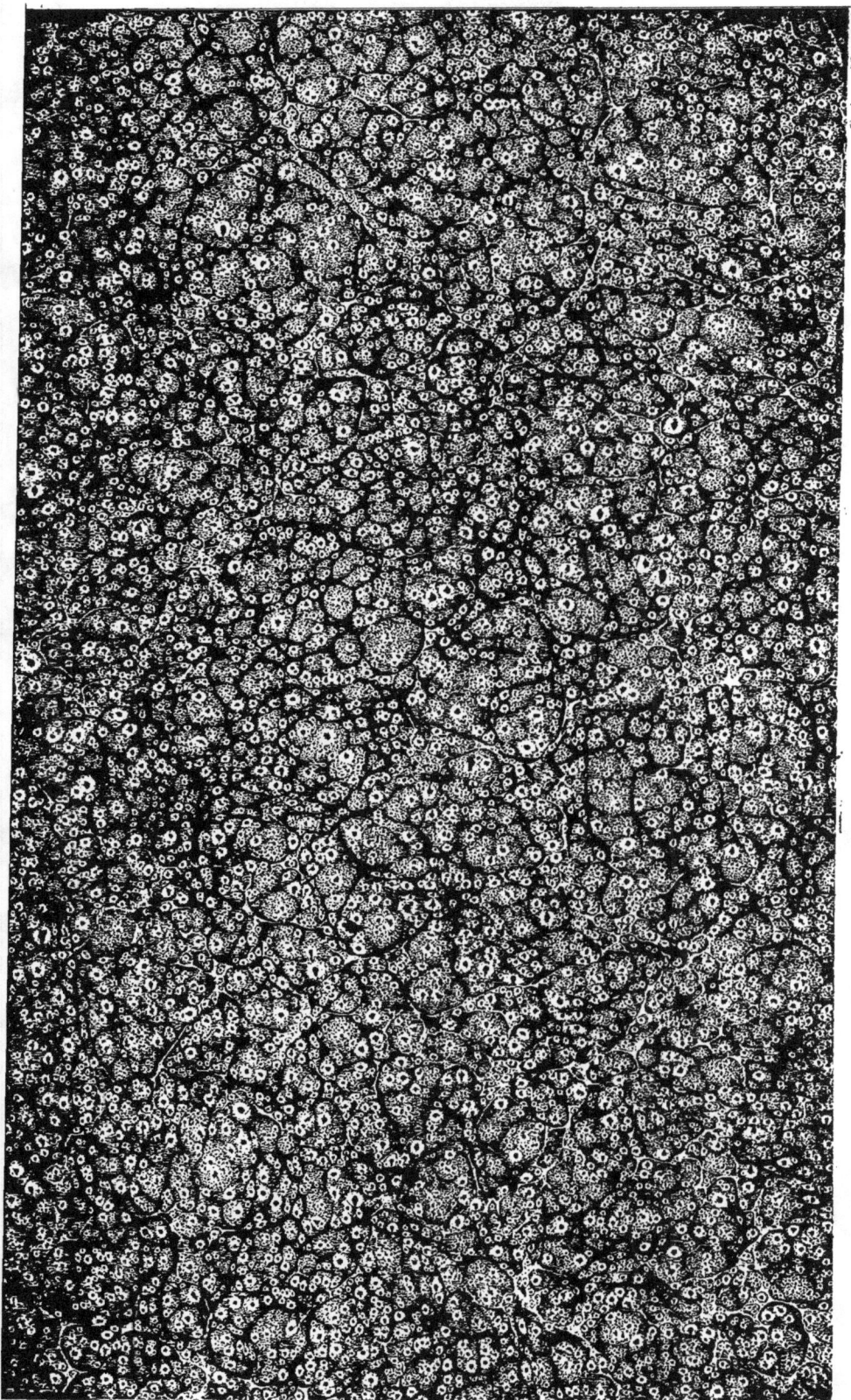

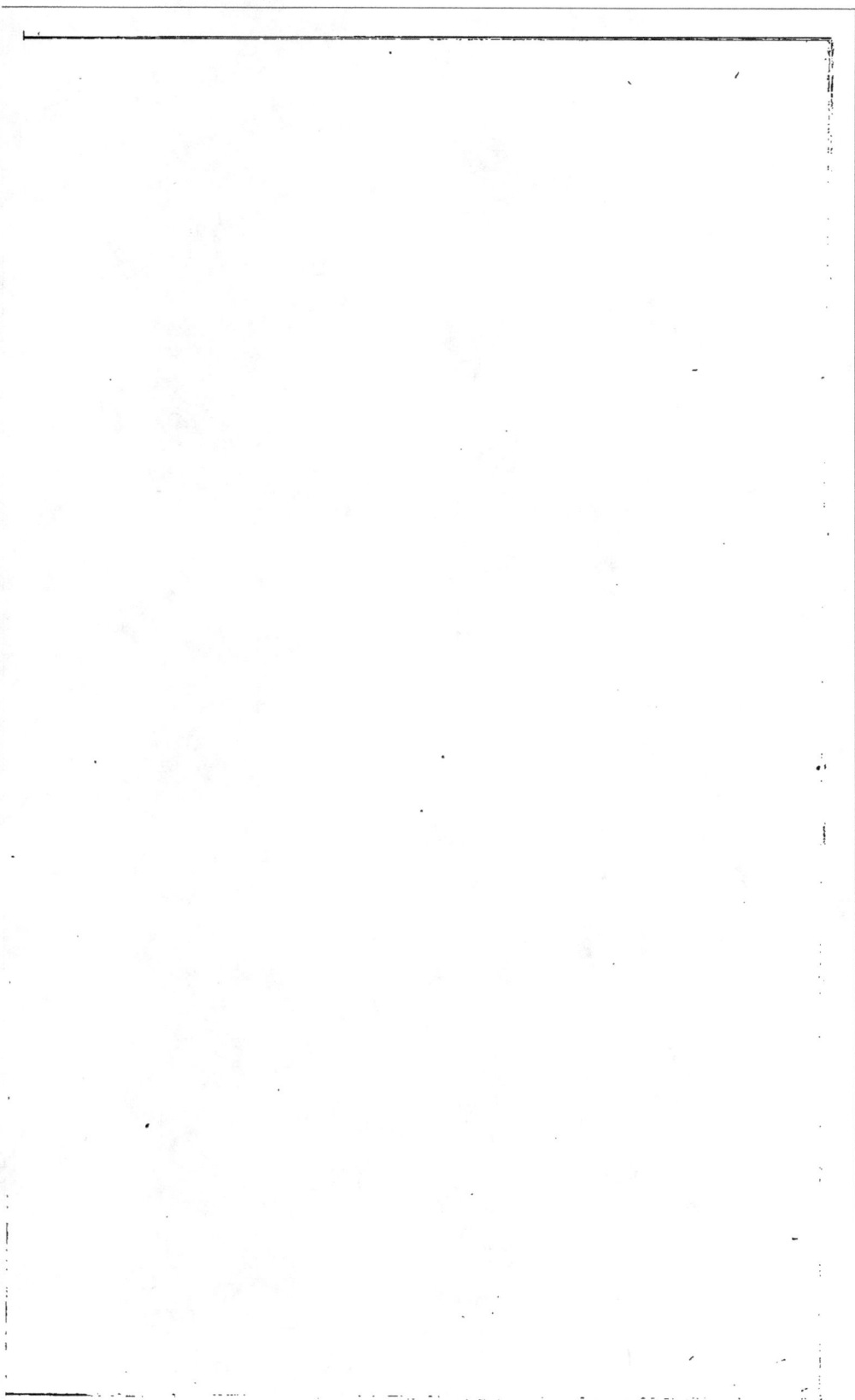

36893

FORMULAIRE

ET MANUEL DE LA PROCÉDURE

DES JUSTICES DE PAIX.

Imprimerie de HENNUYER et Cie, rue Lemercier 24. Batignolles.

FORMULAIRE

ET MANUEL DE LA PROCÉDURE

DES JUSTICES DE PAIX

EN MATIÈRE CIVILE ET CRIMINELLE,

PAR M. J.-L. JAY,

Auteur des Annales et du Répertoire général de la Science des Juges de paix ;
du Traité de la Compétence judiciaire des Juges de paix ;
du Traité des Conseils de famille ;
du Traité des Scellés ; du Manuel des Greffiers; du Guide des Huissiers ;
et autres ouvrages de droit.

—

TOME SECOND.

PARIS

CHEZ L'AUTEUR, RUE DE MULHOUSE, 11,

ET CHEZ VIDECOQ, LIBRAIRE-ÉDITEUR,

PLACE DU PANTHÉON, 1.

—

1850

FORMULAIRE

ET MANUEL DE LA PROCÉDURE

DES JUSTICES DE PAIX

DEUXIÈME PARTIE

LIVRE III.

JURIDICTION NON CONTENTIEUSE DES JUGES DE PAIX. — CONSEIL DE FAMILLE. ÉMANCIPATION. — ADOPTION. — TUTELLE OFFICIEUSE. — SCELLÉS. — DIVERS AUTRES ACTES DE LA JURIDICTION NON CONTENTIEUSE DES JUGES DE PAIX, ACTES DE NOTORIÉTÉ, PROCÈS-VERBAUX DE CONSTATATION OU DE DÉCLARATION, SERMENT DES EMPLOYÉS, CONTRAINTE POUR LES DROITS DE TIMBRE ET D'ENREGISTREMENT, ACTES DE PROCÉDURE COMMERCIALE, ETC. — DU JURY DE RÉVISION DE LA GARDE NATIONALE. — ACTES DE GREFFE, GREFFIERS, RÉPERTOIRES, TRANSMISSION D'OFFICES.

TITRE Ier.

DU CONSEIL DE FAMILLE.

CHAPITRE Ier. — Attributions des Conseils de famille. — Mineur. — Mineur émancipé. — Tuteur à une substitution. — Curateur au ventre. — Mère tutrice qui se remarie. — Hypothèque de la femme mariée. — Poursuites en interdiction. — Conseil judiciaire. — Absence. — Enfant naturel. — Opposition au mariage du mineur. — Tuteur nommé en cas de désaveu d'un enfant.

ARTICLE 1er. — *Définition, et attributions ordinaires du Conseil de famille en cas de minorité.*

816. Le Conseil de famille est une réunion de parents dont le nombre et le choix sont déterminés par la loi, appelés à délibérer, sous la présidence du juge de paix, sur les affaires qui intéressent la personne ou les biens du mineur.

817. Les attributions du Conseil de famille sont principalement de nommer un tuteur et un subrogé tuteur au mineur non émancipé, resté sans père ni mère, ni tuteur élu par ses père et mère, ni ascendants mâles, comme aussi lorsque le tuteur légal ou élu par les père et mère se trouve ou dans le cas d'exclusion, ou valablement excusé. C. civ. 405.

818. De régler par aperçu et selon l'importance des biens régis, lors de l'entrée en exercice de toute tutelle autre que celle des père et mère, la somme à laquelle pourra s'élever la dépense annuelle du mineur, ainsi que celle d'administration de ses biens. C. civ. 454.

819. De spécifier si le tuteur est autorisé à s'aider, dans sa gestion, d'un ou de plusieurs administrateurs particuliers, salariés, et gérant sous sa responsabilité. C. civ. 454.

820. De déterminer positivement la somme à laquelle commencera, pour le tuteur, l'obligation d'employer l'excédant des revenus sur la dépense; cet emploi doit être fait dans le délai de six mois, passé lequel le tuteur doit les intérêts à défaut d'emploi. C. civ. 455.

821. Le tuteur, même le père ou la mère, ne peut emprunter pour le mineur, ni aliéner ou hypothéquer ses biens immeubles, sans y être autorisé par un Conseil de famille. — Cette autorisation ne doit être accordée que pour une cause d'une nécessité absolue, ou d'un avantage évident. Dans le premier cas, le Conseil de famille n'accordera son autorisation qu'après qu'il aura été constaté, par un compte sommaire présenté par le tuteur, que les deniers, effets mobiliers et revenus du mineur sont insuffisants; le Conseil de famille indiquera,

dans tous les cas, les immeubles qui devront être vendus de préférence, et toutes les conditions qu'il jugera utiles. C. civ. 457.

Les délibérations du Conseil de famille, relatives à cet objet, ne seront exécutées qu'après que le tuteur en aura demandé et obtenu l'homologation devant le tribunal de première instance, qui y statuera en la chambre du Conseil, et après avoir entendu le procureur de la République. C. civ. 458.

822. Les inscriptions ou promesses d'inscriptions au-dessus de 50 fr. de rente, appartenant à des mineurs, ne pourront être vendues par les tuteurs ou curateurs qu'avec l'autorisation du Conseil de famille, et suivant le cours du jour, légalement constaté; dans tous les cas, la vente peut s'effectuer sans qu'il soit besoin d'affiche ni de publication. Loi du 24 mars 1806, art. 3.

Les tuteurs ou curateurs des mineurs ou interdits, qui n'auraient en inscriptions ou promesses d'inscriptions de 5 pour 100 consolidés qu'une rente de 50 fr. et au-dessous, en pourront faire le transfert, sans qu'il soit besoin d'autorisation spéciale, ni d'affiche, ni de publication, mais seulement d'après le cours constaté du jour, et à la charge d'en compter comme du produit des meubles. Même loi, art. 1er.

Les mineurs émancipés qui n'auraient de même en inscriptions, ou promesses d'inscriptions, qu'une rente de 50 fr. et au-dessous, pourront également les transférer avec la seule assistance de leurs curateurs, et sans qu'il soit besoin d'avis de parents ou d'aucune autre autorisation. Même loi, art. 2.

823. Les dispositions de cette loi du 24 mars 1806,

relatives au transfert d'inscriptions de 5 pour 100 consolidés, appartenant à des mineurs ou interdits, sont
rendues applicables aux mineurs ou interdits, propriétaires d'actions de la Banque de France, toutes les fois
qu'ils n'auront qu'une action ou un droit dans plusieurs
actions, n'excédant pas en totalité une action entière.
Décret du 25 sept. 1813, art. 1er.

824. Le tuteur ne peut accepter ni répudier une succession échue au mineur, sans une autorisation préalable du Conseil de famille. L'acceptation n'aura lieu
que sous bénéfice d'inventaire. C. civ. 461.

825. Dans le cas où la succession répudiée au nom
du mineur n'aurait pas été acceptée par un autre, elle
pourra être reprise soit par le tuteur, autorisé à cet effet
par une nouvelle délibération du Conseil de famille,
soit par le mineur devenu majeur, mais dans l'état où
elle se trouvera lors de la reprise, et sans pouvoir attaquer les ventes et autres actes qui auraient été légalement faits durant la vacance. C. civ. 462.

826. La donation faite au mineur ne pourra être acceptée par le tuteur qu'avec l'autorisation du Conseil
de famille. Elle aura, à l'égard du mineur, le même effet
qu'à l'égard du majeur. C. civ. 463.

827. Aucun tuteur ne pourra introduire en justice
une action relative aux droits immobiliers du mineur,
ni acquiescer à une demande relative aux mêmes droits,
sans l'autorisation du Conseil de famille. C. civ. 464.

828. La même autorisation sera nécessaire au tuteur
pour provoquer un partage; mais il pourra, sans cette
autorisation, répondre à une demande en partage dirigée contre le mineur. C. civ. 465.

829. Le tuteur ne pourra transiger au nom du mineur qu'après y avoir été autorisé par le Conseil de famille, et de l'avis de trois jurisconsultes désignés par le procureur de la République près le tribunal de première instance. La transaction ne sera valable qu'autant qu'elle aura été homologuée par le tribunal de première instance, après avoir entendu le procureur de la République. C. civ. 467.

830. Le tuteur qui aura des sujets de mécontentement graves sur la conduite du mineur pourra porter ses plaintes à un Conseil de famille, et, s'il y est autorisé par ce Conseil, provoquer la réclusion du mineur, conformément à ce qui est statué à ce sujet au titre de la puissance paternelle. C. civ. 468.

ARTICLE 2.— *Attributions du Conseil de famille relativement au mineur émancipé.*

831. Le mineur resté sans père ni mère pourra, mais seulement à l'âge de dix-huit ans accomplis, être émancipé si le Conseil de famille l'en juge capable. En ce cas l'émancipation résultera de la délibération qui l'aura autorisée, et de la déclaration que le juge de paix, comme président du Conseil de famille, aura faite dans le même acte, que le mineur est émancipé. C. civ. 478.

832. Le compte de tutelle sera rendu au mineur émancipé, assisté d'un curateur qui lui sera nommé par le Conseil de famille. C. civ. 480.

833. Le mineur émancipé ne pourra faire d'emprunts, sous aucun prétexte, sans une délibération du Conseil de famille, homologuée par le tribunal de première instance, après avoir entendu le procureur de la République. C. civ. 483.

834. Il ne pourra non plus vendre ni aliéner ses meubles, ni faire aucun acte autre que ceux de pure administration, sans observer les formes prescrites au mineur non émancipé, c'est-à-dire sans l'autorisation du Conseil de famille, aux termes des art. 467 et suiv., 461 et suiv. du C. civ. A l'égard des obligations qu'il aurait contractées par voie d'achat ou autrement, elles seront réductibles en cas d'excès ; les tribunaux prendront, à ce sujet, en considération la fortune du mineur, la bonne ou mauvaise foi des personnes qui auront contracté avec lui, l'utilité ou l'inutilité des dépenses. C. civ. 484.

835. Tout mineur émancipé dont les engagements auraient été réduits, comme entachés d'excès, aux termes de l'art. 484 du Code civ., pourra être privé du bénéfice de l'émancipation, laquelle lui sera retirée en suivant les mêmes formes que celles qui auront eu lieu pour la lui conférer (C. civ. 485), c'est-à-dire que le Conseil de famille prononcera comme dans le cas de l'art. 478.

836. C'est encore le Conseil de famille qui, à défaut du père ou de la mère, autorise le mineur émancipé, âgé de dix-huit ans accomplis, à faire le commerce. C. com. 2. — Voir ci-après, tit. II, chap. II.

ARTICLE 3. — *Attributions en cas de choix d'un tuteur par une mère remariée.* — *En cas de second mariage de la mère, et autres cas divers.*

837. Le survivant des père et mère a le droit individuel de choisir, pour les enfants qu'il laisse à son décès, un tuteur parent ou même étranger. C. civ. 397, 398.

Mais lorsque la mère remariée et maintenue dans

la tutelle, aura fait choix d'un tuteur aux enfants de
son premier mariage, ce choix ne sera valable qu'autant qu'il sera confirmé par le Conseil de famille.
C. civ. 400.

Quand le Conseil de famille refuse de confirmer le
choix de la mère, il n'est point obligé d'énoncer les
motifs de son refus. Duranton, n° 438.

838. Si le Conseil n'adhère pas à la nomination faite
par la mère, le tuteur qu'elle a désigné peut attaquer
la délibération, quant à la forme, mais non quant au
fond; parce que la nomination n'est valable que sous
la condition qu'elle aura été approuvée par le Conseil
de famille. Duranton, n° 437.

839. Le Conseil de famille autorise encore le tuteur
à consentir à l'enrôlement volontaire du mineur de
moins de vingt ans. Loi du 21 mars 1832, art. 32.

840. C'est encore le Conseil de famille qui nomme
le curateur chargé d'accepter une donation pour un
sourd-muet qui ne sait pas écrire. C. civ. 396.

841. Qui nomme le tuteur chargé de l'exécution
d'une disposition entre-vifs, ou testamentaire, contenant substitution, lorsque ce tuteur n'aura pas été
nommé par l'acte contenant la substitution même? C.
civ. 1055 (1).

(1) La loi du 17 mai 1826, qui permettait d'étendre à deux degrés
en ligne directe la substitution que l'art. 1048 du C. civ. avait limitée
au premier degré seulement, et qui étendait à toute personne le droit
de substituer, a été abolie par la loi du 7 mai 1849; cette loi a purement rétabli le texte de l'art. 1048 du C. civ. tel qu'il était primitivement, c'est-à-dire que les substitutions ne sont plus permises qu'en faveur
des enfants nés ou à naître, au premier degré seulement, des donataires,

A défaut de ce tuteur, il en sera nommé un à la diligence du grevé, ou de son tuteur, s'il est mineur, dans le délai d'un mois, à compter du jour du décès du donateur ou testateur, ou du jour que, depuis cette mort, l'acte contenant la disposition aura été connu. C. civ. 1056.

842. Si lors du décès du mari la femme est enceinte, il est nommé un curateur au ventre par le Conseil de famille. A la naissance de l'enfant, la mère en devient la tutrice, et le curateur est de plein droit le subrogé tuteur. C. civ. 393.

Il faut bien remarquer que le curateur, en pareil cas, est un curateur au ventre et non à l'enfant seul qui doit naître; il doit non-seulement veiller aux droits de cet enfant, mais encore à ceux des personnes qui recueilleraient à son défaut la succession de l'époux décédé; Toullier, t. II, n° 1100. Duranton, t. III, n° 430.

843. La mère n'est point tenue d'accepter la tutelle; néanmoins, en cas qu'elle la refuse, elle doit en remplir les fonctions jusqu'à ce qu'elle ait fait nommer un tuteur (C. civ. 394). Cette disposition de l'art. 394 est générale et s'applique à tous les cas de la tutelle légale de la mère.

844. Si la mère tutrice veut se remarier, elle doit, avant l'acte de mariage, convoquer le Conseil de famille, qui décide si la tutelle doit lui être conservée. — A défaut de cette convocation, elle perd la tutelle de plein droit, et son nouveau mari est solidairement respon-

et qu'elles ne peuvent être stipulées que dans les donations faites par les père et mère.

sable de toutes les suites de la tutelle qu'elle a indûment conservée. C. civ. 395.

845. Lorsque le Conseil de famille, dûment convoqué, conservera la tutelle à la mère, il lui donnera nécessairement pour cotuteur le second mari, qui deviendra solidairement responsable, avec sa femme, de la
gestion postérieure au mariage. C. civ. 396.

846. Une controverse s'est élevée sur l'interprétation
de l'art. 395 : cet article, en disant que la mère tutrice
qui se remarie perd la tutelle de plein droit, si elle ne
s'y fait maintenir avant de contracter le second mariage, entend-il que la tutelle ne pourra plus tard être
rendue par le Conseil de famille à la mère déchue ; la
mère remariée est-elle, par sa déchéance, rendue incapable? Plusieurs arrêts ont déclaré que la déchéance de
la mère était absolue, en ce sens que les actes faits par
elle, comme tutrice, après le convol, ne peuvent être
validés par sa nomination ultérieure, lorsqu'elle est
rappelée à la tutelle par le Conseil de famille (Nîmes,
19 prairial an XIII). Un arrêt de la Cour de Limoges du
17 juillet 1822 a, au contraire, validé les actes faits par
la mère dans l'intérêt du mineur pendant la continuation de sa gestion. Il semble, d'un autre côté, résulter
implicitement d'un arrêt de la Cour de cassation du
31 août 1815, que le convol rend la mère incapable.
Cependant cet arrêt, sainement entendu, dit seulement
que la mère ne peut, en pareil cas, empêcher que le Conseil de famille ne la remplace dans la tutelle : « Cette
question, dit Carou (*De la juridiction civile des juges de
paix*, t. III, p. 102, n° 860, 2e édition), se présente fréquemment ; et, dans l'usage, le Conseil de famille, quand

il n'a, d'ailleurs, aucun autre motif d'exclusion contre la mère, maintient celle-ci dans la tutelle, en nommant son mari cotuteur. Or, cet usage ne me parait contraire à aucune disposition de la loi ; la mère a perdu, dans le cas que nous supposons, la tutelle légale qu'elle avait ; mais elle n'en est pas exclue : et si le Conseil de famille juge utile aux intérêts des enfants de la lui rendre, je ne trouve encore une fois dans la loi rien qui s'y oppose ; et ce système, au contraire, n'est pas seulement conforme à la raison, mais il se fonde, de plus, sur une puissante considération de moralité, parce qu'il est toujours fâcheux de consacrer un acte qui doit isoler la mère de ses enfants, et qui ne peut que relâcher les liens d'affection mutuelle qui devaient exister entre eux. »

Cependant, lors de la discussion de l'art. 395 au Conseil d'Etat, il fut entendu que la tutelle serait perdue de plein droit et sans retour, sans qu'il fût permis à la famille de la rendre à la mère. C'est ce qui est attesté par M. Maleville, l'un des rédacteurs du Code, et par Locré, secrétaire général du Conseil d'Etat. Mais du moment où aucune disposition formelle du Code ne s'y oppose, il semble que l'on peut suivre ce que semble indiquer l'intérêt de la famille.

ARTICLE 4.—*Attributions du Conseil de famille en cas de réduction de l'inscription hypothécaire du mineur ou de la femme mariée.*

847. Lors de la nomination du tuteur, le Conseil de famille peut consentir à ce que, pour l'hypothèque légale du mineur, il ne soit pris inscription que sur quelques-uns de ces immeubles (C. civ. 2141); lorsque l'hypothèque n'a pas été restreinte par l'acte de nomination

du tuteur, le Conseil donne son avis sur la demande en réduction formée ultérieurement par le tuteur, dont les immeubles excèdent notoirement les sûretés suffisantes pour sa gestion (C. civ. 2143). La demande du tuteur est, en pareil cas, formée contre le subrogé tuteur. Même article.

848. Pourra pareillement le mari, du consentement de sa femme, et après avoir pris l'avis des quatre plus proches parents d'icelle, réunis en assemblée de famille, demander que l'hypothèque générale, prise sur tous ses immeubles, pour raison de la dot, des reprises et des conventions matrimoniales, soit restreinte aux immeubles suffisants pour la conservation entière des droits de la femme. C. civ. 2144.

ARTICLE 5. — *Attributions du Conseil de famille en cas de poursuites en interdiction et de dation d'un Conseil judiciaire.*

849. En cas de poursuites en interdiction et de demande portée à cet égard devant le tribunal de première instance, le tribunal ordonnera que le Conseil de famille, formé selon le mode déterminé à la section iv du chapitre ii du titre *De la minorité de la tutelle et de l'émancipation*, donne son avis sur l'état de la personne dont l'interdiction est demandée. C. civ. 494. C. proc. 892.

850. Après l'interdiction prononcée par un jugement du tribunal civil, s'il n'y a pas d'appel de ce jugement ou s'il est confirmé sur appel, il est pourvu à la nomination d'un tuteur et d'un subrogé tuteur à l'interdit, suivant les règles prescrites au même titre *De la minorité de la tutelle et de l'émancipation*. C. civ. 505. C. proc. 895.

851. La femme peut être nommée tutrice de son mari; en ce cas le Conseil de famille règle la forme et les conditions de l'administration , sauf le recours devant les tribunaux de la part de la femme qui se croirait lésée par l'arrêté de la famille. C. civ. 507.

852. L'interdit est assimilé au mineur, pour sa personne et pour ses biens ; les lois sur la tutelle des mineurs s'appliqueront à la tutelle des interdits. C. civ. 509.

853. Les revenus d'un interdit doivent être essentiellement employés à adoucir son sort et à accélérer sa guérison, selon le caractère de sa maladie et l'état de sa fortune ; le Conseil de famille pourra arrêter qu'il sera traité dans son domicile, ou qu'il sera placé dans une maison de santé et même dans un hospice. C. civ. 540.

854. Lorsqu'il sera question du mariage de l'enfant d'un interdit, la dot ou l'avancement d'hoirie , et les autres conventions matrimoniales, seront réglés par un avis du Conseil de famille homologué par le tribunal, sur les conclusions du procureur de la République. C. civ. 544.

855. L'interdiction cesse avec les causes qui l'ont déterminée : néanmoins la mainlevée ne sera prononcée qu'en observant les formalités prescrites pour parvenir à l'interdiction , et l'interdit ne pourra reprendre l'exercice de ses droits qu'après le jugement de mainlevée. C. civ. 542; C. proc. 896.

856. La loi du 30 juin , 6 juillet 1838 , sur les aliénés, donne encore quelques attributions au Conseil de famille : ainsi, d'après l'article 15 , avant même que les

médecins aient déclaré la guérison, toute personne placée dans un établissement d'aliénés cessera d'y être retenue dès que la sortie sera requise par l'une des personnes ci-après désignées, savoir : 1° Le curateur nommé
à l'interdit en vertu de l'article 38 de la même loi, en
outre de l'administrateur provisoire; 2° l'époux ou l'é-
pouse; 3° s'il n'y a pas d'époux ou d'épouse, les ascendants; 4° s'il n'y a pas d'ascendants, les descendants;
5° la personne qui aura signé sur la demande d'admission, à moins qu'un parent n'ait déclaré s'opposer à ce
qu'elle use de cette faculté sans l'assentiment du Conseil de famille; 6° toute personne à ce autorisée par
le Conseil de famille; s'il résulte d'une opposition notifiée au chef de l'établissement par un ayant droit
qu'il y a dissentiment, soit entre les ascendants, soit
entre les descendants, le Conseil de famille prononcera.

L'article prévoit ensuite le cas où l'état mental du
malade pourrait compromettre l'ordre public ou la sûreté des personnes, cas dans lequel le maire du lieu
peut ordonner immédiatement un sursis provisoire à la
sortie, à la charge d'en référer dans les vingt-quatre
heures au préfet. Le préfet est tenu de statuer et de donner ses ordres dans la quinzaine.

En cas de minorité ou d'interdiction, ajoute l'article,
le tuteur pourra seul requérir la sortie.

857. L'article 32 de la même loi pourvoit à la nomination d'un administrateur provisoire aux biens de
toute personne non interdite placée dans un établissement d'aliénés. Cette nomination, confiée comme celle
d'un interdit au tribunal civil, n'aura lieu, dit l'article,

qu'après délibération du Conseil de famille, et sur les conclusions du ministère public.

858. Les attributions du Conseil de famille s'étendent aussi à la nomination d'un Conseil judiciaire. La défense de procéder sans l'assistance d'un Conseil peut être provoquée par ceux qui ont droit de demander l'interdiction; leur demande doit être instruite et jugée de la même manière. C. civ. 514.

859. Cette défense ne peut être levée qu'en observant les mêmes formalités.

ARTICLE 6. — *Attributions en cas d'absence des père et mère. — Attributions relatives à l'enfant naturel. — Opposition au mariage d'un mineur. — Tuteur nommé en cas de désaveu d'un enfant.*

860. Il est encore des cas spéciaux où la loi exige l'avis du Conseil de famille : ainsi, les articles 141 et suivants du Code civil, au titre *De l'absence*, règlent la surveillance des enfants du père qui a disparu, laissant des enfants mineurs issus d'un commun mariage; la mère en aura la surveillance, et elle exercera tous les droits du mari, quant à leur éducation et à l'administration de leurs biens (C. civ. 141). Six mois après la disparition du père, si la mère était décédée lors de cette disparition, ou si elle vient à décéder avant que l'absence du père ait été déclarée, la surveillance des enfants sera déférée, par le Conseil de famille, aux ascendants les plus proches, et à leur défaut, à un tuteur provisoire. C. civ. 142.

861. Il en sera de même dans le cas où l'un des époux qui aura disparu laissera des enfants mineurs issus d'un mariage précédent. C. civ. 143.

862. Dans le cas d'absence du père, c'est donc la

mère qui exerce la puissance paternelle; si elle existe, il n'y a pas lieu à nommer de tuteur à ses enfants mineurs, ni même de l'instituer tutrice. Elle exerce tous les droits du mari de la même manière que celui-ci les aurait exercés lui-même; ses biens ne sont pas frappés d'hypothèque légale; il n'est pas nommé de subrogé tuteur; la femme peut également, en pareil cas, administrer les biens de la communauté, même les biens propres de son mari. C. civ. 124.

863. L'enfant naturel qui n'a point été reconnu, et celui qui, après l'avoir été, a perdu ses père et mère, ou dont les père et mère ne peuvent manifester leur volonté, ne pourra, avant l'âge de vingt et un ans révolus, se marier qu'après avoir obtenu le consentement d'un tuteur *ad hoc* qui lui sera nommé (C. civ. 159). — Ce tuteur *ad hoc* doit nécessairement être nommé par le Conseil de famille. C. civ. 405.

864. S'il n'y a ni père ni mère, ni aïeuls ni aïeules, ou s'ils se trouvent tous dans l'impossibilité de manifester leur volonté, les fils ou filles mineurs de vingt et un ans ne peuvent contracter mariage sans le consentement du Conseil de famille (C. civ. 160). — Le Conseil ne se borne point à autoriser le mariage, il nomme un tuteur *ad hoc* au mineur pour l'assister dans le contrat et dans le règlement des conventions matrimoniales. C. civ. 1398.

L'impossibilité des père et mère, aïeuls ou aïeules, de manifester leur volonté, résulte, ou de leur interdiction, ou de leur absence, déclaré ou non, ou de leur disparition, ou de leur domicile inconnu.

865. L'art. 174 du Code civil permet au frère ou à

la sœur, à l'oncle ou à la tante, au cousin ou à la cousine germains, majeurs, de former, à défaut d'aucun ascendant, opposition à la célébration du mariage du mineur qui a contracté sans le consentement du Conseil de famille, requis par l'art. 160 précité, ou lorsque l'opposition est fondée sur l'état de démence du futur époux.

D'après l'art. 175, dans ces deux cas, le tuteur ou curateur ne pourra, pendant la durée de la tutelle, ou curatelle, former opposition qu'autant qu'il y aura été autorisé par un Conseil de famille, qu'il pourra convoquer.

Le tuteur qui a été ainsi autorisé à former opposition à la célébration pour cause de démence, doit s'engager devant le tribunal à provoquer l'interdiction, et à y faire statuer dans le délai qui sera fixé par le jugement. C. civ. 174.

866. De même que la loi ne lui permet pas d'autoriser seul, sans le consentement du Conseil de famille, le mariage du mineur, de même elle lui a imposé l'autorisation de ce Conseil pour former opposition à la célébration.

867. L'exécution des art. 267 et 302, qui permettent à la famille de demander que les enfants mineurs, en cas de demande de divorce ou de séparation de corps, ou après le divorce et la séparation de corps prononcée (C. civ. 307), soient remis à celui des époux qui est le plus capable d'en prendre soin, ou même à une tierce personne, est encore confiée au Conseil de famille.

868. En cas de désaveu d'un enfant de la part du

mari ou de ses héritiers, l'art. 318 déclare non avenu l'acte extra-judiciaire contenant ce désaveu, s'il n'est suivi, dans le délai d'un mois, d'une action en justice, dirigée contre un tuteur *ad hoc*, donné à l'enfant. Mais, qui nomme ce tuteur? Le Conseil de famille, sans contredit, dont la convocation est requise du juge de paix compétent par le mari désavouant.

869. C'est encore le Conseil de famille qui règle les conditions qui doivent être acceptées par le tuteur officieux, en cas de tutelle officieuse. C. civ. 361. — Voir ci-après, tit. III, chap II.

CHAPITRE II. — Qui convoque le Conseil de famille? — Membres qui doivent le composer. — Exclusions.

870. Le Conseil de famille est convoqué, soit sur la réquisition, et à la diligence des parents du mineur, de ses créanciers, ou d'autres parties intéressées, soit même d'office, par le juge de paix du domicile du mineur. — Toute personne peut dénoncer à ce juge de paix le fait qui donne lieu à la nomination d'un tuteur. C. civ. 406.

871. Le Conseil de famille, appelé à nommer un nouveau tuteur, doit être convoqué dans le lieu du *domicile naturel* du mineur, c'est-à-dire de celui qu'il avait lors de l'ouverture de la tutelle, et non dans le lieu du domicile du dernier tuteur. Cass. 29 novembre 1809, et 23 mars 1819; Toullier, tom. II, n° 1114; Duranton, tom. III, n° 453; Magnin, *des Tutelles*, tom. I, n° 78; Favard de Langlade, *Rép.*, v° *Tutelle*, § 4, n° 4.

872. Le Conseil de famille est composé, non compris le juge de paix, de six parents ou alliés, pris tant dans la

commune où la tutelle sera ouverte, que dans la distance de deux myriamètres, moitié du côté paternel, moitié du côté maternel, et en suivant l'ordre de proximité dans chaque ligne. — Le parent est préféré à l'allié du même degré; et, parmi les parents du même degré, le plus âgé à celui qui le sera le moins. C. civ. 407.

873. Les frères germains du mineur, et les maris des sœurs germaines, sont seuls exceptés de la limitation de nombre posée en l'article précédent. — S'ils sont six, ou au delà, ils seront tous membres du Conseil de famille, qu'ils composent seuls, avec les veuves d'ascendants, et les ascendants valablement excusés, s'il y en a. — S'ils sont en nombre inférieur, les autres parents ne sont appelés que pour compléter le Conseil. C. civ. 408.

874. L'observation de cet art. 408 peut avoir pour effet de rompre la balance entre les deux lignes; ainsi, il arrivera souvent qu'il y aura plus d'ascendants dans une ligne que dans une autre; il se pourra même qu'il n'y en ait que dans une seule. Mais le texte de l'art. 408 est trop positif, pour que l'on puisse, en pareil cas, soit les exclure, soit appeler, pour contrebalancer leur nombre, des parents de l'autre ligne.

875. Lorsque les parents et alliés de l'une ou de l'autre ligne se trouveront en nombre insuffisant sur les lieux, ou dans la distance désignée par l'art. 407, le juge de paix appellera, soit des parents ou alliés domiciliés à de plus grandes distances, soit, dans la commune même, des citoyens connus pour avoir eu des relations habituelles d'amitié avec le père ou la mère du mineur. C. civ. 409.

876. Le juge de paix peut, lors même qu'il y a sur les

lieux un nombre suffisant de parents ou alliés, permettre de citer, à quelque distance qu'ils soient domiciliés, des parents ou alliés plus proches en degré, ou de mêmes degrés que les parents ou alliés présents, de manière, toutefois, que cela s'opère en retranchant quelques-uns de ces derniers, et sans excéder le nombre réglé par les précédents articles. C. civ. 410.

877. L'inobservation des règles prescrites pour la composition des Conseils de famille n'entraîne pas de plein droit nullité des délibérations prises par le Conseil irrégulièrement composé. Les articles 407 et 409 du Code civil ne disposant pas à peine de nullité, on doit laisser à la sagesse et à la prudence des tribunaux le soin d'apprécier les circonstances particulières qui peuvent excuser des irrégularités exemptes de tout soupçon de dol ou de connivence. Cass. 30 avril 1834 ; 30 avril 1838; Annales et Rép. gén., au mot *Conseil de famille*, § 11, n°s 58 et suiv.

878. Ne peuvent être tuteurs, ni membres du Conseil de famille : 1° les mineurs, excepté le père ou la mère; 2° les interdits; 3° les femmes autres que la mère et les ascendantes; 4° tous ceux qui ont, ou dont les père ou mère ont, avec le mineur, un procès dans lequel l'état de ce mineur, sa fortune, ou une partie notable de ses biens sont compromis. C. civ. 442.

Tout individu qui a été exclu ou destitué d'une tutelle ne peut non plus être membre d'un Conseil de famille. C. civ. 445.

879. Outre ces exclusions, résultant de la loi des tutelles, il en est d'autres aussi formelles attenantes à l'état ou à la capacité civile des citoyens. Ainsi, la

mort civile rend celui qui en est frappé incapable d'être nommé tuteur, ni de concourir aux opérations relatives à la tutelle. C. civ. 25; C. pén. 28, 34, 4°.

La dégradation civique entraîne l'incapacité de faire partie d'aucun Conseil de famille et d'être tuteur, curateur, subrogé tuteur, ou conseil judiciaire, si ce n'est de ses propres enfants, et sur l'avis conforme de la famille. C. pén. 34, 4°.

La condamnation à la peine des travaux forcés à temps, de la détention, de la réclusion, ou du bannissement, emportera la dégradation civique; la dégradation civique sera encourue du jour où la condamnation sera devenue irrévocable; et, en cas de condamnation par contumace, du jour de l'exécution par effigie. C. pén. 28.

L'interdiction du vote et suffrage, dans les délibérations de famille, peut être aussi attachée à une peine correctionnelle : les tribunaux, jugeant correctionnellement, pourront, dans certains cas, dit l'art. 42 du Code pénal, interdire, en tout ou en partie, l'exercice des droits civiques, civils et de famille suivants... 3° de vote et de suffrage dans les délibérations de famille.

880. Mais les tribunaux ne peuvent admettre d'autres causes d'exclusions que celles résultant d'une disposition formelle de la loi. Il a été jugé que les art. 442 et 445 du Code civil ne sont pas démonstratifs, mais bien limitatifs, et qu'ils doivent être pris à la lettre. Cass. 13 oct. 1807.

Ainsi, les causes même d'exclusion de la tutelle ne sauraient être étendues à l'exclusion des Conseils de famille; mais le juge de paix peut se dispenser d'appeler tel parent désigné par la loi, pourvu, toutefois, qu'il ne soit ni ascendant, ni frère ou sœur germain, ni mari de sœur germaine, s'il reconnaît que sa présence pourrait être nuisible ou même inutile dans le Conseil. L'art. 40, en lui permettant de désigner même en dehors de la localité, et quoiqu'il y ait sur les lieux un nombre suffisant de parents ou alliés, des parents ou alliés de même degré que ceux présents, lui donne les moyens de composer presque toujours convenablement le Conseil de famille; il ne faut pas qu'il en abuse, mais il peut en user.

CHAPITRE III. — Convocation du Conseil de famille. — Formes. — Absence des membres. — Excuses. — Amendes. — Délibération. — Majorité. — Refus de voter. — Procès-verbal.

881. Celui qui demande la convocation du Conseil de famille requiert cédule du juge de paix. Mais la cédule n'est pas nécessaire, quand tous les parents sont d'accord pour comparaître au jour indiqué par le juge de paix pour l'assemblée.

882. Le délai pour comparaître sera réglé par le juge de paix à jour fixe, mais de manière qu'il y ait toujours, entre la citation notifiée et le jour indiqué pour la réunion du Conseil, un intervalle de trois jours au moins, quand toutes les parties citées résideront dans la commune, ou dans la distance de deux myriamètres. — Toutes les fois que, parmi les parties citées, il s'en trouvera de domiciliées au delà de cette distance, le délai sera augmenté d'un jour par trois myriamètres. C. civ. 411.

883. Les parents, alliés ou amis, ainsi convoqués, sont tenus de se rendre en personne, ou de se faire représenter par un mandataire spécial. — Le fondé de

pouvoirs ne peut représenter plus d'une personne. C. civ. 412.

884. La procuration donnée au fondé de pouvoirs doit être enregistrée. Il n'est pas nécessaire qu'elle soit faite par acte devant notaire ; une procuration sous seing privé suffit. Cependant, il faut que le juge de paix puisse s'assurer que la signature, au bas de chaque procuration, est bien celle du membre cité ; on peut, à cet effet, faire légaliser par le maire et par le sous-préfet.

885. Est-il nécessaire que la procuration mentionne la volonté du mandant, qu'elle exprime quel est l'objet de la délibération pour laquelle il est convoqué, qu'elle limite même et détermine les pouvoirs du mandataire, en spécifiant, par exemple, s'il s'agit de la nomination d'un tuteur, que le mandataire devra nommer telle ou telle personne ; ou bien, s'il s'agit d'autoriser le tuteur à faire tel ou tel acte, que cette autorisation devra ou ne devra pas être donnée ? — Nous pensons que l'objet de la délibération doit être mentionné dans la procuration, de même qu'il l'est dans la cédule signifiée ; mais il n'est pas nécessaire de limiter les pouvoirs du mandataire. Il pourrait même être nuisible, en certaines occasions, de le faire, puisqu'on entraverait ainsi la délibération du Conseil de famille, et qu'on en rendrait le succès impossible par l'accord de tous les membres. Cependant, il semble difficile d'empêcher un parent de préciser sa volonté dans la procuration qu'il donne.

886. L'art. 409 n'autorise le juge de paix à permettre la convocation, à défaut de parents demeurant sur les lieux, que des amis du père ou de la mère du mineur

habitant dans la commune même. Des amis domiciliés hors de la commune ne seraient donc pas tenus de se rendre à la convocation.

887. Tout parent, allié ou ami, convoqué, et qui sans excuse légitime, ne comparaît point, encourt une amende qui ne pourra excéder cinquante francs, et sera prononcée sans appel par le juge de paix. C. civ. 413.

888. S'il y a excuse suffisante et qu'il convienne, soit d'attendre le membre absent, soit de le remplacer; en ce cas, comme en tout autre où l'intérêt du mineur semble l'exiger, le juge de paix peut ajourner l'assemblée ou la proroger. C. civ. 414.

889. L'assemblée se tient de plein droit chez le juge de paix, à moins qu'il ne désigne lui-même un autre local. La présence des trois quarts au moins des membres convoqués est nécessaire pour qu'elle délibère. C. civ. 415.

890. Le nombre légal des membres du Conseil de famille étant de sept personnes, six parents ou amis et le juge de paix, c'est sur ce nombre sept qu'il faut calculer les trois quarts. Or, les trois quarts de sept étant cinq un quart, il s'ensuit que le Conseil de famille ne peut délibérer qu'au nombre de six membres, cinq parents ou amis et le juge de paix; car la présence du juge de paix ou d'un suppléant est toujours nécessaire, le Conseil de famille ne pouvant être présidé que par eux : « Le Conseil de famille est présidé par le juge de paix, « qui y a voix délibérative et prépondérante en cas de « partage. » C. civ. 416.

891. Quand les membres du Conseil de famille sont réunis en nombre suffisant, sous la présidence du juge

de paix, ce magistrat, ou la partie requérante, expose les motifs de la convocation. Chaque membre qui veut discuter, rejeter ou approuver la proposition, peut le faire, et les autres membres peuvent lui répondre. Après la discussion finie, ou s'il n'y en a point, on passe à la délibération, et les voix sont recueillies par le président, qui en proclame le résultat devant le Conseil.

892. Mais quel est le nombre de voix nécessaire pour former la majorité? La loi ne s'explique pas positivement sur ce sujet. Mais il résulte de l'article 416, qui accorde au juge de paix, en cas de partage, la voix prépondérante, que c'est à la majorité simple des voix, que les délibérations se forment. En effet, cette voix prépondérante n'est nécessaire que pour établir la majorité relative.

Le projet de rédaction de l'article 416 du Code civil portait, dans le principe, qu'en cas de partage, les membres du Conseil devaient s'accorder sur le choix du départageant, et à défaut par eux de s'entendre sur ce choix, il enjoignait au juge de paix de faire cette nomination. Sur l'observation de M. Tronchet, que ce mode de départager pourrait entraîner des embarras et des longueurs, le juge de paix fut chargé lui-même de départager. Partant de là, et attachant peut-être au mot départager une importance plus grande qu'il ne faudrait, M. Duranton (t. III, p. 458) y a vu la nécessité pour le Conseil de se diviser, en cas de partage, en deux parties égales, et par analogie de ce qui se pratique en pareil cas parmi les juges d'un tribunal, il a voulu que s'il se formait dans le Conseil plus de deux opinions sur le choix du tuteur, les membres plus faibles en nom-

bre fussent tenus de se réunir à l'une des deux opinions
qui auraient été émises par le plus grand nombre. De
cette manière, le juge de paix n'aurait, en se décidant
pour l'une des deux opinions, qu'à faire pencher la balance pour compléter la majorité absolue, indispensable, selon l'auteur, pour la régularité de la délibération. Nous devons ajouter que cette opinion a été suivie par quelques arrêts. Bruxelles, 15 mars 1806; Metz,
16 février 1812; Aix, 10 mars 1840; Devil, 40, 2, 346.
C'est aussi l'avis de Rolland de Villargue, v° *Conseil de
famille*, n° 16; de Favard de Langlade, v° *Tutelle*, § 4,
n° 6.

Mais nous ne croyons pas devoir nous arrêter à l'ar-
gumentation qui a séduit ces autorités, et nous pensons
au contraire avec M. Toullier (t. II, p. 331) que la majorité absolue des suffrages n'est pas nécessaire pour former la délibération des Conseils de famille; que la majorité relative suffit, parce que ce n'est qu'à cette majorité que peut se rapporter la prépondérance du juge
de paix. — Si donc trois des six membres convoqués
donnaient leurs voix à un candidat, deux autres à un
second candidat, et le sixième à un troisième, le second
serait nommé si le juge de paix lui donnait son suffrage.

Nous ajoutons enfin : 1° qu'il est des cas où l'opinion
de M. Duranton sur la majorité absolue ne pourrait
trouver son application ; 2° qu'entendre, comme le fait
cet auteur, la faculté accordée au juge de paix, c'est
créer pour les membres du Conseil une obligation qui
n'est pas dans la loi.

Nous disons d'abord qu'elle ne pourrait s'appliquer
à tous les cas. En effet, dans l'exemple cité par M. Du-

ranton, le Conseil se compose de six membres, plus le juge de paix; dès lors, il y a possibilité de partage égal entre ses six membres. Mais s'il arrive que le Conseil ne soit composé que de cinq membres, minimum des membres exigés pour qu'une délibération puisse être prise (C. civ. 415), comment concevoir un partage égal autrement qu'en leur adjoignant le juge de paix, en lui accordant double vote, c'est-à-dire une voix comme membre du Conseil, qui servira à compléter les trois voix qui doivent établir la balance, plus une autre voix pour la faire pencher? Or, ce double vote est précisément ce que le jurisconsulte, avec lequel nous nous trouvons en opposition, refuse au juge de paix. Qu'il nous dise comment ici la prépondérance pourra s'exercer autrement.

Nous répétons ensuite que ce serait arbitrairement imposer aux membres du Conseil les plus faibles en nombre, l'obligation d'opter pour l'une des deux opinions principales, tandis que la loi a voulu leur laisser une complète liberté, et que par l'article 883 du Code de procédure civile, elle a réservé formellement à chacun d'eux les droits de se pourvoir, pour faire réformer une délibération prise contrairement à leur opinion.

Ainsi, nous sommes d'avis, avec M. Toullier, déjà cité, et avec MM. Locré, *Esprit du Code civil*, page 89; Dalloz, v° *Tuteur*, et Carré, *Des Justices de paix*, t. III, page 89, qu'il n'est pas possible d'étendre aux Conseils de famille les dispositions de la loi applicables aux délibérations des membres des tribunaux, sans abandonner le rôle d'interprète de la loi pour s'ériger en législateur, et qu'en cette matière l'opinion de la majorité relative doit prévaloir, lorsqu'elle est appuyée par le juge de paix.

Comme partisan de l'opinion que nous venons de soutenir, nous pouvons encore citer M. Taulier, professeur de droit civil à la Faculté de Grenoble, auteur de la *Théorie raisonnée du Code civil;* après avoir exposé un système absolument semblable à celui que nous avons adopté, M. Taulier ajoute : « Il peut se présenter, toutefois, des hypothèses où toute majorité sera impossible; par exemple, sur cinq membres, deux sont d'une opinion, deux autres d'une seconde opinion, et le juge de paix adopte une troisième opinion isolée; ou bien deux opinions ont réuni chacune trois voix, et une troisième opinion deux voix, y compris celle du juge de paix. Alors, même en comptant sa voix pour deux, il y aura égalité entre tous les avis. Il deviendra donc indispensable d'appeler, non pas seulement un nouveau membre, mais deux membres pris chacun dans une ligne différente, afin de vider le partage en maintenant l'égalité d'influence des deux lignes. »

893. Mais si la délibération était empêchée par un membre convoqué qui, après avoir comparu, refuserait de voter, que devrait-il être fait? Le refusant serait-il passible de l'amende énoncée en l'art. 412?

A cette dernière question, la Cour régulatrice a répondu négativement. « Attendu que les peines ne se « suppléent pas et ne peuvent s'appliquer d'un cas à « un autre; qu'ainsi on ne doit point assimiler le refus de « délibérer dans un Conseil de famille au refus d'y « comparaître sans excuse légitime. » Cass. 10 déc. 1828.

894. Néanmoins, si, par le refus de voter, le Conseil

de famille ne se trouvait pas en nombre pour délibérer, il serait indispensable de faire remplacer le refusant, ou d'ajourner le Conseil, suivant les circonstances. Mais alors resterait la question de savoir si le refusant ne serait pas passible des frais qu'il aurait occasionnés, et même de dommages-intérêts envers le mineur; question qui, selon nous, se déciderait, suivant que le refusant aurait ou n'aurait pas eu de motifs graves pour s'abstenir de voter.

895. Si la délibération du Conseil de famille est unanime, il suffit d'en consigner le résultat dans le procès-verbal.

896. Toutes les fois que les délibérations du Conseil de famille ne sont pas unanimes, l'avis de chacun des membres qui le composent doit être mentionné sur le procès-verbal (C. proc. 883); cette mention est nécessaire, puisque le même article 883 donne aux membres de la minorité le droit de se pourvoir contre la délibération.

CHAPITRE IV. — De l'homologation des délibérations de famille.

897. Il est certains cas où la loi ordonne que les délibérations des Conseils de famille soient soumises, avant d'être exécutées, à l'homologation du tribunal de première instance.

898. C'est le tuteur, lorsque le mineur n'est pas émancipé, le curateur, lorsque le mineur est émancipé, qui demande l'homologation. Le tribunal statue en la Chambre du conseil, après avoir entendu le procureur de la République. C. civ. 458.

899. Dans tous les cas où il s'agit d'une délibération

sujette à homologation, une expédition de la délibération est présentée au président, lequel, par ordonnance
au bas de ladite délibération, ordonne la communication au ministère public, et commet un juge pour en
faire le rapport à jour indiqué. C. pr. 886.

900. Le procureur de la République donne ses conclusions au bas de ladite ordonnance; la minute du jugement est mise à la suite desdites conclusions sur le
même cahier. C. proc. 886.

901. Si le tuteur ou autre, chargé de poursuivre l'homologation, ne le fait dans le délai fixé par la délibération, ou, à défaut de fixation, dans le délai de quinzaine,
un des membres de l'assemblée fait poursuivre l'homologation contre le tuteur, et aux frais de celui-ci, sans
répétition. C. proc. 887.

902. Ceux des membres de l'assemblée qui croient
devoir s'opposer à l'homologation le déclarent, par acte
judiciaire, à celui qui est chargé de la poursuivre; et
s'ils ne sont pas appelés, ils peuvent former opposition
au jugement. C. proc. 888.

903. Le tribunal, en homologuant une délibération,
ne peut la modifier en quoi que ce soit, même sous le
prétexte de l'intérêt du mineur. S'il le faisait, le tuteur
pourrait interjeter appel du jugement; et, à défaut du
tuteur, le Conseil de famille serait admis à l'interjeter
lui-même après une délibération préalable qui nommerait un de ses membres pour suivre l'appel. Colmar,
11 avril 1822.

904. Les jugements rendus sur délibération du Conseil de famille sont toujours sujets à l'appel. C.
proc. 889.

905. En indiquant ci-dessus les actes sur lesquels le Conseil de famille est appelé à délibérer, nous avons indiqué quelles sont les délibérations sujettes à homologation. Celles que la loi n'assujettit pas à cette formalité en sont dispensées.

906. Au nombre des actes pour lesquels l'homologation est nécessaire, on remarque : 1° ceux qui sont pris en vertu des art. 457 et 458 du Code civil, relativement aux ventes et aliénations des biens immeubles des mineurs; 2° ceux qui ont lieu en vertu de l'art. 467 pour autoriser le tuteur à transiger pour son mineur; 3° ceux qui prononcent la destitution d'un tuteur ou d'un subrogé tuteur, mais seulement dans le cas où le destitué réclame contre la délibération ; 4° ceux qui autorisent un mineur émancipé à emprunter (art. 483 et 484); 5° ceux qui établissent la dot, les avancements d'hoirie et les stipulations du mariage d'un enfant d'un interdit (art. 511); 6° enfin ceux qui autorisent, pour le compte d'un interdit, des emprunts, des aliénations, des transactions. Art. 509.

907. Mais les nominations de tuteur et curateur, l'autorisation de vendre les biens meubles du mineur, et notamment les rentes sur l'État (v. ci-dessus, n° 822), les autorisations pour accepter ou renoncer à une succession, les délibérations sur l'administration de la tutelle, etc., ne sont pas sujettes à l'homologation.

CHAPITRE V. — De l'appel des délibérations des Conseils de famille.

908. Toutes les fois que les délibérations du Conseil de famille ne sont pas unanimes, l'avis de chacun des membres qui le composent est mentionné dans le pro-

cès-verbal. Le tuteur, subrogé tuteur ou curateur, même les membres de l'assemblée, peuvent se pourvoir contre la délibération; ils forment leur demande contre les membres qui ont été d'avis de la délibération, sans qu'il soit nécessaire d'appeler en conciliation. C. proc. 883.

909. Plusieurs difficultés ont été soulevées sur cet article, soit relativement à l'intimation du juge de paix sur l'appel de la délibération, soit relativement au droit du juge de paix lui-même d'interjeter cet appel.

L'article 883 du Code de procédure civile, rapporté ci-dessus, donne au tuteur, au subrogé tuteur, au curateur, *même aux membres de l'assemblée*, le droit de se pourvoir contre la délibération du Conseil de famille. L'article dit : les *membres de l'assemblée*, sans distinction; or, le juge de paix est de droit membre du Conseil de famille; n'en doit-on pas conclure que le pourvoi lui appartient?

La loi du 24 août 1790, titre VIII, article 2, refuse action au ministère public pour se pourvoir contre tout jugement civil : « Au civil, dit cet article, le ministère public exercera son ministère, non par voie d'action, mais seulement par voie de réquisition, dans les procès dont les juges auront été saisis. » Il importait donc d'autant plus d'attribuer aux juges de paix le droit de se pourvoir, que ce droit était interdit au ministère public; on sait, d'ailleurs, que le juge de paix est le membre principal du Conseil de famille; il peut le convoquer d'office toutes les fois que l'intérêt du mineur l'exige; le droit d'actionner, en pareil cas, est une conséquence du droit de convoquer; nous pensons donc qu'il appartient aux juges de paix de procéder par voie d'action, dans l'intérêt du mineur, contre la délibération du Conseil de famille.

Il est vrai que les auteurs et la jurisprudence ont repoussé l'action qui serait intentée par les autres membres du Conseil, *contre le juge de paix lui-même*, en nullité de la délibération prise par le Conseil de famille que le juge de paix aurait présidé : quoique le juge de paix soit de droit membre du Conseil, a-t-on dit, il ne peut être intimé; car il n'agit qu'à raison de son office, en sa qualité de juge; or, la loi ne rend les juges responsables, à raison de leur ministère, que lorsqu'il y a dol et fraude de leur part, responsabilité qui ne peut être poursuivie que par la voie de la prise à partie (Demiau-Crouzilhac, p. 389; Hautefeuille, p. 521; Favard de Langlade, t. I, p. 280; Thomine-Desmazures, t. II, p. 497; et un arrêt de la Cour de cassation du 29 juillet 1812). Cette opinion paraît on ne peut plus fondée; mais de ce que le juge de paix ne pourrait être *intimé* sur le pourvoi, il ne s'ensuivrait pas qu'il ne pût se pourvoir lui-même; sa qualité de membre du Conseil de famille l'y autorise, et l'intérêt du mineur peut l'exiger impérieusement, surtout dans les campagnes, où l'ignorance et les difficultés des formes judiciaires retiennent presque toujours les membres des Conseils de famille, et favorisent la négligence ou les malversations des tuteurs.

910. Les frais faits par un membre du Conseil de famille qui s'est pourvu contre la délibération sont passés en dépenses d'administration, même quand il succombe, à moins qu'on ne puisse lui reprocher une ac-

tion sans aucun fondement, personnellement hostile ou haineuse, auquel cas les juges ont la faculté de déclarer qu'il supportera personnellement les dépens. C'est l'opinion de Locré (t. II, p. 207); de Toullier (t. II, p. 419); de Thomine-Desmazures (t. II, p. 492); elle peut s'appuyer, par analogie, sur l'article 441 du Code civil.

911. Quant au juge de paix, il ne pourrait nécessairement, dans aucun cas, supporter ces dépens; d'ailleurs, quand un juge agit d'office, l'administration de l'enregistrement fait l'avance de tous les frais, sauf recours. Instruction du directeur général de l'enregistrement, du 3 fruct. an XIII, n° 290, § 3.—Voir encore sur le droit du juge de paix de se pourvoir, *Annales* 1850, p. 121, et *Rép. gén.*, t. II, v° *Cons. de famille*, p. 96 et suiv.

CHAPITRE VI. — Des fonctions du Conseil de famille dans l'admission des excuses, dans l'exclusion ou la destitution du tuteur.

912. Les art. 427 et suivants du Code civil déterminent les causes qui dispensent de la tutelle. Si le tuteur nommé est présent à la délibération qui lui défère la tutelle, il doit sur-le-champ, et sous peine d'être déclaré non recevable dans toute réclamation ultérieure, proposer les excuses sur lesquelles le Conseil de famille délibère. C. civ. 438.

913. Lorsque la nomination d'un tuteur n'aura pas été faite en sa présence, elle lui sera notifiée, à la diligence du membre de l'assemblée qui aura été désigné par elle; ladite notification sera faite dans les trois jours de la délibération, outre un jour par trois myriamètres de distance entre le lieu où s'est tenu l'assemblée et le domicile du tuteur. C. proc. 882.

914. Si le tuteur nommé n'assiste pas à la délibéra-

tion qui lui défère la tutelle, il peut faire convoquer le Conseil de famille pour délibérer sur les excuses. Les diligences à ce sujet doivent avoir lieu dans le délai de trois jours, à partir de la notification qui lui est faite de sa nomination, lequel délai est augmenté d'un jour par trois myriamètres de distance du lieu de son domicile à celui de l'ouverture de la tutelle, et passé ce délai il est non recevable. C. civ. 439.

915. Si les excuses sont rejetées, il peut se pourvoir devant les tribunaux pour les faire admettre; mais il est, pendant le litige, tenu d'administrer provisoirement. C. civ. 440.

916. S'il parvient à se faire exempter de la tutelle, ceux qui ont rejeté l'excuse sont condamnés aux frais de l'instance; s'il succombe, il y est condamné lui-même. C. civ. 441.

917. Outre les excuses, il est aussi des incapacités, des exclusions et destitutions de la tutelle. C. civ. 442 et suiv. — Voir l'article 2 du présent chapitre.

Toutes les fois qu'il y a lieu à une destitution de tuteur, elle est prononcée par le Conseil de famille, convoqué à la diligence du subrogé tuteur, ou d'office par le juge de paix. Celui-ci ne peut se dispenser de faire cette convocation, quand elle est formellement requise par un ou plusieurs parents ou alliés du mineur, au degré de cousin germain ou à des degrés plus proches. C. civ. 446.

918. Toute délibération du Conseil de famille qui prononce l'exclusion ou la destitution du tuteur est motivée, et ne peut être prise qu'après avoir entendu ou appelé le tuteur. C. civ. 447.

919. Si le tuteur adhère à la délibération, il en est fait mention, et le nouveau tuteur entre aussitôt en fonctions. S'il y a réclamation, le subrogé tuteur poursuit l'homologation de la délibération devant le tribunal de première instance, qui prononce sauf l'appel. Le tuteur exclu ou destitué peut lui-même, en ce cas, assigner le subrogé tuteur, pour se faire déclarer maintenu en la tutelle. C. civ. 448.

920. Les parents ou alliés qui ont requis la convocation interviennent dans la cause qui est instruite et jugée comme affaire urgente. C. civ. 449.

CHAPITRE VII. — De l'enregistrement des délibérations de famille et de quelques autres actes de justices de paix.

921. Les cédules de juges de paix pour composer et convoquer un Conseil de famille, soit qu'elles soient délivrées sur la réquisition d'un parent ou d'un tuteur, soit que les magistrats les délivrent d'office, ne sont assujetties à aucun droit d'enregistrement, mais elles doivent être écrites sur du papier timbré ; les notifications qui en sont faites par un huissier doivent le même droit que les citations.

922. La loi du 19 juillet 1845, portant fixation du budget des recettes de l'exercice 1846, contient les dispositions suivantes :

« Art. 5. A partir du 1er juin 1846, le droit d'enregistrement d'un franc, établi par l'art. 68, § 1er, n° 30, de la loi du 22 frimaire an VII, pour les exploits relatifs aux procédures en matière civile devant les juges de paix, jusques et y compris les significations des jugements définitifs, sera porté à 1 fr. 50 cent. en principal.

« Le droit de 2 fr. établi par l'art. 68, § 2, nᵒˢ 3 et 4, de la loi du 22 frimaire an VII, et par l'art. 43, nᵒ 3, de la loi du 20 avril 1816, pour les avis de parents, les procès-verbaux de nomination de tuteurs et de curateurs, et les procès-verbaux d'apposition, de reconnaissance et de levée de scellés, sera porté à 4 fr. en principal.

« Le droit de 5 fr. établi par l'art. 68, 84, nᵒ 2, de la loi du 22 frimaire an VII, pour les actes d'émancipation, sera porté à 10 fr. en principal. »

Conformément à l'art. 68, § 2, nᵒ 3, de la loi du 22 frimaire an VII, auquel se réfère l'art. 5 de la loi du 19 juillet 1845, le droit de 4 fr. pour les procès-verbaux d'apposition, de reconnaissance et de levée de scellés, *est dû pour chaque vacation.* Celui de 10 fr. pour les actes d'émancipation *est dû par chaque émancipé,* suiv. l'art. 68, § 4, nᵒ 2 de la loi précitée.

On remarquera que les actes de notoriété passés devant les juges de paix restent soumis au droit de 2 fr. en vertu de l'art. 43, nᵒ 2, de la loi du 28 avril 1816. Il n'est point innové non plus à l'égard des actes de tutelle officieuse, tarifés au droit de 50 fr. par l'art. 48, nᵒ 1 de la même loi.

923. S'il y a plusieurs mineurs émancipés par le même acte, il est dû le même droit pour chacun. Ce droit est exigible aussi bien pour l'émancipation conférée par les père et mère que pour celle qui est accordée par le Conseil de famille. Mais lorsque la première est immédiatement suivie de la nomination d'un

curateur à l'émancipé, il n'est dû aucun droit pour cette nomination, quoiqu'elle soit faite par le Conseil de famille.

924. La délibération de ce Conseil, qui fixe les dépenses et honoraires du tuteur, n'est passible que d'un droit simple et non d'un droit proportionnel, attendu que ce règlement rentre dans celui de la dépense annuelle du mineur, qui doit avoir lieu à l'entrée en exercice de toute tutelle. Ainsi l'a décidé le ministre des finances.

925. Mais il est plusieurs autres délibérations du Conseil de famille qui sont sujettes à des droits proportionnels; ce sont celles qui ne sont pas pures et simples, et qui contiennent des conventions, des engagements, des autorisations assimilées à des obligations. Par exemple, la délibération qui permet au tuteur de retenir le reliquat de son compte après l'émancipation, à la charge d'en payer intérêt et fournir une hypothèque ou une caution pour la garantie du reliquat, est soumise au droit de 1 pour 100. Cass. 13 sept. 1820.

Par exemple encore, la délibération qui autorise le tuteur à employer pour la nourriture et l'entretien des mineurs la totalité des revenus, sans être tenu à en rendre compte, peut être passible de 5 1/2 pour 100, étant dans le cas d'être considérée comme une cession des revenus des mineurs pendant dix ans. Décision du ministre des finances du 9 mars 1818.

Pour connaître ces droits proportionnels et les divers cas d'application, voir les §§ 1er, 2, 3, 4, 5, 6, 7 et 8 de l'art. 69 de la loi du 22 frimaire an VII et les art. 50, 51, 52, 53 et suivants de la loi du 28 avril 1816. Voir aussi les lois du 15 mai 1818 et 16 juin 1824, qui modifient plusieurs droits proportionnels d'enregistrement, et les dispositions ci-dessus, n° 922 de la loi du 19 juillet 1845.

926. L'autorisation d'un Conseil de famille, donnée au tuteur pour consentir à l'enrôlement volontaire du mineur, est exempte des droits de l'enregistrement, et les expéditions qui en sont délivrées sont dispensées du timbre, pourvu toutefois que le juge ou le greffier énonce sur la minute et l'expédition de l'acte, la destination ou le but de la délibération. Décision du ministre des finances du 9 nov. 1832.

927. Les actes relatifs aux poursuites en interdiction suivies d'office par le ministère public doivent être visés pour timbre et enregistrés en débet. L. 22 frim. an VII; ord. 22 mai 1846.

CHAPITRE VIII. — De la communication et de l'expédition des minutes des délibérations de famille. — De l'expédition des procurations et annexes.

928. Les minutes des actes des Conseils de famille n'appartenant pas à la publicité, les greffiers des justices de paix ne doivent pas en délivrer expédition à ceux qui n'y ont pas été parties, « Attendu, dit un arrêt de la Cour de cassation du 30 déc. 1840, que les délibérations du Conseil de famille ne sont ni des jugements ni des actes appartenant à la publicité ; attendu que le dépôt des minutes des actes émanés de ces Conseils aux greffiers de justices de paix a lieu dans l'intérêt des familles, et non pour livrer au public le secret des délibérations; attendu que la loi n'a point ordonné la transcription de ces actes sur des registres publics, et que leur indication sommaire sur les registres de l'en-

registrement contient la mention qu'il suffit au public
de connaître.

929. Les procurations annexées à un avis de parents
doivent-elles être expédiées en même temps que l'avis
de parents? Oui, si l'avis de parents est destiné à être
homologué, et si l'expédition est demandée pour l'homologation. Il faut, en effet, que le tribunal puisse vérifier si les procurations ont été données en bonne
forme; le tribunal est juge, non-seulement de la léga-
lité de la délibération au fond, mais encore de la léga-
lité dans la forme.

930. Mais, hors ce cas, il ne paraît pas nécessaire
d'annexer les procurations. Il est admis d'ailleurs, en
principe, que la copie entière des annexes ne doit pas
toujours et de toute nécessité être portée sur les expéditions, mais que l'officier public est juge de cette
nécessité; que c'est lui qui, d'après les circonstances et
l'usage que l'on veut faire de l'acte, décide si les annexes doivent être seulement mentionnées, analysées
ou copiées.

FORMULE 154°. *Cédule de convocation d'un Conseil de famille à toutes
fins, sur la réquisition d'un parent. C. civ. 405, 406, 409, 410;
Tarif, 7.*

Nous, juge de paix de... sur ce qui nous a été exposé
par N... propriétaire, demeurant à... parent des mineurs ci-après nommés que.... (*Enoncer ici le fait ou la
cause qui exige la convocation*). Ordonnons que le Conseil de famille des mineurs P... enfants de... et de... sera
convoqué à comparaître devant nous, le... de ce mois...
heures du... en notre prétoire (*ou en notre hôtel*), pour

délibérer avec nous sous notre présidence sur.... (*Ici on exprime la nomination ou la délibération proposée*).

En conséquence, nous désignons pour composer ledit Conseil de famille : 1°... 2°... 3°... (*les noms et demeures de trois parents paternels les plus proches*), comme étant les plus proches parents du côté paternel; 4°...5°... 6°... (*les noms et demeures des parents maternels*). Ces deux derniers étant avec le sieur N... requérant et susnommé, les plus proches parents du côté maternel des mineurs. Enjoignons auxdits parents de comparaître en personnes ou par fondés de pouvoir, en cas d'empéchement, à peine d'amende. Donné en notre prétoire, à... le...

(Signature du juge.)

Nota. Cette cédule est notifiée à chaque personne convoquée, à la requête du parent ou du tuteur qui requiert le Conseil, par l'un des huissiers de la justice de paix. La notification s'écrit au bas de la cédule, et le tout est soumis à la formalité de l'enregistrement dans les quatre jours. (*Voir la formule de citation* ci-après, p. 44.)

S'il y avait lieu d'appeler d'autres parents que ceux se trouvant sur les lieux, aux termes de l'art. 410 du Code civ., on pourrait dire :

« Il est à la connaissance de l'exposant que le sieur François Lambert, domicilié à... porte auxdits mineurs le plus grand intérêt et qu'il les considère comme étant ses propres enfants. Il importe donc, quoiqu'il ne soit que le cousin germain de leur père, et qu'il existe sur les lieux mêmes d'autres parents au même degré, en nombre suffisant pour compléter le Conseil de famille, d'y appeler ledit sieur François Lambert.

« En conséquence, et adoptant les motifs particuliers

présentés par l'exposant, relativement audit François Lambert, avons autorisé ledit exposant à faire citer.»

(La suite comme ci-dessus.)

Si la demande de convocation était faite par un créancier, on dirait :

« Sur ce qui nous a été exposé par le sieur... créancier de la succession de... dévolue aux mineurs ci-après dénommés, lequel a dit... »

FORMULE 155e. *Cédule de convocation d'une assemblée de famille pour la nomination d'un tuteur et d'un subrogé tuteur.*

Nous... juge de paix du canton de... département de...

Sur ce qui nous a été représenté par...(*prénoms, nom, profession et domicile de celui qui fait convoquer l'assemblée de famille*), que le sieur Pierre Tulle, cultivateur, décédé en la commune de... dans l'arrondissement de notre canton, le... dernier, ainsi que le constate l'acte extrait des registres de l'état civil de... en date du... dont expédition nous a été représentée, a laissé Jean, enfant mineur, sans lui avoir nommé de tuteur; que Marie Podeur, épouse dudit Pierre Tulle, et mère dudit mineur, est prédécédée; qu'il ne reste audit mineur aucun ascendant dans l'une ou l'autre ligne; qu'ainsi, il importe de convoquer les parents et amis dudit enfant mineur pour lui être nommé un tuteur, même un subrogé tuteur; en conséquence requiert qu'il nous plaise l'autoriser à citer à cet effet à comparaître devant nous, jour, lieu et heure qu'il nous plaira indiquer, les parents dudit mineur, savoir : 1° A... oncle paternel, demeurant à... 2° B... oncle paternel à cause de Catherine Véron, son épouse, demeurant à... 3° C... cousin paternel, demeurant à...; et du côté maternel : 4° B... frère utérin dudit mineur, demeurant à,.. 5° E... oncle maternel, demeurant les cinq susnommés dans l'étendue de deux myriamètres de la commune de... où demeurait le défunt Pierre Tulle ; et à défaut d'un troisième parent maternel, domicilié dans la même étendue ; 6° F... ami, demeurant à...

En conséquence, l'avons autorisé à faire citer les susnommés à comparaître devant nous en notre demeure, le... heure de... à l'effet de délibérer entre eux, conjointement avec nous, sur la nomination d'un tuteur au mineur Jean Tulle, même d'un subrogé tuteur.

Fait à... le... l'an...   (*Signature du juge de paix.*)

FORMULE 156°. *Cédule pour convocation d'office.*

Nous... juge de paix du canton de... département de..

Etant informé que le sieur Pierre Tulle (*comme en la précédente*).

Citons à comparaître devant nous en notre demeure, le... heure de... à l'effet de délibérer entre eux, et conjointement avec nous, sur la nomination d'un tuteur, même d'un subrogé tuteur, les parents et amis dudit mineur, savoir : 1°... 2°... 3°... etc.

FORMULE 157°. *Cédule de convocation sur la déclaration du maire.*

Nous, juge de paix de... vu la déclaration qui nous a été faite par M. le maire de... (*ou* son adjoint), le... de ce mois, portant que J... et S... vivants époux, et demeurant à... sont décédés le... et laissent... enfants mineurs ; vu aussi l'art. 406 du C. civ., ordonnons que le Conseil de famille desdits mineurs sera convoqué à comparaître devant nous le...

(*Suivre pour le reste la formule précédente.*)

FORMULE 158ᵉ. *Cédule pour faire nommer d'office un subrogé tuteur.*

Nous, juge de paix de... étant instruit que J... P... demeurant ci-devant à... est décédé le... que de son mariage avec C... sa veuve survivante, il est issu deux enfants mineurs auxquels ladite C...a négligé jusqu'à présent de faire nommer un subrogé tuteur, encore qu'elle ait été invitée par nous, à convoquer un Conseil de famille à cet effet. Vu les art. 406, 407, 420, et 421 du C. civ., nous ordonnons que le Conseil de famille desdits mineurs sera cité à comparaître devant nous le... de ce mois.... heures du... en notre prétoire, etc. (*Suivre les précédentes formules, mais ajouter avant la clôture ce qui suit :*)

Ordonnons aussi que ladite C... épouse survivante, sera appelée à comparaître au Conseil de famille les jour et heure ci-dessus, pour assister à la nomination du subrogé tuteur, mais sans pouvoir y délibérer (1), et pour être entendue ou interpellée sur la gestion qu'elle a faite ou pu faire, indûment, de la tutelle de sesdits enfants. Donné à... le... 1850.   (*Signature.*)

FORMULE 159ᵉ. *Cédule de convocation d'un Conseil de famille sur la réquisition d'une partie intéressée, pour faire nommer un subrogé tuteur au mineur.*

Nous, juge de paix du canton de... sur ce qui nous a été exposé par le sieur Hippolyte Barre, propriétaire, demeurant à... qu'il se propose d'intenter une action contre Jean Tulle, enfant mineur, sous la tutelle de Charles Richer, son oncle, en revendication d'un im-

---

(1) Dans aucun cas le tuteur ne peut voter pour la nomination du subrogé tuteur. Art. 423.

meuble vendu au défunt Jacques Tulle, père dudit mineur, par ledit Charles Richer; que le mineur aura, par conséquent, comme héritier dudit Jacques Tulle, un recours à exercer contre le vendeur, son tuteur, et que, par ce fait, le tuteur se trouvera en opposition d'intérêts avec le mineur; que cependant le sieur Louis Vire, subrogé tuteur du mineur, étant décédé, le mineur Jean Tulle se trouve dépourvu de subrogé tuteur; que, par ces motifs, il nous requiert de convoquer les parents et amis dudit mineur, pour le pourvoir d'un subrogé tuteur, et qu'il nous plaise l'autoriser à citer à cet effet (*suite comme ci-dessus*).

FORMULE 160ᵉ. *Citation pour assister au Conseil de famille.*
C. civ. 406, 411; Tarif, 21.

L'an... et le... je... huissier...

A la requête de... en vertu de cédule de M. le juge de paix du canton de... en date du... qui est signifiée avec la présente, j'ai cité le sieur... (*désigner ici les membres devant composer le Conseil*) à comparaître le... à... heures du... par-devant M. le juge de paix du canton de... et dans le lieu ordinaire de ses séances, à... pour délibérer en Conseil de famille, sous sa présidence et avec son concours, sur les objets qui leur seront soumis; étant déclaré que, faute par eux de comparaître, ils seront condamnés à l'amende; comme aussi, et par ce même exploit, et en vertu de la même cédule dont copie est également signifiée, j'ai sommé et requis le sieur... subrogé tuteur des susdits mineurs, d'assister, si bon lui semble, au susdit Conseil; et j'ai, à chacun des susnommés, laissé copie de la susdite cédule et du présent exploit à domicile, en parlant à...

FORMULE 161*. *Procès-verbal de nomination d'un tuteur et d'un subrogé tuteur à des mineurs orphelins, sur la réquisition d'un parent.* C. civ. 406 ; Tarif, 4 et 16.

L'an 1850, et le... heures du... : devant nous, juge de paix du canton de... étant en notre prétoire, et assisté du greffier, a comparu le sieur H... demeurant à... oncle paternel (*ou autre parent*) des mineurs ci-après nommés. Lequel nous a dit qu'en vertu de notre cédule du... de ce mois, notifiée par... huissier, enregistrée le... il a fait appeler à ce jour, lieu et heure, les parents par nous désignés par ladite cédule, pour former le Conseil de famille des enfants mineurs de feu G. R... et de défunte L. M... leurs père et mère décédés, qui demeuraient à... afin de nommer un tuteur et un subrogé tuteur auxdits mineurs.

En conséquence, il a requis qu'il soit à l'instant procédé auxdites nominations par le Conseil de famille, et a signé (*ou déclaré qu'il ne le sait faire*).

Sont ensuite comparus : 1°... 2°... (*noms, prénoms, qualités et demeure des deux plus proches parents paternels*);

3° A ces deux comparants s'est réuni ledit sieur H... ci-devant nommé et requérant, afin de compléter les trois membres de la ligne paternelle;

4°... 5°... 6°... (*énoncer ici les noms, prénoms, qualités et demeures des trois parents maternels convoqués par la cédule*).

Tous lesquels parents nous ont déclaré qu'ils consentent à procéder aux nominations requises.

En conséquence, nous les avons déclarés légalement constitués en Conseil de famille, sous notre présidence.

— Le Conseil, ainsi constitué, après avoir délibéré avec nous, a nommé à l'unanimité des voix (1), pour tuteur aux enfants mineurs de feu G. R... le sieur... l'un des membres du Conseil (*ou autre parent*), lequel à déclaré accepter cette fonction, et promis de remplir fidèlement sous les peines de droit.

Et, procédant immédiatement, pour remplir le vœu de la loi, à la nomination du subrogé tuteur, le Conseil à l'unanimité (*ou* à la majorité de... voix contre... voix), a nommé pour remplir les fonctions de subrogé tuteur aux mêmes mineurs, la personne de... l'un des membres du Conseil, lequel a déclaré accepter cette nomination, et a promis de remplir ses fonctions avec exactitude.

Dans la présente nomination, le sieur... tuteur, n'a voté ni pour ni contre le subrogé tuteur, attendu que cela lui est interdit par la loi (2).

(*Si, après ces nominations, le tuteur ou le juge de paix, ou un parent, propose un autre sujet de délibération, par exemple de délibérer sur l'acceptation d'une succession, on continue ainsi qu'il suit :*)

Sur la proposition du tuteur (*ou d'un membre*), le Conseil de famille, considérant qu'il y a lieu de délibérer sur l'acceptation ou la renonciation à la succession de feu... échue aux mineurs ; considérant que cette succession paraît avantageuse, le Conseil autorise, à l'unanimité (*ou* à la majorité de... voix), le tuteur desdits

(1) Si la délibération n'est pas prise à l'unanimité, on doit exprimer le vote particulier de chaque parent. C. proc. 883.

(2) Le subrogé tuteur doit toujours être choisi dans la ligne différente de celle du tuteur, hors le cas où il y a six frères germains ou plus.

mineurs à accepter pour eux, mais sous bénéfice d'inventaire seulement, la succession dont il s'agit, en observant les formalités prescrites par la loi (1). De tout quoi, nous, juge de paix, avons rédigé le présent procès-verbal, dont lecture a été faite aux délibérants qui ont signé avec nous et le greffier (*ou* qui ont déclaré ne le savoir, de ce enquis).

Nota. Si le tuteur n'était pas présent à la délibération et au moment de sa nomination, le Conseil désignerait un de ses membres pour notifier au tuteur la nomination dans les délais prescrits par l'art. 882 C. proc., c'est-à-dire dans les trois jours de la délibération, outre un jour par trois myriamètres de distance entre le lieu où s'est tenue l'assemblée, et le domicile du tuteur.

FORMULE 162e. *Nomination d'office, sur la réquisition du juge de paix, d'un tuteur et d'un subrogé tuteur.*

L'an 1850 et le... mai... heures du... vu par nous... juge de paix de l'arrondissement de... département de... la cédule par nous donnée le... de ce mois, notifiée par ... huissier, enregistrée le... par laquelle nous avons convoqué à ces jour et heure par-devant nous, en notre

(1) Si le Conseil de famille juge que la succession est plus onéreuse que profitable au mineur, on dit : « Attendu que la succession dont s'agit est notoirement chargée de dettes qui en absorbent la valeur (*ou d'autres motifs péremptoires*), le Conseil, à l'unanimité, autorise le tuteur des mineurs à... à renoncer à ladite succession en observant les formalités prescrites par la loi. » Dans l'usage l'autorisation de renoncer à une succession n'est donnée qu'après l'inventaire des meubles et effets de la succession, dont la valeur est en général reconnue par cet acte, alors il y a une délibération de famille, autre que celle de la nomination du tuteur.

prétoire, un Conseil de famille, formé suivant la loi, pour nommer un tuteur et un subrogé tuteur à L... et M... enfants mineurs orphelins de défunts L... et R... vivants époux décédés en la commune de... le... de ce mois.

Avons procédé de la manière suivante, étant assisté du greffier de notre justice, à la délibération dudit Conseil de famille, sont comparus devant nous : 1°... 2°... 3°... (*énoncer ici les noms et demeures des trois parents paternels, convoqués par la cédule ou des amis s'il y en a*);

Lesquels nous ont dit qu'en déférant à notre convocation d'office, ils consentent à délibérer sur les nominations proposées. En conséquence, nous les avons déclarés légalement constitués en Conseil de famille sous notre présidence.

Et étant ainsi constitué, le Conseil, après avoir délibéré avec nous... (*suivre pour le surplus la formule ci-dessus*).

FORMULE 163e. *Excuses proposées par le tuteur présent.*
C. civ. 427, 438 et suiv.

(*Immédiatement après la nomination du tuteur présent on dit*) : En cet endroit le sieur... a déclaré qu'il ne peut accepter les fonctions de tuteur qui viennent de lui être déférées, attendu que... (*énoncer ici les motifs de la dispense*). En conséquence, il a requis le Conseil de famille de recevoir ses excuses, et a signé.

Le Conseil délibérant sur le refus dudit sieur... considérant que la dispense qu'il allègue est du nombre de celles qui sont autorisées par la loi, à l'unanimité dé-

charge ledit... de la tutelle qui lui a été ci-dessus conférée. Et procédant à son remplacement...

FORMULE 164ᵉ. *Excuses proposées par un tuteur absent lors de sa nomination. Rejet de ces excuses à la majorité simple. C. civ. 427, 438
et suiv.*

L'an 1850, et le... heures de... devant nous... juge de
paix de la ville de... étant en notre prétoire, assisté du
greffier, a comparu le sieur T... marchand, demeurant
à... lequel nous a dit : qu'ayant été nommé, par délibération prise devant nous, le... de ce mois, en Conseil de
famille, tuteur des mineurs de défunts J... et V... vivants époux décédés en la commune de... il ne peut
accepter cette fonction, attendu que... (*exprimer les excuses ou dispenses que le comparant propose*). Et pour
faire admettre ces excuses afin d'être déchargé de la tutelle, il a convoqué (*jour, lieu et heure*), devant nous, le
Conseil de famille desdits mineurs, dont il nous prie de
recevoir la délibération sous notre présidence et d'en
rapporter acte, et a signé (*ou* déclaré ne le savoir).

Sont ensuite comparus... (*établir ici les prénoms,
noms, qualités, demeures et degrés de parenté des personnes convoquées, en suivant le même ordre établi par les
formules précédentes*). Lesquels ont dit... (*comme aux
mêmes formules*).

Le Conseil ainsi constitué, après en avoir délibéré
avec nous, sous notre présidence, attendu que les dispenses proposées ne sont point légales (à l'unanimité
ou à la majorité de... voix contre... voix), rejette les
excuses dudit sieur... et le charge d'entrer sans délai
dans l'exercice de ses fonctions de tuteur dans lesquelles il est maintenu, à peine d'y être contraint suivant la

loi. Dans la présente délibération P... R... S... T... ont voté pour le rejet des excuses, et L... et N... ont ainsi que nous juge président voté pour l'admission.

Nota. Si au contraire le Conseil reconnaît valables les excuses du tuteur, il les approuve, le décharge de la tutelle et procède à son remplacement à l'instant même (*pour cela on suit la cinquième formule qui précède, et on termine par la clôture du procès-verbal*).

De tout quoi nous avons dressé le présent procès-verbal pour valoir ce que de droit. Lecture faite aux comparants, ils ont signé avec nous et le greffier (*ou déclaré ne savoir signer, de ce interpellés*).

FORMULE 165ᵉ. *Délibération portant destitution du tuteur.* C. civ. 442, 446 et suiv.; C. proc. 883 et suiv.

L'an...

A comparu le sieur Jacques Ortis... agissant comme subrogé tuteur de Jean Tulle... lequel a dit qu'en vertu de la cédule que nous avons délivrée, il a fait citer les membres composant le Conseil de famille dudit mineur et le sieur Charles Richer, son tuteur, pour délibérer sur la destitution dudit tuteur, fondée sur ce que... (*exposer les motifs*), et il a signé.

Sont en même temps comparus... (*noms des membres du Conseil de famille comme ci-dessus*).

Lesquels étant constitués en Conseil de famille, sous notre présidence, nous avons invité le tuteur à s'expliquer sur les faits à lui reprochés; et aussitôt ledit tuteur a dit... (*réponse du tuteur*), et après avoir signé, il s'est retiré de l'assemblée pour ne pas gêner la liberté des suffrages.

Après délibération, chaque membre du Conseil a donné son avis séparément.

Pierre Dru, Jacques Cor et Philippe Faure ont été d'avis que le tuteur doit être destitué de la tutelle à cause de son inconduite et de l'application qu'il a faite à ses propres besoins et au payement de ses propres dettes d'un capital de... appartenant au mineur. D'autre part, Joseph Larmé, Hippolyte Mauduit et Henri Simier, ont été d'avis qu'il n'y avait pas lieu à la destitution. En conséquence et à la majorité de quatre voix, y compris la nôtre, le Conseil déclare que ledit sieur Charles Richer est destitué de la tutelle du mineur Jean Tulle.

Et aussitôt le Conseil a nommé, à la même majorité, composée des mêmes voix, pour tuteur audit mineur, le sieur Louis Marec, avocat, demeurant à... lequel, n'étant pas présent, a été prié de se rendre à la délibération et a déclaré accepter ladite tutelle.

Après quoi l'assemblée a rappelé ledit sieur Charles Richer, et nous lui avons fait part de la résolution prise à son égard, en l'invitant à déclarer s'il adhère à la délibération.

A quoi ledit sieur Charles Richer a répondu que, sans reconnaître la réalité des faits qui lui sont imputés, il adhère à la décision prise par le Conseil, et il a signé.

Ou bien à quoi ledit sieur Charles Richer a répondu qu'il protestait contre les faits allégués, se réservant de se pourvoir contre la décision du Conseil par toutes les voies de droit, et a signé.

Ainsi fait et clos le présent procès-verbal.

Formule 166e. *Nomination d'un subrogé tuteur sur la convocation d'office du juge de paix.*

L'an 1850, et le... etc., nous, juge de paix du... assisté du greffier : vu l'art. 421 du Code civil portant que le tuteur légal devra, avant d'entrer en fonctions, convoquer un Conseil de famille, composé comme il est dit dans l'art. 407, pour faire nommer un subrogé tuteur aux enfants mineurs de l'époux décédé; attendu qu'il nous a été déclaré par l'un des parents ci-après dénommés (*ou* par le maire de la commune de...), que Joseph est décédé le... de ce mois, à... qu'il a laissé une veuve survivante nommée H. S... et deux enfants mineurs, savoir J... âgé de... et P... âgé de... et que ladite veuve s'est immiscée dans leur tutelle sans avoir fait nommer un subrogé tuteur à sesdits enfants.

Par ces motifs, dans l'intérêt de ces derniers, et en vertu de l'art. 421, nous avons, par une cédule du... de ce mois, notifiée par... huissier, convoqué à ce jour et heure devant nous, en notre prétoire, les plus proches parents paternels et maternels des enfants J... au nombre de trois dans chaque ligne, pour procéder à la nomination du subrogé tuteur dont est question; avons convoqué aussi la veuve dudit Joseph pour assister à cette nomination.

A cet effet sont présentement comparus devant nous : 1°... 2°... 3°... etc. (*suivre l'ordre établi dans les précédentes formules pour la comparution et l'énonciation des parents paternels et maternels convoqués*).

Lesquels nous ont dit, qu'en déférant à notre cédule, ils consentent, etc. En conséquence, nous les avons constitués en Conseil de famille, etc.

Le Conseil ainsi constitué, s'est présentée la dame H. S... demeurant à... laquelle a dit qu'étant convoquée par notre cédule ci-devant datée, elle désire assister simplement à la délibération de la famille, attendu qu'elle veut conserver la tutelle de ses enfants que la loi lui défère, et qu'elle n'a fait aucun acte qui puisse lui faire retirer cette tutelle, et a signé... (*ou déclaré* ne le savoir).

Nous avons donné acte à la dame veuve H. S... de sa comparution, en lui permettant d'assister au Conseil de famille, sans cependant pouvoir y voter suivant la loi.

Délibérant ensuite sur l'objet de sa convocation.

En ce qui concerne la veuve H. S... : attendu que si elle a été négligente à faire nommer un subrogé tuteur, il ne paraît pas du moins qu'elle ait agi frauduleusement envers ses enfants, le Conseil déclare qu'il n'y a pas lieu de lui retirer la tutelle.

Procédant ensuite à la nomination du subrogé tuteur, le Conseil, à l'unanimité (*ou à la majorité de... voix contre...*), a conféré au sieur N... ici présent, ladite fonction de subrogé tuteur aux mineurs J... et L... lequel nous a déclaré accepter cette fonction, et a promis de la remplir fidèlement. (*Si la délibération n'est prise qu'à la majorité, il faut exprimer le vote particulier de chaque délibérant comme il a été observé dans d'autres formules.*)

Fait et clos le présent procès-verbal. Lecture faite, etc. (*comme aux précédentes finales*).

FORMULE 167e. *Nomination d'un subrogé tuteur sur la réquisition de l'époux survivant.*

L'an... et le... heures du... devant nous, juge de paix de... assisté du greffier de notre justice, a comparu en notre prétoire, dame N. O... veuve de P. J... demeurant à... laquelle nous a dit que son mari est décédé le... de ce mois, et qu'il existe de leur mariage deux enfants mineurs, savoir P. A... et J... âgé de...; que, voulant exercer légalement la tutelle de ses enfants, elle a convoqué à ce jour, lieu et heure, devant nous, le Conseil de famille desdits mineurs pour leur nommer un subrogé tuteur. En conséquence, elle a requis qu'il nous plaise de recevoir et présider ledit Conseil de famille, de rapporter acte de la nomination qu'il fera, et a signé (*ou* déclaré ne le savoir).

Sont ensuite comparus : 1°... 2°... 3°... etc.

Le Conseil ainsi constitué, et après en avoir délibéré conjointement avec nous, à l'unanimité (*ou* à la majorité de... voix contre...), a déclaré qu'il nomme pour subrogé tuteur aux mineurs P... la personne du sieur... l'un des délibérants. Lequel a déclaré accepter cette fonction, et a promis de la remplir avec exactitude, conformément à la loi.

Fait et clos le présent procès-verbal, dont lecture a été faite aux délibérants qui ont signé avec nous (*ou* déclaré ne le savoir).

FORMULE 168e. *Nomination d'un tuteur spécial aux mineurs qui ont des intérêts opposés dans un partage.*

L'an...

A comparu le sieur Charles Richer... lequel a exposé que Jean Tulle, et Marie Tulle sont héritiers, avec leurs

deux frères majeurs Pierre et Joseph Tulle, de leur oncle maternel, Jacques Hardy ; que, de plus, Marie Tulle
a été instituée légataire à titre particulier, par testament
dudit Jacques Hardy, en date du... et que son legs,
consistant en la ferme de... est contesté par le motif
que... qu'il y a donc lieu, en présence des intérêts opposés des deux mineurs, de nommer un tuteur spécial
à Marie Tulle, et il a signé.

Ont, en même temps, comparu...

Lesquels constitués sous notre présidence, et après
avoir délibéré avec nous sur la proposition ci-dessus,
considérant... (*Motifs tirés de l'exposé ci-dessus*) ont
nommé à l'unanimité pour tuteur spécial le sieur...
l'un des membres délibérants, ici présent et acceptant.

Et de ce que dessus...

FORMULE 169e. *Délibération qui autorise le tuteur à s'aider dans sa gestion*
d'un ou de plusieurs administrateurs salariés. C. civ. 454.

L'an...

A comparu le sieur Charles Richer, tuteur... lequel a
dit... (*Exposer la fortune du mineur, terres en exploi-*
tation, situées dans plusieurs départements éloignés les
uns des autres, indication des prix de gestion demandés
par chaque gérant, détails sur la fortune du mineur et
sur les produits et rapports de chacune de ces exploi-
tations.)

Ont également comparu...

Préalablement le sieur Pierre Furne, subrogé tuteur
du mineur, a été entendu et a émis un avis favorable.

Sur quoi le Conseil de famille, considérant...

Autorise, à l'unanimité, M. Charles Richer, tuteur, à
s'aider dans sa gestion de trois administrateurs particu-

liers salariés, aux appointements de la susdite somme totale de... et gérant sous sa responsabilité.

Et avons dressé le présent procès-verbal...

FORMULE 170e. *Nomination d'un protuteur. C. civ. 417.*

L'an...

A comparu le sieur Charles Richer... lequel a dit que ledit mineur possède en Algérie une concession considérable, et que, ne pouvant administrer les terres de cette concession, il a, conformément à l'autorisation verbale que nous lui en avons donnée, convoqué le Conseil de famille pour que l'administration spéciale de ces biens soit donnée à un protuteur.

En même temps ont comparu...

Le Conseil, après avoir pris connaissance des titres relatifs à la susdite concession, a, sous notre présidence, et conjointement avec nous, après délibération, nommé pour protuteur le sieur... notaire en la ville de Blidah, dans l'arrondissement de laquelle sont situés les biens de ladite concession, lequel protuteur sera indépendant du sieur Charles Richer, tuteur.

Et le sieur Charles Richer a été chargé par le Conseil de faire faire audit sieur... protuteur, la notification de la présente délibération.

De ce que dessus...

FORMULE 171e. *Notification de la délibération du Conseil de famille au tuteur nommé, qui n'était pas présent à la délibération. C. proc. 882; Tarif, 21.*

L'an... le... à la requête du sieur... désigné par la délibération du Conseil de famille ci-dessous énoncée aux fins de la présente notification, et pour lequel domicile est élu en sa demeure, j'ai (*nom et immatricule de l'huissier*), soussigné, notifié, et avec autant des présentes, laissé copie d'une délibération du Conseil de famille des mineurs... reçue par M. le juge de paix du canton de... le... dûment enregistrée... par laquelle ledit sieur ... est nommé tuteur dudit mineur.

A ce qu'il n'en ignore et ait à tenir état du contenu de ladite délibération et ait à entrer en exercice de la tutelle à lui déférée, je lui ai, etc...

(*Signature de l'huissier.*)

FORMULE 172e. *Délibération qui refuse de conserver la tutelle à la mère qui veut se remarier.* C. civ. 195, 196.

L'an 1850, et le... heures du... devant nous, juge de paix du canton de... etc., a comparu... laquelle a dit qu'elle a rempli les formalités voulues par la loi, au décès de son mari, en faisant nommer un subrogé tuteur à P... et G... ses enfants mineurs, et en faisant faire un inventaire régulier du mobilier de la communauté qui existait entre elle et feu son mari; qu'à présent elle désire contracter un second mariage avec X... demeurant à... mais qu'auparavant elle désire se faire maintenir dans la tutelle de ses enfants, et qu'à cet effet elle a convoqué devant nous, après en avoir pris notre agrément, un Conseil de famille composé suivant la loi, nous priant de le recevoir et présider, de dresser acte de sa délibération, et a signé (*ou* déclaré ne le savoir).

Sont ensuite comparus... (*Suivre les précédentes formules pour l'ordre de la comparution des parents, leur constitution en Conseil de famille, et écrire ce qui suit :*) Le Conseil ainsi constitué, après en avoir délibéré avec nous, attendu que... (*exprimer ici les motifs si le conseil le veut, sinon il n'y est pas obligé*) à l'unanimité (*ou à la majorité de... voix contre...*) déclare qu'il ne peut conserver à la veuve... la tutelle de ses enfants. En conséquence, il arrête qu'elle sera remplacée dans ladite tutelle aussitôt que son second mariage sera contracté; à cet effet, le subrogé tuteur est en ce cas chargé de convoquer le Conseil sans retard. Fait et clos, le présent procès-verbal, etc.   (*Signatures.*)

FORMULE 175°. *Délibération qui conserve la tutelle à la mère en cas de secondes noces.*

(*Suivre la formule précédente jusqu'à ces mots :* Le Conseil ainsi constitué.)

Le Conseil ainsi constitué, et après en avoir délibéré avec nous; attendu que la veuve E... a rempli les formalités voulues par la loi, lors de son entrée en tutelle, et qu'elle paraît avoir géré convenablement; attendu qu'elle a toujours montré de la tendresse pour ses enfants, et que le second mariage qu'elle se propose de contracter paraît convenable; à l'unanimité, le Conseil déclare conserver à ladite veuve... la tutelle de sesdits enfants pendant son futur second mariage avec X... et lui adjoint ce dernier comme cotuteur, lequel, étant présent, a déclaré accepter cette qualité et se soumettre à répondre solidairement, avec la veuve... des suites de la tutelle. Fait et clos, le présent, etc.

Nota. Quand les deux délibérations qui précèdent ne sont pas prises à l'unanimité, il faut énoncer les noms des votants pour la délibération, et les noms de ceux qui ont voté contre, afin que si la délibération est attaquée, on puisse connaître ceux qu'il conviendra de citer devant le tribunal. C. proc. 883.

FORMULE 174°. *Délibération avec partage sur le choix du tuteur fait par la mère, par testament, après son second mariage, pour les enfants de son premier lit.* C. civ. 400, 401.

L'an...

A comparu le sieur Charles Richer... lequel nous a exposé que, par testament olographe en date du... enregistré le... déposé en vertu d'ordonnance de M. le président du tribunal de... dûment enregistré, en l'étude de M°... notaire à... dame Marie Corne, tutrice légale de Jean Tulle son fils, maintenue dans la tutelle après son second mariage, a institué le comparant, tuteur dudit Jean Tulle, actuellement âgé de dix-sept ans; que, pour accomplir les intentions de la testatrice, il a fait appeler, conformément à la cédule que nous lui avons délivrée, à comparaître à ce jour, lieu et heure, les parents par nous désignés en ladite cédule, pour délibérer sur la question de savoir si le choix fait par la mère tutrice doit être ou non confirmée, et il a signé.

A également comparu le sieur Henri Corne, notaire, demeurant à... second mari de la défunte, et subrogé tuteur du susdit mineur, lequel a déclaré n'avoir aucun moyen opposant au choix fait par la mère tutrice, et il a également signé.

Sont ensuite comparus 1°... (*Noms de trois parents de la ligne paternelle et de deux parents de la ligne maternelle; on constate l'absence du troisième parent de la ligne maternelle, et, s'il y a lieu, le juge de paix prononce contre lui l'amende*);

Lesquels constitués en Conseil de famille, sous notre

présidence, ont délibéré avec nous sur le choix dudit tuteur.

Ladite proposition mise aux voix, les trois membres du côté paternel ont été unanimes pour rejeter le choix fait par la mère, et ont déclaré qu'ils n'entendaient nullement confirmer la nomination du sieur Charles Richer.

Les deux membres composant la ligne maternelle ont, au contraire, soutenu que le sieur Charles Richer offrait toutes les garanties désirables, soit par sa position, soit par son intégrité, soit par l'intérêt et l'affection qu'il porte audit mineur.

Nous, juge de paix, après avoir inutilement cherché à opérer une fusion parmi les membres délibérants, nous sommes réunis aux deux parents de la ligne maternelle; et, vu l'art. 416 du C. civ., avons à la majorité, formée par la prépondérance de notre voix, confirmé purement et simplement le choix fait par la mère testatrice, en la personne dudit sieur Jean Richer, lequel rappelé au sein du Conseil, a déclaré accepter les fonctions qui lui ont été confirmées.

De tout quoi nous avons rédigé le présent procès-verbal, etc.

FORMULE 175ᵉ. *Nomination d'un curateur au ventre sur la demande de la veuve enceinte. C. civ. 393.*

Aujourd'hui... heures du... devant nous, juge de paix de... assisté du greffier, étant en notre prétoire, a comparu B. C.... demeurant à... veuve de E... laquelle nous a dit que son mari est décédé le... et qu'il l'a laissée enceinte de... mois; que par ce motif elle a convoqué, après en avoir pris notre agrément, un Conseil de famille composé des plus proches parents et amis dans les deux lignes, afin de nommer un curateur à sa grossesse. En conséquence, elle a requis qu'il nous plaise de recevoir et de présider ce Conseil de famille, qui doit à l'instant comparaître à l'amiable devant nous, et a signé (*ou* déclaré ne le savoir, de ce requise).

Sont ensuite comparus : 1° ... ; 2° ...; 3° ...; lesquels nous ont dit qu'en déférant à l'invitation de ladite veuve E... ils consentent à délibérer avec nous sur l'objet de leur convocation. Alors, nous les avons déclarés en Conseil de famille, sous notre présidence.

Etant ainsi constitué, le Conseil de famille, après en avoir délibéré avec nous, a déclaré à l'unanimité qu'il nomme pour curateur au ventre (*ou* à la grossesse) de ladite veuve E... le sieur P... demeurant à... l'un des délibérants, lequel a déclaré accepter cette fonction et a promis de l'exercer avec exactitude et fidélité.

Vu lesdites nomination et acceptation, nous, juge de paix, disons que le sieur P... deviendra, de plein droit et sans autre formalité, subrogé tuteur de l'enfant à naître de ladite veuve E... à compter du jour de sa naissance, suivant la loi.

Fait et clos le présent procès-verbal, lecture faite, etc., etc. (*Signature des parents, du juge et du greffier.*)

Nota. Quand la nomination d'un curateur au ventre est requise par un parent au lieu de la veuve, et si le Conseil de famille ne se réunit pas volontairement, le juge de paix délivre une cédule de convocation. On rédige ensuite le procès-verbal de la nomination du curateur, sur la réquisition de ce parent.

Enfin, lorsque c'est le juge de paix qui poursuit d'office la nomination du curateur au ventre, il faut rédiger le procès-verbal en conséquence.

FORMULE 176ᵉ. *Délibération qui règle la dépense annuelle du mineur.*
C. civ. 454, 455, 456.

L'an...

A comparu le sieur Charles Richer, tuteur, lequel a exposé qu'après levée des scellés et inventaire des biens meubles desdits mineurs, il a fait vendre les effets mobiliers avec les formalités requises ; que le produit de cette vente s'est trouvé de quatre mille cinq cent cinquante-huit fr. ; que les biens immeubles loués et affermés produisent annuellement un revenu de cinq mille huit cents francs ; que de plus, le placement des capitaux, y compris le produit de la vente des susdits meubles, donne un intérêt annuel de cinq cents fr. ; qu'en somme, les revenus des mineurs montent à... tous frais payés (*Etablir ensuite les détails donnés par le tuteur sur la dépense qu'occasionne actuellement la nourriture, l'entretien et l'éducation de chacun des mineurs, et, s'il y a lieu, l'augmentation prochaine prévue*); qu'il a convoqué le Conseil de famille desdits mineurs pour régler la dépense annuelle de chacun d'eux, et pour fixer la somme à laquelle commencera pour lui l'obligation d'employer l'excédant des revenus sur la dépense.

Ont en même temps comparu...

Préalablement, le sieur Pierre Furne, subrogé tuteur, a reconnu l'exactitude de l'exposé que le tuteur vient de faire sur la situation de la tutelle, et déclaré qu'il adhère à ses propositions.

Sur quoi, vu l'inventaire, le procès-verbal de vente,

les beaux-fermes et autres pièces produites par le tuteur :

Considérant que les revenus des pupilles se portent
annuellement à une somme de...

Que les dépenses indispensables et de première nécessité s'élèvent à... ; que des éventualités, telles que des
maladies, peuvent survenir et les augmenter ;

Le Conseil, à l'unanimité, règle la dépense collective
des mineurs à une somme de... avec faculté de l'é-
tendre jusqu'à... lorsqu'il y aura lieu ; et arrête que les
... francs d'excédant seront placés, chaque année, et
dans les six mois qui suivront les recettes, de la manière la plus avantageuse aux intérêts des mineurs,
faute de quoi le tuteur sera responsable de l'intérêt des
sommes dont il aurait négligé de faire le placement.

Et de ce que dessus...

FORMULE 177°. *Délibération pour autoriser à faire vendre les meubles
échus au mineur et à en conserver quelques-uns en nature.* Code civil 452.

L'an...

A comparu le sieur Charles Richer, tuteur des enfants mineurs Jean et Marie Tulle, lequel a dit que depuis son entrée en fonction il a fait procéder à la levée
des scellés antérieurement apposés, et l'inventaire des
objets mobiliers échus auxdits mineurs de la succession de leur père, Jacques Tulle ; que son intention est
de faire vendre aux enchères publiques les objets mobiliers de ladite succession, mais qu'il importe de conserver en nature quelques-uns de ces objets, savoir la
bibliothèque du défunt, composée de livres anciens et de
choix, dont le prix ne peut diminuer, et d'un nombre

d'autres livres et pièces, la plupart annotés de la main du défunt, et également trois meubles de prix, formant le mobilier du cabinet du sieur Tulle père, consistant en...; que la fortune des mineurs leur permet de conserver tous ces objets en nature; qu'en conséquence, le comparant a, sur l'autorisation que nous lui en avons donnée verbalement, convoqué le Conseil de famille pour délibérer sur sa proposition, ainsi que le subrogé tuteur pour donner son avis, et a signé.

Ont en même temps comparu...

Le Conseil, après avis conforme donné par le subrogé tuteur, considérant... autorise le tuteur à conserver en nature et à ne pas comprendre dans la vente aux enchères qu'il fera du mobilier des mineurs, la bibliothèque...

Et de ce que dessus...

FORMULE 178e. *Autorisation d'emprunter pour le mineur et d'hypothéquer ses biens.*

L'an...

A comparu le sieur Charles Richer... agissant comme tuteur de... lequel a exposé...

(Etablir ici les ressources du mineur, son revenu, les capitaux dont il peut disposer, la somme à laquelle a été fixée sa dépense annuelle, dire, d'un autre côté, ce que doit le mineur, à qui, quelle somme, l'échéance des dettes, la nécessité de payer sans prorogation, la proposition faite par un tiers de prêter au mineur, une somme de... sous condition d'une hypothèque conférée sur tel bien; expliquer l'intérêt qu'a le mineur à hypothéquer plutôt qu'à aliéner.)

Qu'à cet effet le comparant a, sur l'autorisation que nous lui avons donnée, convoqué, etc., et a signé.

Ont en même temps comparu...

Le subrogé tuteur entendu a déclaré que l'emprunt projeté lui paraissait avantageux pour le mineur.

Sur quoi, vu les pièces soumises au Conseil par le tuteur, et consistant en...

Le Conseil, à l'unanimité, autorise le tuteur à emprunter au nom du mineur, par obligation notariée, la somme de... payable dans le délai de six années, avec intérêts à...; à consentir hypothèque sur les biens du mineur, situés dans l'arrondissement de... département de... consistant en... le tout après homologation.

Et de ce que dessus...

FORMULE 179e. *Autorisation à un tuteur pour faire vendre les immeubles du mineur. C. civ. 457.*

L'an 1850, etc., devant nous, etc.

A comparu le sieur... demeurant à... tuteur des mineurs... lequel nous a dit... (*exposer ici les faits qui donnent lieu à la vente des biens, soit pour cause de nécessité, poursuites de créanciers, etc.; soit pour un avantage évident. Suivre ensuite les formules précédentes pour la comparution des parents, etc., et continuer comme il suit*):

Le Conseil ainsi constitué et après en avoir délibéré avec nous; vu le compte sommaire, présenté par le tuteur, de sa gestion, et autres pièces justificatives; attendu qu'il est prouvé que les mineurs S... sont dans la nécessité de vendre et aliéner leurs immeubles.

Autorise le sieur... tuteur desdits mineurs, à faire vendre par justice, en observant les formalités prescrites, la maison de... située à... rue de... n°... (*ou* le domaine de...), laquelle (*ou* lequel) le Conseil désigne spécialement pour être vendue de préférence, sous les conditions et les charges suivantes... (*énoncer ici les charges et les conditions*). Et sera, la présente délibération homologuée avant de recevoir son exécution. De tout quoi, nous, juge de paix, avons dressé le présent procès-verbal, dont lecture a été faite aux délibérants, qui ont signé avec nous et le greffier.

FORMULE 180e. *Autorisation d'accepter une succession échue au mineur.*

L'an...

A comparu le sieur Charles Richer... lequel a dit que le sieur Alexandre Marion, oncle paternel dudit mineur, vient de décéder intestat, laissant trois héritiers, au nombre desquels ledit mineur (*exposer ici très-sommairement si la succession paraît opulente, et surtout si les dettes sont réputées peu considérables*); le comparant a cru, en conséquence, devoir convoquer le Conseil de famille pour l'autoriser à accepter s'il y a lieu, sous bénéfice d'inventaire, la succession dont il s'agit, et il a signé.

En même temps ont comparu, savoir, dans la ligne paternelle...

Après avoir entendu le sieur Pierre Furne, subrogé tuteur dudit mineur, lequel a déclaré qu'il considérait aussi comme avantageux pour le mineur d'accepter ladite succession.

Le Conseil, considérant que le défunt laisse un avoir considérable, tant en meubles qu'en immeubles, que sa succession ne paraît nullement grevée, est d'avis d'autoriser le tuteur à accepter ladite succession pour le compte du mineur, sous bénéfice d'inventaire, conformément à la loi, et de faire dans ce but tous actes utiles et nécessaires.

Et de ce que dessus...

FORMULE 181e. *Autorisation de répudier une succession échue au mineur.*
C. civ. 461.

L'an...

A comparu le sieur Charles Richer... lequel a dit que Etienne Furne, oncle maternel dudit mineur, vient de décéder intestat, ne laissant d'autre héritier naturel que ledit mineur. (*Exposer que la succession est très-embarrassée; que l'expropriation forcée des biens était poursuivie avant le décès; et qu'il paraît certain, vu le nombre des créanciers poursuivants et l'importance de leurs créances, que les dettes excèdent de beaucoup l'avoir.*)

Ont aussi comparu, etc.

Le subrogé tuteur a confirmé les détails donnés par le tuteur, et a déclaré qu'il partageait ses appréhensions.

Sur quoi, considérant... (*motifs ci-dessus*), qu'en acceptant, même sous bénéfice d'inventaire, il y a toujours quelques faux frais à exposer, ou tout au moins des diligences à faire, le tout en pure perte;

Le Conseil, à l'unanimité, autorise le tuteur à se présenter au greffe du tribunal de... à l'effet de répudier pour, et au nom du mineur, la succession d'Etienne Furne, son oncle, et de faire dans ce sens tous actes requis et nécessaires.

Et de ce que dessus...

FORMULE 182e. *Autorisation d'accepter une donation faite au mineur.*
C. civ. 463.

L'an... le...

A comparu le sieur Charles Richer... lequel a dit...
(*Exposer que la dame... veuve sans enfant, tante pater-*
nelle du mineur, se propose de lui faire donation d'une
terre qu'elle possède, située... d'une contenance de... avec
sa maison d'habitation, et d'une valeur d'environ... que
cette donation doit être pure et simple, et sans aucune
charge; que ladite terre est, en outre, libre de toutes
dettes et hypothèques; que le tuteur a, en conséquence,
convoqué le Conseil de famille pour l'autoriser à inter-
venir dans l'acte même de donation, et à l'accepter pour
le compte dudit mineur.)

Ont en même temps comparu...

Sur quoi, considérant...

Le Conseil, à l'unanimité, autorise le tuteur à intervenir dans la donation projetée, à accepter pour le
compte du mineur ladite donation, à laquelle une expédition de la présente délibération sera annexée; à
faire transcrire ladite donation sur le registre des hypothèques de l'arrondissement; et à faire tous les autres actes requis et nécessaires.

Et de ce que dessus...

Nota. Si la donation a déjà été faite avant que l'autorisation de l'accepter soit demandée, on la mentionnera
comme résultant d'un acte public en date du... reçu
par M... et son collègue, notaires à... enregistré. L'on
ajoutera tous les détails ci-dessus; l'on dira qu'il y a
lieu de l'accepter, et le Conseil autorisera le tuteur à se
présenter devant tel notaire que bon lui semblera, et à

déclarer, dans un acte public et authentique, en tête duquel sera transcrite la présente délibération, qu'il accepte pour, et au nom du mineur, la susdite donation dans tout son contenu, à faire signifier au donateur ledit acte d'acceptation, conformément à la loi, et à faire transcrire le tout au bureau des hypothèques de l'arrondissement où se trouvent les biens donnés ; comme aussi à prendre possession desdits biens pour et au nom du mineur, et faire en un mot tous autres actes requis et nécessaires.

FORMULE 183ᵉ. *Délibération pour autoriser le tuteur à provoquer un partage. C. civ. 465.*

L'an, etc...

A comparu le sieur Charles Richer... lequel a dit que la succession échue auxdits mineurs est grevée de dettes considérables, consistant en... qu'il y a lieu de vendre, pour éteindre ces dettes, un immeuble ou des droits appartenant au mineur, indivis entre lui et les sieurs... ses cohéritiers ; que l'état d'indivision où se trouvent ces biens ne permet pas d'en faire opérer la vente pour le produit en être appliqué à cette libération ; qu'il y a donc lieu de demander préalablement le partage en justice, pour faire vendre ensuite le lot qui écherra au mineur, ou telle partie de ce lot que le Conseil désignera.

En même temps ont comparu...

A aussi comparu le sieur Pierre Furne, subrogé tuteur, qui a déclaré adhérer à la susdite proposition.

Le Conseil, considérant... (*motifs tirés de l'exposé ci-dessus*) ;

Autorise, à l'unanimité, le tuteur à former en justice

l'action en partage et à y procéder dans les formes légales.

Et de ce que dessus...

Formule 184e. Autorisation d'intenter une action en justice. C. civ. 464.

L'an, le...

A comparu le sieur Charles Richer... lequel a dit que lesdits mineurs sont propriétaires du lieu de... situé commune de... que le sieur B... voisin de ladite propriété, a fait divers ouvrages tendant à détourner le cours d'un ruisseau qui arrose les prés dits... dépendant dudit lieu de... que les mineurs ont le plus grand intérêt à intenter contre ledit sieur B... l'action possessoire, avant que la possession d'an et jour ait été acquise contre eux; qu'en conséquence, le comparant, en vertu de cédule par nous délivrée, a convoqué les membres composant le Conseil de famille, à l'effet de lui donner l'autorisation requise pour intenter ladite action.

Ont également comparu...

Le sieur Pierre Furne, subrogé tuteur, a été d'avis d'autoriser ladite action.

Sur quoi, considérant que les droits du mineur sur le lieu de... et sur le ruisseau qui arrose les prés de... sont établis par titres et par une possession immémoriale.

Le Conseil autorise à l'unanimité le sieur... tuteur, à intenter contre ledit sieur B... l'action possessoire; à le faire citer devant le juge de paix compétent, et à faire dans ce but toutes poursuites et diligences nécessaires.

Et de ce que dessus...

Nota. S'il s'agissait d'une action au pétitoire, ou devant le tribunal de première instance, on ajouterait autorisation de constituer tous avoués, de les révoquer, etc.

FORMULE 185ᵉ. *Autorisation au tuteur d'acquiescer à une demande intentée contre le mineur.*

L'an...

Le Conseil, considérant que l'action dirigée par... contre le mineur est fondée sur un titre; qu'elle est justifiée en fait et en droit; qu'il serait impossible d'y défendre; qu'il y a donc lieu d'y acquiescer;

Autorise, à l'unanimité, le tuteur à délaisser l'immeuble... et à payer les frais faits jusqu'à ce jour.

FORMULE 186ᵉ. *Autorisation au tuteur pour transiger.*

L'an 1850, et le... heures du... devant nous... etc., a comparu R... demeurant à... tuteur des mineurs... lequel a dit qu'il existe entre ces mineurs et le sieur P... une contestation pendante au tribunal de... au sujet de ... (*expliquer sommairement l'objet du procès*); qu'il serait convenable aux intérêts desdits mineurs de transiger sur cette contestation, et que le sieur P... lui-même y paraît disposé; que d'après cette disposition il a présenté requête à M. le procureur de la République du... afin d'obtenir la nomination de trois jurisconsultes pour donner leur avis sur la question de savoir s'il est avantageux aux mineurs de transiger; que sur cette requête M. le procureur de la République a nommé... (*ici les noms et demeures des avocats nommés*); que ces jurisconsultes, après avoir examiné les pièces, ont donné leur avis le... de ce mois, portant que (*exprimer le ré-*

sultat de la consultation); qu'ayant communiqué cette consultation au sieur P... il y a donné son assentiment, de sorte qu'il ne reste à présent au comparant qu'à obtenir l'autorisation du Conseil de famille pour terminer la transaction; qu'à cet effet il a convoqué à l'amiable, après en avoir pris notre agrément (*ou* en vertu de notre cédule du...), un Conseil de famille composé suivant la loi, requérant qu'il nous plaise de le recevoir, de le présider et d'y délibérer, et a signé... (*ou* déclaré ne le savoir, de ce requis.)

Sont ensuite comparus : 1°... 2°... 3°... etc. (*Suivre pour les comparutions les formules précédentes, jusqu'à ce qui suit.*)

Le Conseil, ainsi constitué, vu les pièces de la contestation dont il s'agit, les requêtes, nomination et consultation ci-dessus énoncées, après en avoir délibéré conjointement avec nous : attendu que... (*énoncer les motifs qui déterminent l'autorisation*); attendu que d'après cela il y a un avantage évident pour les mineurs... à conclure la transaction proposée; à l'unanimité le Conseil de famille autorise ledit sieur... tuteur, à transiger par acte notarié avec le sieur P... de la manière et aux conditions exprimées dans la consultation; à la charge par ledit... tuteur, de faire homologuer la présente délibération, ainsi que la transaction qui s'ensuivra. De tout quoi nous avons rédigé le présent procès-verbal, dont lecture a été faite aux délibérants qui ont signé avec nous et le greffier (*ou* ont déclaré ne savoir signer).

Formule 187e. *Délibération pour autoriser le mariage d'un mineur.*
C. civ. 160.

L'an 18... et le... heures de... à la requête du sieur
B... demeurant à... au nom et comme tuteur aux personne et biens de... mineur, a été dit et exposé qu'il se
présente un établissement avantageux pour ledit mineur, en la personne de mademoiselle... âgée de... fille
de... et de... que la dot proposée est de la somme de...
savoir : celle de... en deniers comptants; que le mariage est proposé sous le régime de la communauté; et
que les conditions dudit mariage, détaillées dans un
projet signé dudit sieur B... tuteur, et par lui à l'instant
remis en nos mains, lequel demeurera annéxé à la minute des présentes, paraissent très-favorables; pourquoi
il requiert le Conseil de famille d'approuver lesdites
conditions, et de donner son consentement au mariage
proposé; ledit tuteur retiré, la matière mise en délibération, les sieurs D... E... G... ont été d'avis d'agréer
lesdites propositions et de consentir au mariage; mais
les sieurs L... M... et P... ont été d'avis contraire, et
ont trouvé les conditions du mariage plus onéreuses
que profitables audit mineur; sur quoi nous, juge de
paix, après avoir mûrement examiné lesdites conditions, les qualités, les familles et les fortunes des deux
personnes dont il s'agit, nous sommes réuni à l'opinion
des sieurs D... E... G...; en conséquence, il a été arrêté
en Conseil de famille, que les propositions annoncées
par ledit sieur B... tuteur dudit mineur, sont et demeurent approuvées, et que le Conseil consent au mariage
dudit mineur... avec la demoiselle... autorise ledit tuteur à passer le contrat de mariage, et y consentir pour

le Conseil de famille, lui donnant à cet égard tout pouvoir; à l'effet de quoi il lui sera délivré expédition du présent. Fait en Conseil de famille, en notre domicile, à... les jour, mois et an que dessus, et ont lesdits parents signé avec nous, à l'exception des sieurs L... M... et P... lesquels ont déclaré ne le vouloir faire.

(*Signatures.*)

Nota. Cette délibération n'a pas besoin d'être homologuée, et les parents ou amis, qui ont été d'avis contraire, ne peuvent ni l'attaquer ni former opposition au mariage.

Formule 188ᵉ. *Délibération autorisant le tuteur à provoquer la réclusion du mineur. C. civ. 468, 376 et suiv.*

L'an...

A comparu le sieur Charles Richer..

Lequel a dit que le susdit mineur (*Exposer ici la conduite du mineur, en spécifiant les faits principaux, excès et griefs qui donnent lieu à la mesure provoquée*).

(*Signature du tuteur.*)

Ont en même temps comparu...

Le Conseil, attendu que les faits exposés par le tuteur sont connus de tous les membres du Conseil, et qu'il est urgent, dans l'intérêt du mineur, d'en arrêter le cours par une sévère répression, autorise, à l'unanimité, le tuteur à requérir de M. le président du tribunal de... la détention dudit mineur, pendant un temps qui ne pourra excéder...

Et de ce que dessus...

FORMULE 189e. *Autorisation au mineur de s'engager dans le service militaire.* Loi du 21 mars 1832 (1).

· L'an...

A comparu le sieur Charles Richer... lequel a dit que ledit mineur, Jean Tulle, demande l'autorisation nécessaire pour s'engager volontairement dans le service de l'armée de terre; qu'il a, en sa qualité de tuteur, et conformément à notre autorisation, convoqué le Conseil de famille, pour délibérer sur cet objet, et il a signé.

Ont en même temps comparu...

Lesquels constitués, sous notre présidence, ont, conjointement avec nous, après délibération, et considérant que le mineur est âgé de dix-huit ans accomplis; qu'il est d'une forte constitution, et qu'il a toujours montré du goût pour l'état militaire, autorise, à l'unanimité, le tuteur à consentir à l'engagement volontaire dudit Jean Tulle, et à se présenter, à cet effet, devant tel maire ou autorité que besoin sera, et à faire tous actes requis et nécessaires.

FORMULE 190e. *Autorisation pour restreindre l'hypothèque légale du mineur sur les immeubles du tuteur.* C. civ. 2143.

L'an...

A comparu le sieur Charles Richer... lequel a dit... (*Exposer ici que les immeubles du tuteur sont grevés, en totalité, d'une hypothèque légale au profit du mineur, en vertu de l'art. 2121 du Code civil; que cette hypothèque générale paralyse, entre les mains du tuteur, des valeurs bien supérieures à celles qu'exige la garantie du mineur;*

(1) Cet acte est exempt de droits d'enregistrement; les expéditions qui en sont délivrées sont dispensées du timbre. Décision du ministre des finances du 9 nov. 1832.

*qu'un seul des domaines du tuteur, le domaine de... sis
dans le territoire de la commune de... consistant en neuf
cents hectares de terre, une maison d'habitation considérable... estimés valoir au moins neuf cent mille francs,
libres et francs de toute autre hypothèque que celle du mineur, est plus que suffisant pour répondre de la gestion du
mineur, puisque les biens du mineur n'ont été estimés, dans
la délibération de famille, en date du... enregistrée, valoir
qu'une somme de trois cent cinquante mille francs ; il y a
donc lieu d'affranchir les autres biens du tuteur de l'effet
de l'hypothèque légale)*; qu'il a, par conséquent, en
vertu de l'art. 2143 du Code civil, convoqué, sur cédule, le Conseil de famille... et le subrogé tuteur dudit
mineur, pour donner leur avis et délibérer sur la res-
triction de l'hypothèque légale qui grève tous ses biens.

Ont en même temps comparu...

Le Conseil, après avoir entendu le subrogé tuteur,
lequel est d'avis que le domaine de... est plus que suffisant pour garantir la gestion tutélaire, et a signé.

Vu les titres de propriété du susdit domaine, consistant ; 1° dans un acte de vente *(mentionner principalement les titres indiquant le prix de la propriété)...*

Vu le certificat négatif délivré par M. le conservateur
des hypothèques de l'arrondissement de... où ladite
propriété est située *(motifs tirés de l'exposé ci-dessus).*

Est d'avis, à l'unanimité, qu'il y a lieu, de réduire
l'hypothèque légale, résultant de la tutelle, au susdit
domaine de... et de déclarer, par conséquent, les autres
immeubles du tuteur exempts et libres de ladite hypothèque.

Et de ce que dessus.

FORMULE 191*. *Avis de parents pour restreindre l'hypothèque légale de la femme. C. civ. 2144.*

L'an... le... devant nous... a comparu R... demeurant à... époux de... lequel nous a dit que (*exposer ici les faits relatifs au mariage, à la date, à l'importance de la dot de la femme, aux immeubles du mari, les moyens de restreindre l'hypothèque légale*, etc.) ; qu'en conséquence il a, aux termes de l'art. 2144 du Code civ., convoqué quatre des plus proches parents de la femme, savoir... qu'il nous priait de présider cette assemblée de parents, et de dresser acte de sa délibération, et a signé...

Sont ensuite comparus... lesquels nous ont dit qu'en déférant à l'invitation du sieur... ils consentaient à délibérer sur l'avis qui leur était demandé. Alors nous les avons déclarés constitués en Conseil de famille sous notre présidence. Etant ainsi constituée, l'assemblée de parents, après en avoir délibéré avec nous; attendu que 'les immeubles appartenant au sieur... (*les désigner*) sont d'une valeur plus que suffisante pour garantir la dot, les reprises de sa femme et les autres droits qu'elle pourrait avoir à exercer contre son mari; que tels immeubles... (*les désigner*) sont suffisants pour la conservation entière des droits de la femme; qu'il importe au mari de rendre libres ses autres immeubles; est d'avis que l'hypothèque légale de la femme R..., pour raison de sa dot, de ses reprises et conventions matrimoniales, doit être restreintes aux immeubles susdésignés.

De tout quoi, nous, juge de paix, avons dressé le pré-

sent procès-verbal, dont lecture a été faite aux délibérants, qui ont signé avec nous et le greffier.

(*Signatures.*)

FORMULE 192e. *Avis du Conseil de famille sur une demande
en interdiction. C. civ.* 494; C. proc. 893.

L'an... etc... par-devant nous... juge de paix du canton de... arrondissement de... département de... en
notre maison et domicile est comparu le sieur Joseph,
propriétaire, demeurant à...

Lequel nous a exposé que le sieur Grégoire, son oncle
paternel, demeurant à... est tombé dans un état de démence qui le rend incapable de gouverner sa personne
et ses biens; qu'il a cru qu'il était de son devoir et de
la plus urgente nécessité de provoquer son interdiction;
à cet effet, il a présenté requête à M. le président du
tribunal civil de... laquelle a été répondue d'un soit-
communiqué au ministère public, et de nomination
d'un des juges pour faire le rapport au tribunal, le...
de ce mois.

Sur ce rapport et les conclusions de M. le procureur
de la République, il a été ordonné, par jugement rendu
le... du présent mois, et dont l'expédition est représentée, qu'un Conseil de famille serait formé pour donner son avis sur l'état dudit sieur Grégoire.

En exécution dudit jugement, et en vertu de notre
cédule, du... il a fait convoquer ledit Conseil de famille
en la manière ordinaire; et a fait sommer (*ou* inviter)
les parents, en nombre et qualités requis par la loi, de
comparaître et de se trouver cejourd'hui, heure présente, par-devant nous, et à l'instant ledit sieur Joseph
s'est retiré après avoir signé.

Sont aussi comparus lesdits parents (*les nommer*).

Le Conseil ainsi formé de parents (*alliés ou amis*) ci-dessus nommés, et de nous, juge de paix; lecture faite, tant de la requête présentée par ledit sieur Joseph, contenant les faits de démence par lui articulés et détaillés, que des pièces y jointes, ensemble du jugement en date du... présent mois; lesdits parents, après avoir examiné et délibéré, nous ont déclaré qu'ils connaissent parfaitement l'état de démence dans lequel se trouve ledit sieur Grégoire, qu'ils sont intimement persuadés qu'il est incapable de gouverner sa personne ainsi que de régir et administrer ses biens, et qu'il y a tout lieu de craindre que l'on n'abuse de sa faiblesse pour l'en rendre victime; par ces motifs, le Conseil a été unanimement d'avis qu'il soit procédé incessamment à l'interdiction dudit sieur Grégoire.

De tout ce qui précède nous avons donné acte auxdits comparants, qui ont signé avec nous et notre greffier le procès-verbal les jour et an ci-dessus.

FORMULE 193e. *Nomination d'un tuteur et d'un subrogé tuteur à l'interdit.* C. civ. 505; C. proc. 895.

L'an...

A comparu le sieur A... ancien notaire, demeurant à... agissant en qualité d'administrateur provisoire des biens et de la personne de Charles Henriot, interdit, lequel a dit que par jugement rendu par le tribunal civil de... le... enregistré, et par arrêt rendu sur appel du même jugement par la Cour de... le... l'interdiction du sieur Charles Henriot a été prononcée; qu'un tuteur et un subrogé tuteur doivent être, en conséquence, nommés à l'interdit; qu'à cet effet, il a, d'après cédule

que nous lui avons délivrée, et par exploit de... enregistré, fait citer... (*Suite comme pour la nomination
d'un tuteur et d'un subrogé tuteur ordinaires, voir formule 161*).

FORMULE 194ᵉ. *Nomination de l'expert priseur et prestation du serment,
lorsque le père ou la mère, tuteur, veut conserver les meubles en
en nature.*

L'an... devant nous, juge de paix du canton de...
assisté de... notre greffier;

A comparu le sieur Charles Richer, tuteur légal de
ses enfants issus de son mariage avec défunte Marie Du-
bois, qui a dit que le plus âgé desdits mineurs n'a pas
atteint sa dixième année; que le comparant, en sa qualité de père, a l'usufruit légal des biens desdits enfants
jusqu'à dix-huit ans; que son intention est de garder en
nature les meubles appartenant à sesdits enfants; qu'à
cet effet il se propose de faire à ses frais une estimation
à juste valeur, et que, pour se conformer à la loi, il a
invité M. Pierre Furne, subrogé tuteur, ici présent, à
nommer un expert priseur pour faire cette estimation.

A également comparu ledit sieur Pierre Furne, subrogé tuteur des susdits mineurs, qui reconnaît qu'il
est avantageux de conserver en nature leur mobilier, et
nomme pour expert le sieur Alexis Fabre, commissaire
priseur, lequel a prévenu celui-ci de se présenter pour
prêter le serment requis.

A ces fins a comparu le sieur Alexis Fabre, expert
priseur, qui a déclaré accepter la commission à lui
déférée, et il a promis et juré de la remplir avec conscience.

Et de ce que dessus a été fait et dressé le présent

procès-verbal, qui a été signé par les trois comparants, par nous et notre greffier, après lecture faite.

TITRE II.

DE L'ÉMANCIPATION ET DE L'AUTORISATION AU MINEUR DE FAIRE LE COMMERCE.

CHAPITRE Ier. — Quand y a-t-il lieu à l'émancipation ? — Formes.

931. Le mineur est émancipé de plein droit par le mariage. C. civ. 476.

932. Le mineur, même non marié, peut être émancipé par son père, ou, à défaut de père, par sa mère, lorsqu'il aura atteint l'âge de quinze ans révolus. Cette émancipation s'opère par la seule déclaration du père ou de la mère, reçue par le juge de paix assisté de son greffier. C. civ. 477.

La mère n'exerce le droit d'émancipation du vivant du père, qu'autant que ce dernier est hors d'état de le faire, comme s'il est absent ou interdit. Duranton (t. III, p. 655) estime que, dans ce cas, il faut que l'enfant soit âgé de dix-huit ans et non de quinze, car, dit-il, on ne peut priver le père de l'usufruit légal ; il argumente aussi de l'art. 2 C. comm. ; mais il est douteux que cette considération secondaire fût de nature à paralyser une émancipation que la mère jugerait opportune, et que l'absence ou l'incapacité du mari pourrait rendre plus indispensable.

933. Le droit d'émancipation dérivant de la puissance paternelle, il s'ensuit qu'elle peut être accordé par le père dispensé, exclu ou destitué de la tutelle, ou contre lequel la séparation de corps a été prononcée.

A défaut du père, la mère, dans les mêmes circonstances, et même la mère remariée, et non maintenue dans la tutelle, conserve le droit d'émanciper ses enfants. Colmar, 17 juin 1807; Bruxelles, 6 mai 1808; Bordeaux, 14 juillet 1838.

934. Le père et la mère peuvent se faire représenter à l'émancipation par un mandataire pourvu d'une procuration spéciale et authentique.

935. Le mineur resté sans père ni mère peut aussi, mais seulement à l'âge de dix-huit ans accomplis, être émancipé, si le Conseil de famille l'en juge capable. En ce cas, l'émancipation résulte de la délibération qui l'aura autorisée, et de la déclaration que le juge de paix, comme président du Conseil de famille, aura faite dans le même acte, que le mineur est émancipé. C. civ. 478.

936. Lorsque le tuteur n'a fait aucune diligence pour l'émancipation du mineur, dont il est parlé dans l'article précédent, et qu'un ou plusieurs parents ou alliés de ce mineur, au degré de cousins germains ou à des degrés plus proches, le jugent capable d'être émancipé, ils peuvent requérir le juge de paix de convoquer le Conseil de famille pour délibérer à ce sujet. Le juge de paix doit déférer à cette réquisition. C. civ. 479.

937. Le père et la mère d'un enfant naturel ont aussi le droit de l'émanciper. Limoges, 2 janvier 1821 ; Toullier, t. II, n° 1287.

938. L'enfant admis dans un hospice peut, quand il a quinze ans révolus, être émancipé par le membre de la commission qui a été désigné tuteur. L. 15 pluv. an VIII, art. 4.

CHAPITRE II. — De l'autorisation à donner au mineur émancipé
de faire le commerce.

939. Tout mineur émancipé de l'un ou de l'autre
sexe, âgé de dix-huit ans accomplis, qui voudra profiter de la faculté que lui accorde l'art. 487 C. civ., de
faire le commerce, ne pourra en commencer les opérations ni être réputé majeur, quant aux engagements
par lui contractés pour faits de commerce, 1° s'il n'a
été préalablement autorisé par son père, ou par sa
mère en cas de décès, interdiction ou absence du père,
ou, à défaut du père et de la mère, par une délibération du Conseil de famille, homologuée par le tribunal
civil ; 2° si, en outre, l'acte d'autorisation n'a été enregistré et affiché au tribunal de commerce du lieu où le
mineur veut établir son domicile. C. comm. 2.

940. Une autorisation particulière qu'il ne faut pas
confondre avec la déclaration d'émancipation, doit
être donnée au mineur, pour l'autoriser à faire le commerce, par les mêmes personnes qui ont le droit de
lui conférer l'émancipation.

Cette autorisation indique si elle a pour objet le
commerce en général, ou seulement certains actes de
commerce en particulier.

941. Il a été jugé que, dans le premier cas, elle ne
peut préciser le genre de commerce auquel le mineur
devra se livrer, parce que, dans l'état actuel du commerce où le plus souvent des opérations de diverse
nature s'enchaînent les unes aux autres d'une manière
imprévue et pourtant nécessaire, il ne serait pas sans
inconvénient, dans certains cas, tant pour les tiers que
pour les mineurs, que la capacité commerciale de ces

derniers fût renfermée dans des limites trop fixes. Caen, 11 août 1828.

Cependant, il paraît incontestable que les parents, qui ont le droit d'accorder ou de refuser l'autorisation qui leur est demandée, sont fondés à y apposer les restrictions qu'ils jugent convenables, et par conséquent à la limiter à certaines branches de commerce, sauf, bien entendu, à déterminer d'après l'usage, si les actes faits ultérieurement par le mineur rentrent dans le genre de commerce auquel il est autorisé à se livrer. Toullier, t. II, nᵒˢ 1292, 1308 ; E. Cadres, p. 55.

942. L'autorisation du père ou de la mère est valablement donnée devant un juge de paix, ou devant un notaire, même devant le greffier du tribunal de commerce ; si ces officiers ne connaissent pas personnellement celui qui se présente pour, délivrer l'autorisation, ils doivent se faire attester son identité par deux témoins. Dans aucun cas, on ne saurait se contenter d'une autorisation sous signature privée, rien ne constatant alors la sincérité des signatures.

943. L'autorisation du père ne peut être remplacée par celle de la mère ou du Conseil de famille, que dans le cas où le père se trouve dans l'impossibilité de manifester sa volonté par suite d'interdiction ou d'absence (C. comm. 2). Toutefois, il n'est pas nécessaire qu'il y ait absence déclarée ; il suffit que le père ait abandonné son domicile, et qu'on n'ait pas de ses nouvelles. Pardessus, nᵒ 57.

944. La Cour d'appel de Douai a également jugé, le 21 juin 1827, que l'autorisation paternelle devait être remplacée par celle du Conseil de famille, lorsqu'il s'a-

gissait de permettre à un mineur possédant des biens personnels de s'associer au commerce de son père. Il est, en effet, évident que l'autorisation est exigée dans l'intérêt du mineur, et que son père cesse de pouvoir le représenter quand il y a lui-même un intérêt personnel distinct, et peut-être opposé à celui de son fils.

945. L'autorisation, une fois donnée, ne peut plus être retirée isolément (Pardessus, n° 58). Mais elle peut être révoquée implicitement par la remise du mineur en tutelle, dans le cas où il abuse de sa position. En effet, la disposition de la loi, qui autorise à enlever le bénéfice de l'émancipation à tout mineur qui s'en montre indigne (C. civ. 485), est évidemment applicable à celui qui a été autorisé à faire des actes de commerce, et la perte de cette capacité est une conséquence nécessaire du retrait de l'émancipation. Pardessus, n° 58.

946. Du reste, la révocation doit, dans ce cas, être rendue publique dans la même forme que l'autorisation, afin de ne pas induire les tiers en erreur. Pardessus, *eod.*

947. Nous avons vu ci-dessus (titre. I⁻ᵉʳ, chap. vii, n° 922) quels sont les droits à payer pour l'enregistrement de l'acte d'émancipation.

Le même droit est exigible pour les actes d'émancipation des enfants admis dans les hospices. Arg., L. 15 pluv. an XIII, art. 4; décis. min. fin., 8 févr. 1836.

948. L'acte de révocation de l'émancipation est passible du droit fixe de 4 fr. L. 28 avril 1816, art. 43, n° 21; et du 19 juillet 1845, art. 5.

949. L'acte, par lequel le mineur est autorisé à faire

le commerce, est également soumis au droit fixe de 4 fr. Mêmes lois.

FORMULE 195ᵉ. *Emancipation par le père ou la mère. C. civ. 477, 479.*

L'an... le... par-devant nous (*nom, prénoms*), juge de paix de... assisté du sieur... (*nom, prénoms*), greffier de notre justice de paix.

Est comparu (*nom, prénoms, profession et domicile du père ou de la mère*) lequel a déclaré que le sieur (*nom, prénoms*), son fils, ayant quinze ans accomplis, ce qui résulte d'un extrait des registres de l'état civil de la ville de... et que reconnaissant en lui une capacité suffisante pour administrer sa personne et ses biens, il entendait profiter du droit que la loi lui donne de l'émanciper.

En conséquence, il a déclaré qu'il l'émancipait, et nous a requis de dresser le présent acte; et a signé avec nous et le greffier, après lecture faite.

(*Signatures du père ou de la mère, du juge de paix et du greffier.*)

FORMULE 196ᵉ. *Acte d'émancipation par le Conseil de famille.*
C. civ. 478, 479.

L'an... le... en l'hôtel de la justice de paix, sis à... devant nous...

Est comparu le sieur... (*nom, prénoms, qualité et domicile*), lequel, en sa qualité de tuteur du sieur... (*nom, prénoms*), a exposé que les père et mère dudit sieur... sont décédés;

Que celui-ci est âgé de dix-huit ans accomplis, ainsi qu'il résulte d'un extrait des registres de l'état civil de la ville de...

Que, par sa conduite antérieure, il offre toute espèce

de garantie pour la bonne administration de sa personne et de ses biens; que, par conséquent, il mérite qu'on lui confère le bénéfice de l'émancipation;

Que, dans ces circonstances, et par suite de notre indication verbale à ce jour, il a convoqué par-devant nous les parents les plus proches en degré dudit mineur dans les lignes paternelle et maternelle, en nombre suffisant pour compléter le nombre de six, etc.

Le Conseil, délibérant sous notre présidence et conjointement avec nous, a été unanimement d'avis qu'il y a lieu d'émanciper le sieur... (*nom, prénoms de l'émancipé*), et nous a autorisé en conséquence à prononcer son émancipation; et à l'instant même, nous avons déclaré ledit sieur... émancipé.

En ce qui touche la nomination d'un curateur.

Le Conseil est d'avis, également à l'unanimité, que cette fonction soit déférée au sieur... (*nom, prénoms, qualité et domicile*), l'un de ses membres, lequel, ici présent, l'a acceptée et a promis de la remplir fidèlement.

Et de tout ce que dessus, nous avons fait et rédigé le présent procès-verbal, que les membres du Conseil de famille ont signé avec nous et le greffier, après lecture faite.

(*Signatures des membres du Conseil de famille, du juge de paix et du greffier.*)

FORMULE 197e. *Autorisation donnée au mineur pour faire le commerce.*
C. civ. 487; C. com. 2.

L'an... le... par-devant nous... juge de paix du canton de... est comparu à l'hôtel de la justice de paix, sis à... M... (*nom, profession, domicile*);

Lequel a déclaré autoriser spécialement M... son fils,

âgé de dix-huit ans, ainsi qu'il résulte de son acte de naissance, en date du... émancipé, suivant déclaration faite par lui... devant nous... ainsi qu'il résulte d'un procès-verbal, en date du... à faire le commerce (*Enoncer si l'autorisation embrasse le commerce en général, ou si elle est restreinte à certains actes de commerce*);

Lesquels actes de naissance et procès-verbal d'émancipation nous avons lus et à l'instant rendus.

Pour faire publier ces présentes partout où besoin sera, tout pouvoir est donné au porteur de leur expédition.

Et de tout ce que dessus, nous avons fait et rédigé le présent procès-verbal que le sieur... a signé avec nous après lecture faite.

Fait et passé à... le... etc.

(*Signatures du père, du juge de paix et du greffier.*)

FORMULE 198e. *Révocation de l'émancipation par le père ou par la mère.* C. civ. 485.

L'an...

A comparu le sieur Pierre Tulle... lequel nous a dit que, suivant procès-verbal fait devant nous, le... enregistré, il a conféré l'émancipation à Jean Tulle, son fils, âgé de dix-sept ans; mais que ce dernier abuse des droits que l'émancipation lui a donnés, qu'elle tourne à son désavantage, et que les engagements par lui contractés ont été déclarés réductibles pour cause d'excès, par jugement du tribunal de... en date du... enregistré, et dont une expédition nous a été produite.

En conséquence, le comparant déclare révoquer, comme de fait il révoque formellement ladite émancipation, entendant que son fils rentre immédiatement en tutelle.

De laquelle déclaration nous, juge de paix, avons donné acte, dont lecture a été faite au comparant qui a signé avec nous et notre greffier.

FORMULE 199e. *Révocation de l'émancipation par le Conseil de famille.*
C. civ. 485, 477 et suiv.

L'an...

A comparu le sieur Joseph Tardif, curateur de Jean Tulle, fils de Pierre Tulle et Marie Henri, ses père et mère décédés, mineur, âgé de dix-sept ans, émancipé suivant une délibération du Conseil de famille, en date du... enregistrée, lequel Joseph **Tardif** a dit que le mineur Jean Tulle abuse de l'émancipation qui lui a été donnée; que sa conduite devient de jour en jour plus répréhensible; qu'il dépense ses revenus en frivolité, et que, par jugement du tribunal de... en date du... enregistré, des engagements par lui contractés envers... ont été déclarés réductibles; que ledit curateur a en conséquence convoqué, en vertu de l'autorisation que nous lui avons donnée, le sieur Charles Richer, ancien tuteur, et les six membres composant le Conseil de famille dudit mineur, pour délibérer sur le retrait de ladite émancipation, et a signé.

Ont en même temps comparu...

Lesquels, constitués en Conseil de famille, sous notre présidence, ont délibéré avec nous; et, considérant. (*Motifs tirés de l'exposé ci-dessus.*)

Le Conseil, à l'unanimité, révoque l'émancipation conférée au mineur Jean Tulle.

Vu cette résolution, nous, juge de paix, déclarons que

l'émancipation accordée au mineur Jean Tulle est et demeure révoquée, et qu'en conséquence il rentrera en tutelle.

Et sans désemparer, ledit Conseil de famille, conjointement avec nous, a de plus, à l'unanimité, nommé, en tant que de besoin, le sieur Charles Richer, tuteur dudit mineur, et le sieur Jacques Ortis, subrogé tuteur, lesquels, ici présents, ont déclaré accepter de nouveau lesdites fonctions.

Et de ce que dessus...

TITRE III.

ATTRIBUTIONS DES JUGES DE PAIX RELATIVES A L'ADOPTION ET A LA TUTELLE OFFICIEUSE.

CHAPITRE Ier. — De l'adoption.

950. Les articles 343 et suivants du C. civ. fixent les cas dans lesquels l'adoption est permise, et les droits tant de l'adopté que de l'adoptant.

951. Les formes de l'adoption sont réglées par les art. 353 et suivants.

La personne qui se proposera d'adopter, et celle qui voudra être adoptée, se présenteront devant le juge de paix du domicile de l'adoptant, pour y passer acte de leurs consentements respectifs. C. civ. 333.

952. Une expédition de cet acte sera remise, dans les dix jours suivants, par la partie la plus diligente, au procureur de la République, près le tribunal de première instance, dans le ressort duquel se trouvera le domicile de l'adoptant, pour être soumis à l'homologation de ce tribunal. C. civ. 354.

953. Les articles suivants donnent la forme de la procédure devant le tribunal de première instance et devant la Cour.

954. Le droit d'enregistrement de l'acte d'adoption soit devant le juge de paix, soit devant notaire, par testament, est de 1 fr. Loi 22 frim. an VII, art. 68, § 1, n° 9.

CHAPITRE II. — De la tutelle officieuse.

955. Tout individu, âgé de plus de cinquante ans, et sans enfants ni descendants légitimes, qui voudra, durant la minorité d'un individu, se l'attacher par un titre légal, pourra devenir son tuteur officieux en obtenant le consentement des père et mère de l'enfant, ou du survivant d'entre eux, ou, à leur défaut, d'un Conseil de famille : ou enfin, si l'enfant n'a point de parents connus, en obtenant le consentement des administrateurs de l'hospice où il aura été recueilli, ou de la municipalité du lieu de sa résidence. C. civ. 361.

956. Le Code civ. art. 362 et suivants, règle les effets de la tutelle officieuse.

957. Le Conseil de famille admet ou refuse la tutelle officieuse. S'il l'autorise, il en règle les conditions qui doivent être acceptées par le tuteur officieux, car l'art. 364 C. civ., tout en assujettissant la tutelle officieuse à certaines conditions déterminées en faveur du pupille, les prescrit *sans préjudice de toute stipulation particulière*; et ces stipulations particulières ne peuvent être évidemment acceptées ou réglées que par le Conseil de famille.

958. D'après l'art. 363, le juge de paix du domicile

de l'enfant dresse procès-verbal des demandes et consentements relatifs à la tutelle officieuse.

959. Le droit d'enregistrement des actes de tutelle officieuse est de 50 fr.—Voir ci-dessus, tit. Ier, chap. VII, n° 922.

FORMULE 200e. *Acte d'adoption.* C. civ. 343 et suiv.

L'an... le... par-devant nous juge de paix du canton de... arrondissement de... département de... assisté de M... greffier.

Sont comparus Pierre... propriétaire, demeurant à.. célibataire, âgé de...

Et Paul... étudiant, demeurant à... âgé de...

Lesquels ont fait les déclarations suivantes :

1° M. Pierre voulant donner à M. Paul une preuve de l'attachement qu'il a pour lui, a déclaré vouloir l'adopter, comme il l'adopte en effet par ces présentes, et nous a requis de recevoir l'acte de sa déclaration à cette fin;

2° M. Paul a également déclaré consentir à ladite adoption, et s'est engagé à remplir envers M. Pierre les devoirs qu'elle lui impose, etc.

(*Si l'adoptant a un conjoint, et si l'adopté a son père et sa mère, leur consentement est ainsi exprimé*); est aussi comparu...(*indiquer la personne dont le consentement est requis*) lequel a déclaré donner son consentement à l'adoption faite par...

Ou M... nous a remis l'acte dûment en forme en date du... constatant le consentement de... (*indiquer la personne*) à l'adoption faite par... (*Si l'adopté a requis le Conseil de ses père et mère, par un acte respec-*

tueux, C. civ. 346 (1), *on l'énonce de la même manière*).

De tout ce que dessus a été dressé le présent acte dont nous avons donné lecture aux parties, après quoi elles l'ont signé avec nous, et le greffier à... les jours, mois et an susdits. *(Signatures.)*

FORMULE 201ᵉ. *Procès-verbal de tutelle officieuse, convenue avec les parents de l'enfant. C. civ.* 361 *et suiv.*

L'an, etc... par-devant nous, juge de paix du canton de... sont comparus le sieur B... demeurant à... veuf sans enfants, d'une part;

Et le sieur R... demeurant à... et M... son épouse, demeurant avec lui;

Lesquelles parties ont fait les conventions suivantes :

Le sieur B. a requis ledit sieur R. et la dame M. son épouse, de lui accorder la tutelle de P. leur fils, âgé de onze ans, ainsi qu'il appert par son acte de naissance en date du... délivré par l'officier de l'état civil de la municipalité de... aux offres que fait ledit sieur B. de remplir toutes les obligations imposées aux tuteurs officieux par le Code civil.

Et, de leur part, ledit sieur R. et la dame M. ont déclaré consentir et acquiescer à la demande dudit sieur B., à la charge par lui de (*énoncer les conditions imposées par les père et mère*); auxquelles charges et conditions ledit sieur B. a déclaré souscrire, et a promis les accomplir et exécuter.

En conséquence, lesdits sieurs R. et dame M. ont accordé audit... ce requérant et acceptant, la tutelle officieuse de P. leur fils, aux charges, clauses et condi-

(1) Un seul acte respectueux suffit. Delvincourt, I, 99.

tions ci-dessus énoncées, et acceptées par ledit sieur B., ainsi qu'il est dit; au moyen de quoi la personne dudit P. mineur sera remise audit sieur R.; et de tout ce que dessus, nous, juge de paix susdit, avons fait et rédigé le procès-verbal, qui a été signé par les parties contractantes, par nous et notre greffier, les jour, mois et an que dessus. (*Signatures.*)

FORMULE 202ᵉ. *Tutelle officieuse convenue avec le Conseil de famille.*
C. civ. 361 et suiv.

L'an, etc.... en l'assemblée de parents et amis de N. fils mineur des défunts N. et N. ses père et mère, convoqués à la réquisition de... tuteur dudit mineur... pardevant nous... juge de paix du canton de... et où se sont trouvés, etc., s'est présenté le sieur A. demeurant à... lequel a requis lesdits parents et amis dudit mineur... de lui accorder la tutelle officieuse aux offres qu'il fait, etc., a signé et s'est retiré.

Sur laquelle demande lesdits parents et amis ayant délibéré, sous notre présidence et conjointement avec nous, ont été unanimement d'avis... (*énoncer les conditions imposées par le Conseil de famille*); et ledit A... rentré en l'assemblée, nous lui avons fait connaître le résultat de la délibération, et a ledit sieur A. déclaré accepter toutes les conditions que le Conseil de famille est d'avis de lui imposer, et a promis de les accomplir et exécuter; en conséquence, nous, juge de paix susdit, de l'avis dudit Conseil de famille, avons accordé audit sieur A. la tutelle officieuse dudit...

De tout quoi nous avons fait et rédigé le présent procès-verbal, qui a été signé par les membres du Conseil de famille, par ledit sieur A. par nous et notre greffier, les jour, mois et an que dessus. (*Signatures.*)

TITRE IV.

DES SCELLÉS. — APPOSITION. — RECONNAISSANCE. — LEVÉE. — TESTAMENT TROUVÉ SOUS LES SCELLÉS. — RÉFÉRÉ. — INVENTAIRE.

CHAPITRE Ier. — Qui peut apposer les scellés ?

960. C'est aux juges de paix tout spécialement et à leurs suppléants que la loi accorde le droit d'apposer des scellés. « Lorsqu'il y aura lieu à l'apposition des « scellés après décès, elle sera faite par les juges de « paix, et à leur défaut par leurs suppléants. » C. proc. 907.

961. Les articles 455, 457 et 458 C. comm. attribuent aussi aux juges de paix l'apposition des scellés en matière de faillite.

962. Il n'y a d'exception à cette règle que :

1° Relativement aux scellés apposés en cas de saisie-exécution sur les papiers du saisi (C. proc. 591); si l'huissier est assisté du commissaire de police, ou du maire, ou de l'adjoint, l'apposition doit être faite par ces officiers.—Voir ci-après, chapitre II, section Ire, article 5.

2° Relativement aux scellés et inventaires qui ont lieu ou qui avaient lieu après le décès des princes et princesses de la famille royale, les scellés, en pareil cas, devaient être apposés et levés par le chancelier de France. Ordonnance du 25 avril 1820, art. 7.

3° Relativement aux scellés en matière criminelle,

qui peuvent être apposés sur les objets saisis comme pièces de conviction.

Mais c'est le fait même de l'apposition qui, hors ce petit nombre de cas exceptionnels, appartient aux juges de paix; l'ordre d'apposer les scellés peut lui être donné par jugement ou arrêt, ou l'apposition a lieu à la diligence du procureur de la République ou même à la réquisition des parties intéressées.

963. L'opération commencée par le juge de paix peut être continuée par le suppléant, rien dans l'apposition des scellés ou dans leur levée n'étant indivisible.

964. C'est le juge de paix du canton où sont situés les objets sur lesquels les scellés doivent être apposés qui procède à l'apposition. C. proc. 212.

965. En cas de décès, d'absence ou d'empêchement du juge de paix et de ses suppléants, il appartient au président du tribunal civil de commettre le juge de paix d'un canton voisin pour procéder à une apposition de scellés; son ordonnance n'ayant pas le caractère d'un référé, mais bien d'une ordonnance sur requête, peut être valablement rendue hors la présence des parties adverses intéressées. Bourges, 16 mai 1842, *Annales des juges de paix*, 1843, p. 94.

CHAPITRE II. — Quand les scellés peuvent-ils et doivent-ils être apposés?

966. Les scellés en matière civile *peuvent* ou *doivent* être apposés après décès, suivant les circonstances; par exemple, si l'un ou plusieurs héritiers sont absents, s'il y a parmi eux des mineurs dépourvus de tuteurs, si le défunt était dépositaire public, ou militaire d'un grade supérieur, ou titulaire d'une certaine cure. Ils peuvent

l'être aussi pendant la vie, en cas d'absence présumée, de séparation de biens ou de corps, de demande en interdiction, de saisie mobilière, lorsque le saisi est absent et qu'il se trouve des papiers dans sa demeure, etc.

SECTION 1re.—*De l'apposition des scellés lorsque le défunt a été dépositaire public, ou officier supérieur, ou évêque, ou archevêque, ou titulaire d'une cure, ou titulaire d'un majorat, ou héritier de biens grevés d'une substitution.*

§ 1er. De l'apposition des scellés lorsque le défunt a été dépositaire public.

967. C'est l'art. 911 du Code de procédure qui ordonne l'apposition des scellés, soit à la diligence du ministère public, soit sur la déclaration du maire ou adjoint de la commune, ou même d'office par le juge de paix, *si le défunt était dépositaire public.* D'après le même article, « le scellé ne doit être apposé que pour « raison de ce dépôt et sur les objets qui le com- « posent. »

Ces objets restent sous les scellés jusqu'à ce qu'ils aient été remis officiellement et légalement à un autre dépositaire.

968. D'après l'art. 61 de la loi du 25 ventôse an XI, « immédiatement après le décès des notaires ou autres « possesseurs de minutes, les minutes et répertoires « seront mis sous les scellés par le juge de paix de la ré- « sidence, jusqu'à ce qu'un autre notaire en ait été « provisoirement chargé par ordonnance du président « de la résidence. »

969. C'est, en général, aux frais de la succession que les scellés sont apposés sur les papiers ou objets mobiliers des dépositaires publics. Cependant, si le dépôt n'avait eu lieu que dans l'intérêt d'une ou de plusieurs personnes, si le dépositaire n'avait pas un caractère pu-

blic, s'il s'agissait, par exemple, d'un séquestre conven-
tionnel ou judiciaire, les frais de scellés seraient à la
charge des requérants.

970. Il n'est même pas nécessaire qu'il y ait *décès*
pour que les scellés soient apposés sur les papiers ou la
caisse d'un dépositaire public ; la Cour de Bourges, par
arrêt du 10 août 1836 (*Annales* 1837, p. 304) a jugé que
le notaire qui prétend que son prédécesseur ne lui a
pas remis tous les actes ou minutes de l'étude, peut requérir le juge de paix d'apposer les scellés sur un meuble qu'il indique comme contenant les actes retenus;
dans l'espèce, le notaire démissionnaire prétendait que
le scellé ainsi apposé l'avait été illégalement; il deman-
dait, en conséquence, qu'on le levât sans description,
parce qu'on ne pouvait agir contre lui que par voie
de plainte ou action en revendication; la Cour le dé-
bouta.

Il en serait de même, et à plus forte raison, en cas
de disparition d'un notaire ou dépositaire public, de
poursuite criminelle, etc.

§ 2. De l'apposition des scellés après décès d'officiers supérieurs.

971. D'après l'arrêté du 13 nivôse an X : « Aussitôt
« après le décès d'un officier général ou officier supé-
« rieur de toute arme, d'un commissaire-ordonnateur,
« inspecteur aux revues (aujourd'hui intendant ou
« sous-intendant militaire), officier de santé en chef
« des armées, retiré ou en activité de service, les scel-
« lés seront apposés sur les papiers, cartes, plans et mé-
« moires militaires autres que ceux dont le décédé est
« l'auteur, par le juge de paix du lieu du décès, en

« présence du maire de la commune ou de son adjoint,
« lesquels sont respectivement tenus d'en instruire de
« suite le général commandant la division et le minis-
« tre de la guerre. — Le général commandant la divi-
« sion nommera, dans les dix jours qui suivront, un of-
« ficier pour être présent à la levée des scellés et à l'ou-
« verture de ces objets. » Art. 1 et 2.

972. L'art. 3 du même arrêté détermine à qui doivent être remis les papiers et objets divers lors de l'inventaire, et fixe les droits du gouvernement. Carré soutient que les scellés, en pareil cas, doivent être apposés
sur tous les effets de la succession, et non pas seulement
sur ceux qui pourraient intéresser le gouvernement. Il
s'appuie sur une instruction du 8 mars 1823, d'après
laquelle les effets reconnus appartenir au gouvernement
doivent être *inventoriés séparément* et remis à l'officier
présent, sur son reçu ; mais cet auteur perd de vue l'arrêté de l'an X, qui n'ordonne d'apposer les scellés que
« sur les papiers, cartes, plans et mémoires militaires
« autres que ceux dont le décédé est l'auteur. »

§ 3. De l'apposition des scellés après décès d'un évêque, d'un archevêque,
ou du titulaire d'une cure.

973. Les art. 37 et 38 du décret du 6 novembre 1813
ordonnent l'apposition d'*office* des scellés aussitôt le
décès d'un évêque ou d'un archevêque, dans son hôtel
ou autre maison qu'il occupe.

De même, au décès du titulaire d'une cure, le juge
de paix doit apposer les scellés d'office sur les meubles
et effets qui dépendent de la cure ; mais cette opération
se fait gratuitement ; le greffier réclame seulement ses
déboursés. Même décret, art. 16.

§ 4. De l'apposition des scellés après le décès d'un titulaire de majorat, d'un grevé de substitution.

974. Les grevés de restitution sont obligés, par l'art. 1058 C. civ., de faire inventaire; Pigeau (liv. III, tit. Ier chap. Ier, section Ire, n° 10) en tire la conséquence qu'ils sont tenus à assurer la conservation des objets *par le scellé*, jusqu'à l'inventaire; si le grevé ne fait pas apposer le scellé, ajoute-t-il, les personnes auxquelles les art. 1057, 1060 et 1061 imposent l'obligation de faire faire inventaire à son défaut, peuvent, par argument tiré de ces articles, le faire apposer, pour conserver les objets sujets à restitution. Ces personnes sont : 1° le tuteur nommé pour l'exécution (1060), par le disposant (1055), ou par la famille (1656); 2° à son défaut, les appelés s'ils sont majeurs, sinon leurs tuteurs ou curateurs, s'ils sont mineurs ou interdits (1061 et 1057); 3° à leur défaut, tout parent des appelés majeurs, mineurs ou interdits (*ibid.*); 4° enfin le procureur de la République près le tribunal de première instance du lieu où la succession est ouverte, qui le peut d'office (1057).

975. Les substitués pouvant être regardés comme héritiers et ayant un droit dans la succession, nous ne doutons pas que le maire, le juge de paix, ne puissent également agir d'office, si ces substitués sont mineurs, absents, ou s'ils ne sont pas encore nés.

976. Mais il est, ou du moins, il était une autre espèce de substitution, qui exigeait encore plus impérieusement l'intervention du juge de paix comme magistrat des scellés : nous voulons parler des *majorats*.

Les majorats, créés par le décret du 1er mars 1803, ont été abolis, ou plutôt toute institution nouvelle a été interdite par la loi du 12-13 mai 1835; cette loi porte, art. 2, que les majorats fondés jusqu'à sa date, *avec des biens particuliers,* ne pourront s'étendre au delà de deux degrés, l'institution non comprise. D'après l'art. 4, les dotations ou portions de dotations consistant en biens *soumis au droit de retour en faveur de l'État,* continueront à être cédées et transmises conformément aux actes d'institution et sans préjudice des droits d'expectative ouverts par la loi du 5 déc. 1814.

977. Le droit des descendants privilégiés, ou le droit de l'Etat en cas de retour, impose nécessairement aux juges de paix l'obligation d'apposer les scellés d'office. D'autres mesures lui sont commandées : ainsi, depuis le décret du 4 mai 1809, art. 12 et 29, en cas de décès du titulaire d'un majorat, le juge de paix, le notaire ou autre officier public est tenu de faire représenter, *avant la levée des scellés,* le certificat constatant la notification du décès au procureur général du sceau des titres (aujourd'hui au secrétaire général du ministère de la justice, suivant une ordonnance du 31 octobre 1830, art. 3), et de faire mention dudit certificat dans l'intitulé du procès-verbal de levée ou de l'inventaire, à peine d'interdiction, si, bien entendu, la qualité du défunt est à la connaissance du juge de paix ou du notaire.

978. C'est par le maire que l'acte de décès du titulaire a dû être envoyé au ministère de la justice.

Si le certificat constatant la notification du décès n'est pas représenté, le notaire peut faire lui-même cette notification. Lettre du procureur général du sceau des titres à la Chambre des notaires de Paris, 16 octobre 1809.

979. Une loi de l'Assemblée constituante, promulguée le 7 mai 1849, a complétement aboli la loi du 17 mai 1826 sur les substitutions, en maintenant, toutefois, les substitutions déjà établies au profit de tous les appelés nés ou conçus lors de la promulgation de la présente loi, lors même qu'une substitution sera recueillie par un ou plusieurs des appelés dont il vient d'être parlé. Elle profitera à tous les autres appelés du même degré ou à leurs représentants, quelle que soit l'époque où leur existence aura commencé. Art. 8 et 9.

980. La même loi contient les dispositions suivantes sur les majorats :

« Les majorats de biens particuliers qui auront été transmis à deux degrés successifs, à partir du premier titulaire, sont abolis. Ces biens, composant ces majorats, demeurent libres entre les mains de ceux qui en sont investis.

« Pour l'avenir, la transmission, limitée à deux degrés, à partir du premier titulaire, n'aura lieu qu'en faveur des appelés déjà nés ou conçus lors de la promulgation de la présente loi.

« S'il n'existe pas d'appelés à cette époque, ou si ceux qui existaient décèdent avant l'ouverture de leur droit, les biens des majorats deviendront immédiatement libres entre les mains du possesseur.

« Pendant une année, à partir de la promulgation de la présente loi, lorsqu'une saisie sera pratiquée sur les biens devenus libres en vertu de l'article précédent, les juges pourront toujours, quelle que soit la nature du titre, appliquer l'art. 1244 C. civ., et surseoir aux poursuites ultérieures pendant le délai qu'ils détermineront.

« Il n'est rien innové, quant au droit spécial de révocation conféré au fondateur par l'art. 3 de la loi du 12 mai 1835.

« Dans les cas prévus par les art. 1, 2 et 4 de la présente loi, le ministre de la justice statuera sur les demandes en radiation, soit de la transcription hypothécaire, soit de l'annotation spéciale d'immobilisation des rentes sur l'Etat ou des actions de la banque de France. Sur son refus, les parties intéressées pourront se pourvoir devant les tribunaux ordinaires qui statueront définitivement.

« Sont abrogés, relativement aux majorats de biens particuliers, les dispositions du décret du 1er mars 1808, art. 6, et du décret du 4 juin 1809, relatives à la retenue et à la capitalisation du dixième du revenu des rentes sur l'Etat ou des actions de la Banque.

« La mutation par décès d'un majorat de biens particuliers donnera ouverture au droit de transmission de propriété en ligne directe.

« La taxe du cinquième d'une année de revenu, établie par le décret du 4 mai 1809, est abolie pour l'avenir.

« Il ne sera perçu qu'un droit de transmission d'usufruit mobilier sur la pension de la veuve.

ARTICLE 1er. — *De l'apposition des scellés en cas de disparition d'une personne, ou d'absence.*

981. L'art. 114 C. civ. charge le ministère public de veiller aux intérêts des personnes présumées absentes.

Les auteurs ont vu, dans cette disposition, un pouvoir suffisant donné au ministère public pour réquérir l'apposition des scellés après la disparition de l'absent. Carré pense que le juge de paix, chargé d'une manière générale, par l'art. 911 C. proc., de veiller à la conservation des droits des incapables, pouvait, sur la déclaration du maire ou adjoint de la commune, apposer lui-même les scellés d'office et sans réquisition. *Droit français*, n° 2217.

982. Si les scellés ont ainsi été apposés sur les biens d'un absent, ils ne pourront être levés pendant l'absence sans description (C. proc. 940), et comme, d'après l'art. 126 C. civ., le juge de paix peut être requis du procureur de la République pour assister à l'inventaire du mobilier et des titres de l'absent, après l'envoi en possession provisoire, il s'ensuit que, si les scellés ont été apposés, le juge de paix assistera à la levée en double qualité, comme procédant à cette levée, et comme représentant le procureur de la République dans l'inventaire, ce qui lui donnera, dit Carré, n° 2219, outre l'exercice de ses prérogatives, le droit de faire toute réquisition par rapport à l'inventaire.

ARTICLE 2.— *De l'apposition des scellés en cas de demande en séparation de biens ou de corps.*

983. L'art. 270 C. civ., au tit. *Du divorce*, autorisait la femme commune en biens, demanderesse et défenderesse en divorce, en tout état de cause, à partir de l'ordonnance qui ordonnait la comparution des époux devant le juge, à requérir l'apposition des scellés sur les effets mobiliers de la communauté. D'après le même article, les scellés ne devaient être levés qu'en faisant inventaire, avec prisée, à la charge, par le mari,

de représenter les choses inventoriées ou de répondre de leur valeur comme gardien judiciaire.

Le divorce a été aboli, mais la séparation de corps a été maintenue ; on s'accorde généralement à penser que cet article est applicable à la femme demanderesse en séparation de corps, et qu'elle peut également, à partir de l'ordonnance de comparution, demander l'apposition des scellés.

984. La demande en séparation de biens pourrait donner lieu à la même mesure. L'art. 869 C. proc. dispose : « qu'il ne pourra être, *sauf les actes conserva-* « *toires*, prononcé sur une demande en séparation de « biens qu'un mois après les formalités prescrites par « la loi. »

Ces mots, *sauf les actes conservatoires*, ont paru à tous les auteurs autoriser la femme à prendre toute mesure nécessaire pour la conservation des droits dont elle aurait à jouir après le jugement de séparation ; par exemple, s'opposer par voie de saisie-arrêt au payement des sommes dues à son mari, saisir les effets de la communauté dans les mains où ils auraient été frauduleusement remis, à plus forte raison, faire apposer les scellés sur ces mêmes effets. « Ce point, dit Carré (*Droit* « *français*, n° 2220), est aujourd'hui sans difficulté. »

985. Quant au moment où l'apposition pourra être requise en cas de séparation de biens, il datera de l'autorisation de poursuivre donnée à la femme par le président du tribunal civil, aux termes de l'art. 865 C. proc.

986. En cas d'opposition de l'époux détenteur des meubles, le juge de paix pourrait, s'il y avait urgence,

passer outre provisoirement (C. proc. 924); s'il n'y avait pas urgence, il en référerait.

987. Mais le président devra-t-il, nécessairement, ordonner de passer outre à l'apposition, quelque garantie qu'offre le mari, et quoique aucune dilapidation ou soustraction de mobilier ne soit signalée?

Nous ne pensons pas que l'apposition des scellés soit forcée dans ce cas, comme lorsqu'il s'agit des intérêts d'un mineur dépourvu de tuteur, d'un héritier absent, etc.; la loi permet bien les actes conservatoires, mais dans une mesure raisonnable; et il ne doit pas être défendu au juge de s'enquérir, par exemple, des droits que la femme a à conserver, du régime sous lequel elle est mariée, des garanties que peut offrir le mari.

ARTICLE 3. — *De l'apposition des scellés en cas de demande en interdiction.*

988. Aucune disposition spéciale et formelle n'autorise à apposer les scellés en cas d'interdiction; mais comme il pourrait arriver que la personne, en cas d'interdiction, fût dans un état tel qu'elle ne pût veiller à la conservation de ses biens, et qu'aucune personne intéressée ne se trouvât auprès d'elle pour prendre ce soin, on pense que les scellés peuvent et doivent être apposés au moins jusqu'à la nomination de l'administrateur provisoire; car aussitôt qu'un administrateur provisoire est nommé (C. civ. 497), il veille sur les biens aussi bien que sur la personne du dément; il fait donc lever les scellés s'ils ont été apposés. Pigeau; Carré, *Droit français*, n° 2229.

Mais comme aucun texte n'autorise à agir, le juge de paix ne devra apposer les scellés que s'il est évident que les biens du dément peuvent être enlevés; en pareil cas, le juge de paix doit agir d'office, ou à la requête des parents, et même, surtout s'il y a fureur dans la démence, à la requête du procureur de la République. C. civ. 490, 491.

Carré (*loc. cit.*) ajoute que le juge de paix agirait prudemment en renvoyant le requérant devant le président du tribunal civil, qui apprécierait la cause de l'urgence, et rendrait une ordonnance portant permission d'apposer les scellés.

989. Mais les scellés une fois ainsi apposés peuvent-ils être levés sans description? Nul doute, si l'interdiction n'est pas prononcée, et si c'est le défendeur qui requiert la levée : il n'y aura évidemment, en ce cas, lieu à description que s'il le demande. Si c'est l'administrateur provisoire qui fait lever les scellés, la cause de l'apposition cessant, puisque le dément est pourvu d'un administrateur, il y a encore lieu à la levée sans description; mais si les scellés restent apposés jusqu'à la nomination du tuteur ou curateur de l'interdit, comme ce tuteur ou curateur est tenu de faire inventaire (C. civ. 509 et 454), la description devra avoir lieu. Cependant, même dans ce dernier cas, si le mari était nommé tuteur de sa femme interdite, les scellés n'ayant pu être apposés que sur les meubles, dont l'administration appartient au mari, ils pourraient, suivant les circonstances, être levés sans description.

ARTICLE 4.— *De l'apposition des scellés en cas de saisie mobilière, lorsque le saisi est absent.*

990. D'après l'art. 591 C. proc., au titre *Des saisies-exécutions*, « si le saisi est absent, et qu'il y ait refus

« d'ouvrir aucune pièce ou meuble, l'huissier en re-
« querra l'ouverture, et, s'il se trouve des papiers, il
« requerra l'apposition des scellés par l'officier appelé
« pour l'ouverture. »

C'est le juge de paix, ou, à son défaut, le commissaire
de police, et, dans les communes où il n'y en a pas, le
maire ou l'adjoint, en présence desquels est faite l'ouverture des portes. C. proc. 587.

Ici le scellé peut donc être apposé par un autre magistrat que le juge de paix.

991. On a demandé si l'officier qui se transportera
pour faire ouvrir les portes devait rester avec l'huissier,
jusqu'à ce que celui-ci eût achevé la saisie?

La réponse affirmative n'est pas douteuse : car c'est
en sa présence que doit avoir lieu l'ouverture des portes,
même celles des meubles meublants, au fur et à mesure
de la saisie, et il doit d'ailleurs en signer le procès-verbal (Thomine-Desmazures, tome II, p. 101). — Un arrêt
de la Cour royale de Rennes, du 27 août 1835, l'a jugé
ainsi, en déclarant que, lorsqu'en l'absence du saisi, le
juge de paix avait été requis pour l'ouverture des portes,
ce magistrat devait assister à toute l'opération, à peine
de *nullité*. C. proc. 587.

992. La levée à la requête du saisi doit être évidemment faite sans description; mais les frais en sont, ainsi
que ceux d'apposition, à la charge du saisi, puisque c'est
son absence qui y a donné lieu.

SECTION 2.—*De l'apposition des scellés d'office ou sur réquisition.*

ARTICLE 1er. *De l'apposition d'office.*

993. Le scellé est apposé, soit à la diligence du ministère public, soit sur la déclaration du maire ou ad-

joint de la commune, et même d'office par le juge de
paix : 1° Si le mineur est sans tuteur, et que le scellé ne
soit pas requis par un parent; 2° si le conjoint ou si les
héritiers, ou l'un d'eux sont absents; 3° si le défunt était
dépositaire public; auquel cas le scellé n'est apposé que
pour raison de ce dépôt et sur les objets qui le composent. C. proc.

§ 1er. De l'attribution d'office lorsque le mineur est sans tuteur.

994. L'art. 819 C. civ. paraissait avoir étendu l'obligation d'apposer le scellé en cas de minorité, bien plus
que ne l'a fait depuis l'art. 911 C. proc.; en effet, l'article 819 ordonnait l'apposition des scellés « dans le plus
« bref délai, s'il y avait, parmi les héritiers, des mineurs
« ou des interdits, soit à la diligence du procureur de la
« République près le tribunal de première instance,
« soit d'office, par le juge de paix dans l'arrondisse-
« ment duquel la succession est ouverte. »

995. L'art. 911, dont nous avons plus haut cité le
texte, ne prescrit l'apposition d'office, relativement aux
mineurs, que si le mineur est sans tuteur.

De là de grandes controverses, non pas tant pour
mettre les articles d'accord (l'on reconnaît généralement
que celui du Code civil a été abrogé par celui du Code
de procédure), mais pour apprécier le véritable sens de
l'art. 911.

Ainsi, M. Biret, dans son recueil des attributions des
justices de paix, prétend que, après le décès du père ou
de la mère, le mineur doit être regardé comme étant
sans tuteur tant que son tuteur légal, le père ou la mère
survivant, *n'est pas entré en fonctions*. Or, l'art. 421

C. civ. veut que tout tuteur légal, *avant d'entrer en fonctions*, fasse convoquer le Conseil de famille pour la nomination du *subrogé tuteur;* il en résulte, suivant M. Biret, que le juge de paix peut apposer les scellés d'office, jusqu'à ce que le subrogé tuteur ait été nommé. Cependant cet auteur conseille, vu les égards dus à l'époux survivant, de donner à celui-ci le temps de faire ses diligences pour la nomination du subrogé tuteur, et de n'en venir à l'apposition d'office, que si le tuteur légal apporte à la convocation du Conseil de famille un retard extraordinaire, et s'il gère sans avoir fait nommer son contradicteur légal.

Nous ne saurions admettre ces interprétations : l'article 911 ne parle nullement de *l'entrée en fonctions du tuteur, ni de la nomination du subrogé tuteur;* dérogeant à l'art. 819 C. civ., il n'autorise l'apposition d'office, pour cause de minorité, *que si le mineur est sans tuteur ;* or, le propre de la tutelle est d'être et d'exister par la seule force de la loi : « le père est, durant le mariage, « administrateur des biens personnels de ses enfants « mineurs (C. civ. 389); après la dissolution du ma- « riage, arrivée par la mort naturelle ou civile de l'un « des époux, la tutelle des enfants mineurs ou non « émancipés appartient de plein droit au survivant des « père et mère. » C. civ. 390.

La tutelle des père et mère commence donc à l'instant même du décès du prémourant et indépendamment de toutes formalités remplies ou non remplies.

Sous l'empire même de l'art. 819 du C. civ. et avant la promulgation de l'art. 911 du C. de proc., des mesures avaient été prises pour empêcher que le juge de

paix n'apposât les scellés d'office dans les maisons où le père ou la mère survivait. Le ministre de la justice, sur les plaintes qu'il recevait de toutes les parties de la France, relativement à l'apposition des scellés en cas de survivance des ascendants, provoqua une délibération du Conseil d'Etat qui répondit le 18 mars 1806, section de législation, « qu'il ne paraissait pas qu'il eût été dans l'intention du Code civil de donner au juge de paix cette mission et que le Code de proc. civ. porterait une disposition, suivant laquelle : « Le scellé pourra être ap-
« posé d'office, si le mineur est sans tuteur et que le
« scellé ne soit pas requis par un parent. La tutelle ap-
« partenant de droit au père ou à la mère survivant, le
« mineur n'est point sans tuteur au décès du premier
« mourant. »

Après le Code de proc., le ministre de la justice écrivant au garde des sceaux, le 5 novembre 1808, insistait sur les motifs de l'art. 911 « qui avait éclairci ce que le Code civil pouvait avoir de douteux, et qui devait être par conséquent la règle invariable des juges de paix. »

996. S'il arrivait, suivant la supposition de M. Biret, que le tuteur légal gérât sans avoir, ainsi que la loi l'y oblige, convoqué le Conseil de famille et fait nommer le subrogé, le juge de paix y remédierait, non en apposant les scellés, mais en faisant lui-même, d'office, la convocation du Conseil de famille, conformément aux dispositions de l'art. 421 C. civ. : ainsi, tous les droits seraient saufs et toutes les garanties données.

Et l'apposition du scellé d'office n'aurait même pas lieu quoique le père ou la mère survivant fût lui-même mineur : la minorité du père ou de la mère n'empêche pas qu'ils soient tuteurs de leurs enfants; l'art. 390 C. civ. n'admet pas d'exception. L'enfant, malgré la minorité de son père ou de sa mère, n'est donc pas sans tuteur; il n'y a donc pas lieu à l'apposition d'office des scellés.

997. Mais la tutelle légale ne se borne pas à celle des père et mère : l'art. 402 C. civ. porte que « lorsqu'il « n'a pas été choisi de tuteur au mineur, par le der- « nier mourant de ses père et mère, la tutelle appar- « tient de droit à son aïeul paternel; à défaut de celui- « ci, à son aïeul maternel, » et ainsi en remontant, suivant certaines règles de préférence établies par le même article du Code, et par les articles suivants. Peut-on conclure de là qu'au décès du père et de la mère le mineur tombe immédiatement sous la tutelle de l'ascendant, et qu'il n'y a pas encore, par conséquent, lieu à l'apposition des scellés d'office? Des différences considérables existent entre la tutelle de l'ascendant, et la tutelle des père et mère. Le tuteur nommé par le père ou la mère est préféré à l'ascendant; celui-ci n'est donc pas tuteur reconnu à l'instant du décès. D'un autre côté, si l'intérêt du père et l'intérêt de son fils mineur sont presque identiques, si le père est appelé à jouir des revenus de ses enfants mineurs, et si les enfants doivent succéder au père, si, par conséquent, il n'y a pas lieu de se défier de la surveillance et du désintéressement des père et mère tuteurs, et de recourir à l'apposition des scellés d'office, en est-il de même lorsque le mineur, privé de ses plus proches soutiens, tombe sous la tutelle de l'ascendant?

Ces considérations porteraient à décider en faveur

de l'apposition d'office; mais il ne faut pas oublier que la loi n'a pas eu en vue le plus ou moins d'intérêt qu'elle suppose au tuteur; qu'elle n'autorise d'une manière générale l'apposition d'office que si le mineur *est sans tuteur;* or, la loi nomme tout aussi bien l'ascendant *tuteur,* que le père et la mère; l'ascendant est de plein droit tuteur lorsque le père et la mère n'existent plus; si un testament vient faire connaître un tuteur *nommé,* la tutelle passera à celui-ci, mais elle n'en aura pas moins, jusque-là, reposé sur la tête de l'ascendant; le mineur aura donc eu réellement un tuteur, et il n'y aura pas eu lieu à la nomination d'office. Aussi, dans la lettre du ministre de la justice, du 5 novembre 1808, écrite au procureur général près la Cour de cassation, le ministre parlait-il, en général, de l'apposition des scellés d'office lorsque les mineurs se trouvaient, par la mort de *leurs ascendants,* sous la tutelle légale du *survivant.* Il ne s'agissait donc pas seulement du survivant des père et mère, mais du survivant d'entre les ascendants. — Voyez encore Merlin, *Rép.* v° *Scellés,* § 3.

Carré, dans sa *Procédure civile,* sur l'art. 911, pose aussi la question relativement aux mineurs *placés sous la garde de leurs père, mère, et autres ascendants indiqués par la loi.* Il ne fait aucune distinction entre ces diverses tutelles, toutes lui paraissent exister de plein droit, et empêcher l'apposition des scellés d'office.

998. *Quid* si le mineur était émancipé? Il n'y aurait pas encore lieu, dans ce cas, à l'apposition des scellés d'office, quand même le mineur se trouverait, par le décès, privé de son curateur; car la loi ne parle que du mineur *sans tuteur,* expressions qui ne peuvent con-

cerner le mineur émancipé qui n'a jamais de tuteur, et qui est capable, d'ailleurs, par lui-même, de plusieurs actes d'administration, et notamment de requérir l'apposition des scellés. C. proc. 910.

999. Mais dans tous les cas où le mineur *non émancipé* n'aurait pas de tuteur, il y aurait lieu à l'apposition d'office, quand même les cohéritiers du mineur, ou la famille, demanderaient un très-court délai pour la nomination d'un tuteur. *Annales*, 1838, p. 167.

1000. Quoique le mineur eût un tuteur, les scellés pourraient être apposés d'office, si le tuteur n'était pas sur les lieux, et qu'il n'eût pas laissé de procuration pour le représenter, dans la prévision du décès survenu ; les scellés pourraient, devraient même être apposés d'office, car le mineur ne pouvant rien par lui-même, et n'agissant que par son tuteur, l'absence de celui-ci équivaudrait à l'absence de l'héritier, et nécessiterait l'apposition d'office, suivant le second cas prévu par l'art. 911, qui sera l'objet de notre second paragraphe.

§ **2.** De l'apposition d'office, lorsque le conjoint, les héritiers ou l'un d'eux, sont absents.

1001. « Le scellé sera apposé soit à la diligence du « ministère public, soit sur la déclaration du maire ou « adjoint de la commune, et même d'office par le juge « de paix... 2° si le conjoint, ou si les héritiers, ou l'un « d'eux, sont absents. » C. proc. 911.

Le mot *absent* a deux acceptions légales : il signifie la personne qui a cessé de paraître au lieu de son domicile ou de sa résidence, et dont on n'a point de nouvelles (C. civ. 115), et s'entend aussi de la personne *non présente*, qui n'est pas sur les lieux de son domicile habituel, mais dont on n'est pas sans nouvelles.

L'absent de l'art. 911 C. proc. comprend ces deux acceptions : il suffit que l'un des héritiers, ou l'époux survivant, ne soit pas sur les lieux, pour que le juge de paix doive apposer les scellés d'office, quand même il ne devrait être absent que quelques jours. *Annales*, 1843, p. 16, et 1846, p. 84.

1002. Si l'absent a laissé pouvoir pour le représenter, la présence de son mandataire empêche l'apposition d'office.

1003. En cas d'absence sans nouvelles, si l'absence avait été déclarée, et que les héritiers eussent été envoyés en possession provisoire (C. civ. 120, 121), leur présence sur les lieux empêcherait que les scellés fussent apposés d'office, eu égard à l'absent.

§ 3. De l'apposition d'office, lorsque parmi les héritiers se trouve un militaire absent, ou qu'un militaire décède sur le territoire français.

1004. Si l'héritier ou l'époux absent est un militaire, le juge de paix doit, outre l'apposition d'office des scellés, se conformer aux dispositions de la loi du 11 ventôse an II, c'est-à-dire, immédiatement après l'apposition, avertir le militaire absent, s'il sait à quel corps ou armée il est attaché, et en instruire également le ministre de la guerre. Les deux lettres doivent être copiées à la suite du procès-verbal d'apposition, avant de présenter ce procès-verbal à l'enregistrement, sans augmentation de droits.

1005. Le délai d'un mois expiré, si l'héritier ne donne pas de ses nouvelles et n'envoie pas de procuration, le juge de paix du lieu du décès convoque, sans frais, le Conseil de famille de l'absent, et fait nommer, dans la forme ordinaire, un curateur à ses biens (*même loi*); ce curateur provoque la levée des scellés, assiste à leur reconnaissance, fait procéder à l'inventaire et vente des meubles, en reçoit le prix, à charge d'en rendre compte soit au militaire absent, soit à son fondé de pouvoirs, et administre les immeubles en bon père de famille. *Même loi.* (Voir aussi la seconde édition de notre *Traité des Conseils de famille*, chap. xii, p. 274.

1006. On s'était demandé si cette loi du 11 ventôse an II n'avait pas été abrogée par les dispositions du Code civil relatives aux absents, ou par la loi du 13 janvier 1817, sur le mode de déclaration d'absence des militaires absents de leur corps; mais la loi de l'an II doit toujours être observée; elle a été déclarée subsistante par un décret du 16 mars 1807, qui en a recommandé la publication et l'exécution dans plusieurs départements, et par plusieurs arrêts de la Cour de cassation et des Cours d'appel, qui ont décidé qu'elle n'a été abrogée ni par le Code civil, ni par la loi du 13 janvier 1817; Cass. 9 mars 1819, 19 mars 1824; ni par la loi du 13 janvier 1817; Poitiers, 15 juillet 1826; Bourges, 29 novembre 1826; Nancy, 1er mars 1827; Orléans, 12 août 1829; Cass. 23 août 1837; *Annales*, 1838, p. 23.

1007. Des instructions du ministre de la guerre, du 15 novembre 1809, portent, art. 123 du titre III :

« Lorsqu'un militaire appartenant à un corps viendra à décéder sur le territoire français, le juge de paix de l'arrondissement en sera aussitôt prévenu; il mettra les scellés sur les effets du décédé; le scellé sera levé dans le plus bref délai, en présence d'un officier chargé par le Conseil d'administration d'y assister, et de signer le *procès-verbal de désignation des effets*. La vente en sera faite avec les formalités requises par la loi, et le produit, déduction faite des frais constatés, remis au Conseil d'administration, qui le déposera dans la caisse du corps, et sera responsable du montant de la succession.

Mais ces instructions supposent l'absence des héritiers des militaires décédés, ce qui a presque toujours lieu en effet. — Si les héritiers étaient présents, ils seraient naturellement appelés à la levée.

1008. Il y a, dit M. Biret, n° 1064, trois sortes de procès-verbaux différents de la levée des scellés apposés après le décès d'un militaire : le premier a lieu lorsque les scellés ne portent que sur les papiers, cartes et plans présumés appartenir au gouvernement, dont la remise est faite à l'officier délégué et assistant (c'est le cas d'apposition en cas de décès d'un officier supérieur. Voir ci-dessus, tit. II, chap. i, sect. iii); le second procès-verbal se fait en cas d'apposition des scellés sur tous les meubles des militaires, officiers supérieurs, officiers ou soldats décédés à leur corps, et dont les héritiers sont absents, mais représentés par un officier du régiment chargé de faire vendre les meubles après que la description en a été faite par le juge de paix. Enfin, le troisième procès-verbal de levée a lieu quand tous les héritiers sont présents; il se rédige suivant les formalités ordinaires, et comme aux autres levées.

ARTICLE 2. — *De l'apposition des scellés sur réquisition.*

1009. « L'apposition des scellés peut être requise :

1° par tous ceux qui prétendent droit dans la succession ou dans la communauté; 2° par tous créanciers fondés en titre exécutoire ou autorisés par une permission soit du président du tribunal de première instance, soit du juge de paix du canton où le scellé doit être apposé; 3° et, en cas d'absence soit du conjoint, soit des héritiers ou de l'un d'eux, par les personnes qui demeuraient avec le défunt et par ses serviteurs et domestiques. » C. proc. 909.

1010. « Les prétendants droit et créanciers mineurs émancipés peuvent requérir l'apposition des scellés sans l'assistance de leurs curateurs. — S'ils sont mineurs non émancipés, et s'ils n'ont pas de tuteur, ou si le tuteur est absent, elle pourra être requise par un de leurs parents. » C. proc. 910.

Le juge de paix ne peut, sous aucun prétexte, se dispenser d'apposer les scellés, lorsqu'il en est requis, dans les cas prévus par l'art. 909. *Annales,* 1846, p. 84.

1011. Le droit de requérir les scellés appartient encore, en certains cas, au tuteur, à l'exécuteur testamentaire; cette réquisition est commandée au conjoint ou à l'État qui succèdent, en cas de déshérence.

§ 1er. Du droit de réquisition de ceux qui prétendent droit dans la succession ou dans la communauté.

1012. Les prétendants droit dans la communauté sont : l'époux survivant lui-même, ou les héritiers de l'époux décédé.

Les prétendants droit dans la succession sont : les héritiers, donataires à cause de mort, ou légataires. Remarquons ces expressions de la loi, *prétendants droit dans la succession* : elles sont plus générales que les mots *héritiers* et *légataires* et comprennent, nécessairement, l'enfant naturel et même l'enfant adultérin ou incestueux (C. civ. 756, 762), sauf toutefois les exceptions portées aux articles 761 et 764. Mais suffira-t-il de se dire héritier, légataire, donataire à cause de mort, ou enfant naturel du défunt, pour forcer à l'apposition?

1013. Quant à la qualité d'héritier, elle n'a pas besoin d'être prouvée; si la partie requérante se présente au juge de paix comme ayant les droits d'*héritier*, le juge de paix ne peut lui refuser son ministère; c'est l'opinion de Carré (*Justices de paix*, n° 2069); de Biret (n° 367). A moins toutefois, nous le pensons du moins, que la notoriété publique ne repousse l'héritier.

1014. Quant aux donataires à cause de mort, comme ils doivent être porteurs de leurs titres (C. civ. 894, 931), ils ne pourront réclamer l'apposition des scellés sans les produire.

1015. Mais suffirait-il, pour avoir droit à l'apposition des scellés, *d'alléguer* l'existence d'un testament en sa faveur? M. Carré admet la négative, en s'appuyant sur un arrêt de la Cour de Bruxelles, du 18 mai 1807. Nous croyons qu'il faut distinguer entre le cas où l'allégation paraîtrait dénuée de toute espèce de fondement, et le cas où les circonstances rendraient cette allégation probable. L'art. 917 porte que « *sur la réqui-* « *sition de toute partie intéressée*, le juge de paix fera, « avant l'apposition du scellé, la perquisition du testa- « ment dont l'existence sera annoncée. » Si toute partie intéressée a le droit, au moment de l'apposition, de faire faire cette perquisition, pourquoi ne pourrait-elle pas, dans le même but, provoquer l'apposition même,

surtout si quelque acte écrit, comme une lettre éma-
née du défunt, ou quelque papier de famille, ou même
le témoignage des gens de la maison, rendait l'existence du testament probable? Toutefois, il faut des bor-
nes à l'exercice de ce droit; le requérant pourrait, dans
tous les cas, si le juge de paix refusait l'apposition sur
sa demande, se pourvoir, comme les créanciers, devant
le président du tribunal de première instance. C. proc.
909.

<h3>§ 2. Du droit de réquisition des créanciers.</h3>

1016. Tous créanciers fondés en titre exécutoire ou
autorisés par une permission, soit du tribunal de première instance, soit du juge de paix du canton où le
scellé doit être apposé, peuvent encore, aux termes de
l'art. 909, requérir l'apposition.

Déjà l'art. 820 C. civ. avait autorisé les créanciers à
requérir l'apposition des scellés en vertu d'un titre exécutoire ou d'une permission du juge.

1017. On entend par *titre exécutoire* un acte authentique, c'est-à-dire par-devant notaire, ou un jugement;
les créanciers porteurs de pareils titres ne sont pas tenus de se faire autoriser; Carré (n° 2066) semble borner
à eux seuls le droit de réquisition; mais c'est une erreur
évidente, puisque l'art. 909 ajoute : ou *autorisés par une
permission*, etc. Ceux donc qui ne sont pas porteurs d'un
titre exécutoire doivent se faire autoriser par le juge, et
cette autorisation leur donne le droit de faire apposer
les scellés, tout autant que si leur titre était exécutoire,
et quand même ils n'auraient pas de titre.

1018. Les auteurs étendent encore le droit de réquisition aux créanciers d'un créancier du défunt ou de son successeur. En effet, d'après l'art. 1166 C. civ., les créanciers peuvent exercer tous les droits et actions de leurs débiteurs, à l'exception de ceux qui sont exclusivement attachés à la personne. Il est vrai qu'un arrêt de la Cour de Nancy, du 9 janvier 1817, a décidé, contrairement à cette doctrine, qu'en admettant les créanciers à requérir l'apposition des scellés, la loi se sert d'une expression générale, qui se rattache directement aux *seuls* créanciers de la succession, par le classement même des articles de la loi qui sont placés au titre *Des successions;* mais on a répondu avec raison que la généralité même des expressions de l'art. 909, comprend les créanciers quels qu'ils soient; les termes d'ailleurs de l'art. 1166 C. civ. ne laissent aucun doute; le droit accordé aux créanciers par cet article a été appliqué à maintes et maintes circonstances par le Code même, et notamment à la faculté donnée aux créanciers d'un cohéritier, qui renonce à une succession, d'accepter du chef de ce cohéritier, en son lieu et place, la succession répudiée. La réquisition des scellés est un droit bien moins considérable que celui de l'acceptation d'une succession; on doit donc croire que ce droit peut être exercé par les créanciers du cohéritier; les auteurs, d'ailleurs, nous le répétons, sont sur ce point d'avis unanime.—V. Merlin, aux mots *Succession* et *Créancier;* Chabot, t. III, p. 96; Toullier, t. IV, n° 465; Pigeau, t. II, liv. III, tit. 1er, ch. 1er, section 1re.

1019. Quant aux créanciers des héritiers du défunt, Bourjon et Chabot prétendent qu'ils ne peuvent non plus que former opposition à la levée des scellés, afin d'être appelés au partage ; Carré (n° 362) et Pigeau (t. II, p. 617) leur accordent le droit de requérir l'apposition ; un arrêt de la Cour de Bourges, du 16 mai 1742, rapporté aux *Annales*, 1843, p. 94, a jugé dans le même sens.

1020. L'autorisation de faire apposer les scellés est demandée par une requête présentée au président du tribunal, où le créancier énonce les titres, ou expose les motifs sur lesquels il se fonde (tarif, 78), ou bien par une simple réquisition au juge de paix, qui est inscrite en tête du procès-verbal d'apposition, et répondue sur le même procès-verbal.

§ 3. De la réquisition, en cas de déshérence, par l'époux survivant ou par les représentants de l'État.

1021. Lorsque le défunt ne laisse ni parents au degré successible, ni enfants naturels, les biens de sa succession appartiennent au conjoint survivant, et, à défaut de conjoint, à l'État. C. civ. 767, 768.

1022. Le conjoint survivant et l'administration du domaine, qui prétendent droit à la succession, sont tenus de faire apposer les scellés et de faire faire inventaire dans les formes prescrites pour l'acceptation des successions sous bénéfice d'inventaire. C. civ. 769.

En pareil cas, la réquisition des scellés n'est donc pas seulement un droit, c'est de plus une obligation. Nous croyons qu'on en peut tirer la conséquence que si le conjoint et l'État n'agissaient pas, le juge de paix devrait agir d'office, car la déshérence ne se présume pas, et l'on peut toujours supposer que les héritiers sont absents. C. proc. 911.

ARTICLE 3. — *De l'opposition aux scellés formée par le porteur d'un testament.*
— *Légataire universel.*

1023. Le légataire universel porteur d'un testament
authentique, ou même d'un testament olographe, dont
l'écriture n'est pas déniée, et qui aura été déposé, sur
l'ordonnance du président du tribunal civil, suivant
l'art. 1007 C. civ., aux mains d'un notaire commis,
peut, en certains cas, s'opposer à ce que les scellés soient
apposés.

Par exemple, si les scellés ont été requis par des héritiers non réservataires.

En conséquence, jugé que lorsqu'il y a un légataire
universel par acte public, saisi aux termes de l'art. 1006
du C. civ., les héritiers collatéraux du défunt n'ont pas
le droit de requérir l'apposition des scellés. Trib. 1re
instance de Paris, 1re section, 19 mess. an II.

On comprend que s'il y a des héritiers à réserve, ou
si le scellé a été requis par l'époux survivant ou par des
créanciers de la succession, le légataire universel ne
pourra s'y opposer.

1024. Il faut, en outre, pour que l'opposition arrête
le scellé, que le testament ait été notifié aux héritiers,
même non réservataires; c'est, du moins, ce qu'a jugé
la Cour d'Amiens par arrêt du 7 mai 1806, et Nîmes,
27 décembre 1810; et, en effet, les héritiers ne peuvent
légalement connaître le testament que par cette notification. S'il s'agissait d'un testament olographe, il faudrait que l'ordonnance du président et le procès-verbal
de dépôt chez le notaire fussent aussi notifiés.

1025. Une inscription de faux contre le testament,
ou même une demande en nullité, devraient nécessai-

rement faire passer outre aux actes conservatoires, et par conséquent à l'apposition des scellés.

1026. Si même il arrivait que les héritiers ou autres personnes intéressées prétendissent qu'il existe dans les papiers du défunt un autre testament annulant celui présenté, nous ne voyons pas que le juge de paix dût s'abstenir de l'apposition ; surtout si les circonstances, par exemple l'ancienneté du testament connu, rendaient l'allégation plausible et l'existence d'un autre testament probable.

CHAPITRE III. — Du moment où les scellés doivent et peuvent être apposés.

1027. Le principal but des scellés étant de prévenir les soustractions, il importe quelquefois de les apposer aussitôt après le décès ; cependant, ordinairement on diffère jusques après l'inhumation ; le juge de paix ou les personnes intéressées apprécient l'urgence.

« Si le scellé n'a pas été apposé avant l'inhumation, « le juge de paix doit constater, par son procès-verbal, « le moment où il a été requis et les causes qui ont « retardé soit la réquisition, soit l'apposition. C. « proc. 913. »

1028. Mais le scellé peut être apposé à toute époque, longtemps après le décès et tant que dure le droit d'hériter ou de se porter héritier. La prescription de trente ans à partir du décès peut seule être opposée à une demande d'apposition faite par les ayants droit et fondée sur un motif légal.

Il faudrait toutefois, pour que la demande fût admise, qu'il apparût quelques chances de découvrir des meubles, valeurs ou titres de la succession. Si l'apposition des scellés était demandée plusieurs années après le décès, le juge de paix ou le président du tribunal de première instance aurait à se rendre compte de la possibilité ou de l'opportunité; et si les choses n'étaient plus entières, si, surtout, le premier héritier réel ou apparent, entré en possession, n'était pas suspect de mauvaise foi ou d'insolvabilité, la réquisition d'apposition des scellés devrait être rejetée.

1029. Il est en outre des circonstances où la loi défend l'apposition des scellés comme inutile et frustratoire. « Lorsque l'inventaire sera parachevé, dit l'art. « 923 C. proc., les scellés ne pourront être apposés, à « moins que l'inventaire ne soit attaqué, et qu'il n'en « soit ainsi ordonné par le président du tribunal. Si « l'apposition des scellés est requise pendant le cours de « l'inventaire, les scellés ne seront apposés que sur les « objets non inventoriés. »

1030. Le juge de paix peut aussi apposer les scellés d'office pendant le cours de l'inventaire, dans les cas prévus par l'art. 911. Le scellé ainsi apposé ne peut être levé que trois jours après l'apposition, aux termes de l'art. 928, ce délai ayant été ordonné par l'article, *sous peine de nullité*, pour laisser aux parties intéressées le temps d'examiner leurs droits et de comparaître pour les faire valoir.

1031. Si, pour faire apposer les scellés hors du ressort où la succession s'est ouverte, il était besoin d'une ordonnance du président du tribunal civil, ce serait au président du tribunal du lieu, et non à celui de la succession, à l'ordonner, quoique celui-ci eût la connais-

sance des affaires de la succession. Arg. de l'art. 554 C.
proc.; Pigeau, t. II, p. 624.

CHAPITRE IV. — Apposition du scellé. — Formes. — Procès-verbal d'apposition. — Gardien. — Remise des clefs. — Testament ou paquet cacheté trouvé.
— Référé. — Carence. — Registre d'ordre.

SECTION 1re. — *Du procès-verbal d'apposition. — Forme de l'apposition. —
Serment. — Gardien. — Annexes.*

1032. « Le procès-verbal d'apposition contiendra :
1° la date des an, mois, jour et heure; — 2° les motifs
de l'apposition; — 3° les nom, profession et demeure
du requérant, s'il y en a, et son élection de domicile
dans la commune où le scellé est apposé, s'il n'y demeure; — 4° s'il n'y a pas de partie requérante, le
procès-verbal énoncera que le scellé a été apposé d'office ou sur le réquisitoire, ou sur la déclaration de l'un
des fonctionnaires dénommés dans l'art. 911; —
5° l'ordonnance qui permet le scellé, s'il en a été rendu;
— 6° les comparution et dires des parties; — 7° la désignation des lieux, bureaux, coffres, armoires, sur les
ouvertures desquels le scellé a été apposé; — 8° une
description sommaire des effets qui ne sont pas mis
sous les scellés; — 9° le serment, lors de la clôture de
l'apposition, par ceux qui demeurent dans le lieu,
qu'ils n'ont rien détourné, vu ni su qu'il ait été rien
détourné directement ni indirectement; — 10° l'établissement du gardien présenté, s'il a les qualités requises, sauf, s'il ne les a pas, ou s'il n'en est pas présenté, à en établir un d'office par le juge de paix. C.
proc. 914.

1033. Outre ces formalités, nous avons vu que le
procès-verbal doit constater encore (si le scellé n'a pas

été apposé avant l'inhumation) le moment où le juge de paix a été requis de l'apposer, et les causes qui ont retardé, soit la réquisition, soit l'apposition.

1034. Lorsque la partie qui requiert le scellé est obligée d'obtenir la permission du juge de paix, comme le créancier non porteur d'un titre exécutoire (C. civ. 820; C. proc. 909), la requête à fin de cette permission peut être remplacée par une réquisition en tête du procès-verbal.

1035. Un décret du 10 brumaire, an XIV, porte :

Art. 1er. — Tous officiers ayant droit d'apposer des scellés, de les reconnaître et de les lever, de rédiger inventaire, de faire des ventes et autres actes dont la confection peut exiger plusieurs séances, sont tenus d'indiquer à chaque séance l'heure du commencement et celle de la fin.

Art. 2. — Toutes les fois qu'il y a interruption dans l'opération, avec renvoi à un autre jour, ou à une autre heure de la même journée, il en sera fait mention dans l'acte que les parties et les officiers signeront sur-le-champ pour constater cette interruption.

Art. 3. — Le procès-verbal est sujet à l'enregistrement dans le délai fixé par la loi.

Art. 4. — Le droit d'enregistrement, fixé à 2 francs par vacation, est exigible par vacation, dont aucune ne peut excéder quatre heures.

1036. Si les parties ne savent, ne peuvent ou ne veulent signer, le juge de paix constatera leur impuissance ou leur refus.

1037. Les motifs de l'apposition consistent, le plus souvent, dans l'intérêt que la partie requérante a dans la succession, ou dans la communauté : il suffit alors de mentionner la qualité d'héritier, de légataire, de donataire, ou de conjoint survivant.

Si le juge de paix agit d'*office*, il doit mentionner le cas d'absence, de minorité ou autre cause qui autorise l'apposition des scellés. C'est encore un des *motifs* dont parle l'art. 914.

1038. Il n'est pas nécessaire que la partie qui a requis le scellé assiste à l'apposition; il suffit qu'elle ou son mandataire se présente au juge de paix qui dresse acte de la réquisition, si elle ne lui est présentée écrite, et ordonne à la suite son transport sur les lieux, sur-le-champ ou à une heure prochaine, qu'il indique, afin d'y apposer les scellés, tant en présence qu'en l'absence du requérant.

1039. Les *dires* des parties comprennent toutes demandes de perquisition d'effets, toutes protestations, toutes demandes de référé, en un mot, toute observation dont on peut donner acte; le juge de paix, après avoir consigné l'observation ou la protestation, doit faire signer le réclamant, ou mentionner la cause qui empêcherait de signer.

1040. L'obligation d'apposer les scellés sur les bureaux, coffres, armoires et ouvertures, ne permettrait pas au juge de se borner à sceller seulement les portes d'entrée et ouvertures principales. Tout meuble renfermant des objets susceptibles d'une appréciation sérieuse, ou des papiers, doit être mis sous clef et scellé; s'il en est qui ne renferment que des objets inutiles et sans valeur, le juge de paix doit se borner à le déclarer.

Il faut, en un mot, que le juge ait le soin de rendre impossible tout accès dans l'intérieur des appartements et des meubles; il peut faire transporter dans la pièce la plus commode à fermer, et faire mettre dans les armoires tous les objets de prix qui peuvent se déplacer facilement.

1041. Si des réclamations étaient faites par des tiers revendiquant des objets à eux appartenant, le juge de paix ne devrait pas y avoir égard; c'est lors de la levée des scellés, et alors que toutes les parties intéressées auront été appelées, que les tiers pourront faire reconnaître valablement leurs droits.

1042. Les objets qui ne sont pas mis sous les scellés sont : le linge, l'argenterie, les provisions comestibles et autres nécessaires à l'usage de la maison. Le juge de paix en fait une description sommaire, ainsi que des meubles non susceptibles, par leur volume ou par leur nature, d'être renfermés. Les habitants de la maison ou le chef de la famille s'engagent à représenter, lors de la levée des scellés, les choses non fongibles qu'on leur laisse, et signent s'ils savent signer, sauf mention en cas d'empêchement.

1043. Si le défunt était commerçant, et que le scellé fût apposé, non en cas de faillite, mais après décès, le juge de paix pourrait laisser en dehors du scellé les marchandises nécessaires pour la vente courante ou sujettes à dépérir, ainsi que les livres et le mobilier d'usage, en les décrivant seulement au procès-verbal.

1044. Toutes les personnes habitant la maison ou l'appartement doivent être appelées à prêter le serment, sans distinction et sans égard pour leur rang ou qualité; cependant nous soutenons en notre *Traité des scellés*, p. 84, en nous fondant sur l'art. 79 du C. d'intr. crim., que le juge de paix ne doit pas faire prêter le serment aux enfants au-dessous de quinze ans. Il pourra même s'abstenir de les interroger, à moins qu'en cas de suspicion, de disette ou d'absence d'autre déclaration, la leur ne paraisse nécessaire.

1045. L'art. 914 du C. de proc. civ. se borne à dire, quant au gardien, qu'il doit avoir les *qualités requises*, sans définir ces qualités : on peut les résumer dans une réputation de probité, la capacité de s'obliger et la solvabilité. Cependant, dans l'usage, on nomme souvent les domestiques, quoiqu'ils n'offrent pas grande garantie de solvabilité; la confiance que leur accordait le défunt peut justifier leur nomination.

Il y a une grande analogie entre le gardien des scellés et le gardien en cas de saisie-exécution. Le gardien d'une saisie étant contraignable par corps (C. proc. 603), la même contrainte doit pouvoir être exercée contre le gardien des scellés; d'où suit qu'un mineur ne pourrait être établi gardien, puisqu'il ne peut être contraint par corps. C. civ. 2063.

Quant aux femmes, les lois des 20 niv. an II et 6 vend. an III défendaient qu'elles fussent établies gardiennes des scellés; mais un décret plus récent du 24 vend. an IV paraît avoir réduit leur incapacité à la seule garde des scellés apposés sur les effets appartenant au gouvernement, ou de ceux apposés en matière criminelle.

1046. Les qualités des gardiens des scellés ne sont point, au reste, prescrites à peine de nullité; on devra rejeter seulement les mineurs, les femmes mariées et autres incapables, et surtout les personnes d'une probité douteuse.

1047. Le gardien pourrait être remplacé s'il ne répondait pas au devoir de sa nomination; les parties intéressées demanderaient au juge de paix sa révocation, en en présentant un autre; le juge de paix pourrait même le révoquer d'office, après avoir engagé les parties, si elles étaient sur les lieux, à faire une nouvelle présentation; il relaterait le tout sur son procès-verbal, et sans même qu'il fût besoin, s'il y avait urgence, qu'il se transportât dans l'habitation.

1048. Le gardien nommé par le juge de paix est obligé d'accepter; il serait au moins responsable des suites de son refus. Le juge de paix doit mentionner l'acceptation du gardien, qui doit être signée par celui-ci, à moins qu'il ne sache pas signer.

1049. Le procès-verbal doit être rédigé au fur et à mesure de l'apposition; c'est là une formalité essentielle. Cependant, deux arrêts, l'un de la Cour de cassation, du 12 mars 1812, et l'autre de la Cour de Metz, du 6 juin 1824, ont décidé que la nullité ne résulterait pas de ce que la rédaction n'aurait pas eu lieu en même temps que l'apposition même.

1050. Il résulte encore de l'arrêt de la Cour de Metz, que le juge de paix peut confier au greffier le soin de placer les bandes et d'y appliquer l'empreinte du sceau; la loi veut seulement que ce magistrat préside à l'opération, et qu'elle ne se fasse qu'avec le concours de sa volonté.

1051. Le juge de paix doit annexer au procès-verbal d'apposition de scellés toutes les pièces qui en dépendent, comme l'ordonnance qui contient l'autorisation, si l'autorisation a été nécessaire, les procurations spéciales des mandataires des requérants, la déclaration du maire ou de l'adjoint, ou la réquisition du procureur de la République, si elles ont eu lieu, le jugement de déclaration de faillite, si les scellés sont apposés en cas de faillite, etc.

Mais aucune disposition de loi n'oblige les juges de paix, à la différence des notaires, d'annexer les procurations ou autres pièces à leur procès-verbal; mais ils ne doivent pas manquer de le faire toutes les fois que c'est possible, afin que ces pièces ainsi annexées puissent être invoquées au besoin.

Cependant, lorsque la levée des scellés doit se faire avec inventaire, c'est à l'inventaire plutôt qu'au procès-verbal de levée que les procurations, portant pouvoir de requérir la levée et d'y assister en même temps qu'à l'inventaire, doivent rester annexées. Cela résulte d'une circulaire de M. le garde des sceaux, du 3 avril 1827, d'après laquelle les procurations des héritiers absents doivent être annexées non au procès-verbal de levée des scellés, mais à l'inventaire dressé par le notaire; seulement le juge de paix peut en faire mention dans son procès-verbal. *Annales*, 1846, p. 134.

SECTION 2. — *De la remise des clefs.* — *De la défense d'entrer dans la maison où est le scellé, à moins de réquisition.*

1052. « Les clefs des serrures sur lesquelles le scellé a été apposé restent, jusqu'à sa levée, entre les mains du greffier de la justice de paix, lequel fera mention, sur le procès-verbal, de la remise qui lui en aura été faite; et ne pourront, le juge ni le greffier, aller, jusqu'à la levée, dans la maison où est le scellé, à peine d'interdiction, à moins qu'ils n'en soient requis ou que leur transport n'ait été précédé d'une ordonnance motivée. » C. proc. 915.

La loi, comme on le voit, suppose le transport direct sur simple réquisition, et celui précédé d'une ordonnance motivée; cette ordonnance ne devient nécessaire que lorsque le juge de paix refuse de déférer à la réquisition de la partie intéressée.

1053. L'ordonnance motivée dont parle l'art. 915 peut être rendue par le juge de paix lui-même, à la suite de la réquisition faite par la partie en tête du procès-verbal, et même d'office, s'il y a lieu.

SECTION 3.— *Testament ou paquet cacheté trouvé sous les scellés. Ce que doit faire le juge de paix.— Perquisition de testament sur requête des parties.*

1054. « Si, lors de l'apposition, il est trouvé un testament ou autre papier cacheté, le juge de paix en constatera la forme extérieure, le sceau et la suscription, s'il y en a, paraphera l'enveloppe avec les parties présentes, si elles le savent ou le peuvent, et indiquera les jour et heure où le paquet sera par lui présenté au président du tribunal de première instance. Il fera mention du tout sur son procès-verbal, lequel sera signé des parties; sinon mention sera faite de leur refus. » C. proc. 916.

1055. « Sur la réquisition de toute partie intéressée, le juge de paix fera, avant l'apposition des scellés, la perquisition du testament dont l'existence sera annoncée, et, s'il le trouve, il procédera ainsi qu'il est dit ci-dessus. » C. proc. 917.

1056. Mention doit être faite, sur le procès-verbal, de

la comparution du légataire prétendu, de ses nom, prénoms, qualités, demeure et élection de domicile dans la
commune où se fait l'apposition, des motifs de la réquisition avec les faits ou indices à l'appui. Il signe à la
suite, à moins qu'il ne déclare ne le savoir faire. Le juge
de paix procède ensuite à la recherche; si elle est infruc-
tueuse, il ordonne au réclamant de se retirer, et continue l'apposition. Si le testament est découvert, le juge
de paix agit comme il est dit dans l'art. 916.

1057. Il peut se faire que le testament soit trouvé ouvert; en ce cas, le juge de paix constate également sa
forme et le papier sur lequel il est écrit, les mots par
lesquels il commence et ceux par lesquels il finit; il le
paraphe avec les parties, ainsi qu'il est dit pour l'enveloppe dans l'art. 916, et agit ensuite de la même manière.
C. proc. 920.

1058. Si l'on découvrait un testament déchiré, et qu'il
fût déclaré que la lacération aurait été faite par d'autres que le défunt, par accident ou par malice, le juge
de paix devrait encore se conformer aux dispositions de
l'art. 916; détailler, en outre, sur son procès-verbal, les
dires des parties présentes, et dresser même, s'il y avait
crime ou délit, un procès-verbal séparé du fait, soit
comme en ayant acquis la connaissance dans l'exercice
de ses fonctions, aux termes de l'art. 29 C. instr. crim.,
soit à cause du flagrant délit, s'il y avait flagrant délit,
aux termes de l'art. 49 du même Code.

1059. Le juge de paix n'est point obligé de suspendre l'apposition des scellés pour faire la présentation
du testament au président du tribunal de première instance; il peut attendre que l'opération soit terminée,

surtout s'il ne se trouve pas dans le lieu même où siége le tribunal.

1060. D'après l'art. 1007 C. civ., « tout testament olographe sera, avant d'être mis à exécution, présenté au tribunal de première instance *de l'arrondissement dans lequel la succession est ouverte*; ce testament sera ouvert, s'il est cacheté; le président dressera procès-verbal de la présentation, de l'ouverture et de l'état du testament, dont il ordonnera le dépôt entre les mains du notaire par lui commis. — Si le testament est dans la forme mystique, sa présentation, son ouverture, sa description et son dépôt seront faits de la même manière. »

1061. D'après cet article, c'est donc au tribunal de première instance de l'arrondissement dans lequel la succession est ouverte, que les testaments olographes et mystiques doivent être présentés. Cependant, il peut arriver que des scellés soient apposés et un testament trouvé par le juge de paix dans un autre arrondissement que celui où la succession est ouverte. Alors, comment le juge de paix le remettra-t-il au président, qui n'a sur son canton aucune juridiction? Suivant Pigeau, Carré et M. Biret, le juge de paix, après en avoir constaté l'état extérieur, comme le porte l'art. 916, l'enverra au greffe du tribunal du lieu de l'ouverture de la succession pour être présenté au président.

MM. Lepage et Hautefeuille pensent, au contraire, que la formalité de l'ouverture et du dépôt du testament tenant à l'opération de l'apposition des scellés, c'est au président du lieu où elle est faite que le juge de paix doit le présenter. Ce dernier avis, partagé par M. Augier, est

aussi le nôtre. Nous pensons, en effet, que les règles de
juridiction doiventêtre, avant tout, suivies; un juge de
paix ne peut exercer les actes de son ministère près d'un
autre président que celui duquel il dépend hiérarchi-
quement. C'est donc à lui seul qu'il devra remettre le
testament; et l'envoyer par la poste ou par toute autre
voie serait commettre un acte de haute imprudence, et
contraire d'ailleurs aux prescriptions formelles du Code,
puisque l'art. 916 ordonne au juge de paix d'indiquer
les jour et heure où le paquet sera *par lui présenté au*
président du tribunal de première instance, et que les articles suivants répètent, comme nous le verrons, la
même disposition.

1062. « Aux jour et heure indiqués, sans qu'il soit
besoin d'aucune assignation, les paquets trouvés cachetés seront présentés *par le juge de paix* au président du
tribunal de première instance, lequel en fera l'ouverture, en constatera l'état et en ordonnera le dépôt, si le
contenu concerne la succession. » C. proc. 918.

« Si les paquets cachetés paraissent, par leur suscription ou par quelque autre preuve écrite, appartenir
à des tiers, le président du tribunal ordonnera que ces
tiers seront appelés dans un délai qu'il fixera, pour qu'ils
puissent assister à l'ouverture; il la fera au jour indiqué,
en leur présence ou à leur défaut; et, si les paquets sont
étrangers à la succession, il les leur remettra sans en
faire connaître le contenu, ou les cachettera de nouveau pour leur être remis à leur première réquisition.»
C. proc. 919.

Il y a, dans ces deux articles, des dispositions qui,
comme on le voit, concernent uniquement le juge de

paix, et d'autres qui s'appliquent au président du tribunal civil; il importe de bien les distinguer : le juge de paix, en effet, n'a autre chose à faire qu'à présenter aux jour et heure indiqués les paquets trouvés cachetés ou le testament trouvé ouvert, au président du tribunal de première instance. Une fois cette présentation faite et le procès-verbal dressé par le greffier du tribunal de première instance, le juge de paix peut se retirer, il est *functus officio*. Tout ce qui suit est l'œuvre unique du président et de son greffier.

Ainsi que nous l'avons expliqué dans un article des *Annales*, année 1846, p. 76, aussitôt la remise faite par le juge de paix, l'office d'une autre magistrature commence; c'est au président seul qu'il appartient d'ouvrir le testament s'il est fermé, de dresser procès-verbal de sa présentation, de son ouverture et de son état, d'en ordonner le dépôt entre les mains du notaire par lui commis. L'art. 922 C. proc., portant que « dans tous les cas où il sera référé par le juge de paix au président du tribunal, soit en matière de scellés, soit en toute autre matière, ce qui sera fait et ordonné *sera constaté sur le procès-verbal dressé par le juge de paix* », ne s'applique qu'aux référés; aussi est-il à la suite et en dehors des dispositions qui se rapportent à la découverte et à la présentation des testaments; les référés, d'ailleurs, n'ont lieu que pour aplanir les difficultés qui touchent aux fonctions des juges de paix, au lieu que l'ordonnance sur le dépôt des testaments et l'ouverture des papiers cachetés sont dans les attributions exclusives des présidents des tribunaux civils.

1063. Les papiers appartenant aux tiers ne devraient

pas être remis au président du tribunal civil s'ils étaient ouverts ; la loi ne parle que des papiers cachetés. Tous objets, papiers ou autres, appartenant à des tiers, devraient être placés sous les scellés, même malgré la revendication qui en serait faite, pour être délivrés seulement lors de la levée ; il y aurait tout au plus, en cas de réclamation persistante, lieu a référé. *Annales*, 1845, p. 295.

1064. Si, au lieu du testament du défunt, le juge de paix trouvait le testament d'une autre personne, il devrait, selon Carré (n° 2105), se conformer à l'art. 919. Nous croyons qu'il faudrait distinguer entre le cas où le testament serait trouvé ouvert et celui où il serait trouvé cacheté. S'il était cacheté, il y aurait lieu, sans aucun doute, à le présenter ; s'il était ouvert et que le testateur fût décédé, la présentation devrait encore en être faite, mais si le testateur n'était pas décédé, il faudrait laisser le testamnet sous les scellés au moins jusqu'à la levée.

1065. Le juge de paix n'est pas, avons-nous dit, obligé de suspendre les scellés pour remettre le testament au président du tribunal civil ; cependant, il pourrait arriver que le testament trouvé ouvert nommât un légataire universel et que ce légataire universel, en l'absence d'héritiers à réserves, requît la présentation immédiate pour se faire envoyer en possession et empêcher la continuation du scellé ; dans ce cas, le juge de paix suspendrait son opération pour présenter le testament et en référer, mais il établirait garnison.

1066. Nous avons aussi traité dans les *Annales* la question de savoir si le greffier doit accompagner le juge de paix pour la présentation du testament (voir *Annales*, 1838, p. 300, et 1845, p. 109 et 290); selon M. Pascalis (*Encyclopédie des juges de paix*, t. III, p. 314), et Leignadières (C. proc. 317), la présence du greffier n'est pas nécessaire lors de la présentation par le juge de paix, au président du tribunal, des testaments et autres paquets cachetés. Cette opinion est combattue par MM. Victor Fons et Niel, dans leurs *Tarifs annotés;* suivant ces auteurs, sur l'art. 2 du tarif, la présence du greffier peut être nécessaire aux présentations des testaments; « aux termes de la loi, disent-ils, le juge de paix a été obligé de constater dans son procès-verbal la forme extérieure, le sceau et la suscription du testament ou autres papiers trouvés cachetés, et d'indiquer les jour et heure de son transport devant le président du tribunal, pour que les parties puissent s'y présenter si elles le jugent nécessaire; or, le président du tribunal peut vouloir (et nous croyons qu'il le doit, dans l'intérêt des parties) vérifier si le testament ou les papiers cachetés qui lui sont présentés sont tels qu'ils lui ont été décrits par le juge de paix dans son procès-verbal; le greffier, seul détenteur de cette pièce, doit accompagner le juge. »

Nous avons ajouté à ces considérations plusieurs autres dans nos articles traités dans nos *Annales* aux endroits ci-dessus cités; un nouveau motif nous frappe : c'est que la présence du greffier est parfois *indispensable* à la présentation du testament, par exemple, lorsque, comme nous le disons plus haut, un légataire universel nommé par le testament trouvé ouvert, réclame la suspension du scellé; alors, l'apport du testament se trouve

compliqué d'une véritable question de référé; le tout
est d'ailleurs à consigner sur le procès-verbal d'apposition, il n'est donc pas douteux que le greffier ne doive,
en ce cas, être présent.

1067. Le juge de paix pourrait, et devrait même, s'il
avàit quelques craintes que le testament ne lui fût enlevé, requérir une escorte pour l'accompagner du lieu
du scellé au chef-lieu.

SECTION 4. — *Incident à l'apposition des scellés, obstacles.— Référé.*

1068. « Si les portes sont fermées, s'il se rencontre
des obstacles à l'apposition des scellés, s'il s'élève, soit
avant, soit pendant le scellé, des difficultés, il y sera
statué en référé par le président du tribunal. A cet effet,
il sera sursis, et il sera établi par le juge de paix garnison
extérieure, même intérieure si le cas y échet, et il en
référera sur-le-champ au président du tribunal. Pourra
néanmoins le juge de paix, s'il y a péril dans le retard,
statuer par provision, sauf à en référer ensuite au président du tribunal. » C. proc. 921.

1069. « Dans tous les cas où il sera référé par le juge
de paix au président du tribunal, soit en matière de
scellés, soit en autre matière, ce qui sera fait et ordonné sera constaté sur le procès-verbal dressé par le
juge de paix ; le président signera ces ordonnances sur
ledit procès-verbal. » *Ibid.* 922.

Ces dispositions sur les référés ne s'appliquent pas
seulement à l'apposition des scellés; l'art. 922 dit : *en
matière de scellés* et même *en autres matières.* C'est que,
en effet, le référé peut avoir lieu tout aussi bien à la
levée des scellés qu'à l'apposition, et aussi dans l'exercice des autres fonctions du juge de paix, comme lors-

qu'il agit pour constater une avarie survenue à une caisse renfermant des marchandises, ou qu'il faut ouvrir des portes fermées, etc.

1070. Les incidents qui donnent lieu au référé sont les obstacles matériels, comme la fermeture des portes, ou l'opposition des parties intéressées, ou les obstacles résultant de ce que le mobilier de la succession aurait passé en d'autres mains par une vente antécédente, ou aurait été saisi avec établissement d'un séquestre, ou aurait été compris dans un inventaire terminé postérieurement au décès, etc.; ou enfin, et surtout, les contestations qui s'élèvent pendant l'apposition entre les parties, soit sur leurs qualités, soit sur leurs différentes prétentions.

1071. Quoique les difficultés s'élèvent sur une partie d'opération terminée, mais cependant dans le cours de l'apposition ou de la levée, c'est encore à référé qu'il y a lieu; le différend doit donc être porté devant le président et non devant le tribunal civil. Bruxelles, 26 janv. 1832. *Annales*, 1835, p. 79.

1072. Il est essentiel de bien comprendre que le juge de paix n'a, dans ce cas, aucune juridiction. Ce n'est pas, en effet, comme juge, ou comme remplissant une fonction judiciaire, que le juge de paix procède à l'apposition ou à la levée des scellés; il remplit en cela des fonctions spéciales, et qui lui sont tout particulièrement dévolues. C'est pourquoi l'art. 921 ordonne de se pourvoir en référé, *dans tous les cas de difficulté*, devant le président. Ce n'est que quand il y a *péril dans le retard*, qu'il est permis au juge de paix de statuer par provision, et encore faut-il toujours ensuite qu'il en réfère.

4073. On peut demander, dit Carré (n° 2111), quels seront l'objet et les effets du référé lorsque le juge de paix aura provisoirement statué lui-même et passé outre. Il faut répondre que le référé aura pour objet de faire confirmer ou réformer la décision du juge de paix. Si le président ne croit pas devoir confirmer, il ordonne que le scellé sera levé; mais il peut aussi arriver qu'il ordonne que le scellé sera *croisé*, c'est-à-dire, que l'on placera un second scellé sur celui déjà existant.

4074. Il n'est pas douteux que le greffier ne doive assister le juge de paix dans tout ce qui se rapporte au référé. C'est lui qui écrit le procès-verbal; l'art. 1040 C. proc. veut que le juge soit toujours assisté du greffier, et l'on s'étonne qu'il ait fallu une décision ministérielle du 27 septembre 1808, pour fixer ce point qui paraît si clair; cette décision se fonde, au reste, sur la dignité de la magistrature, la considération qui doit toujours environner le juge de paix pouvant être affaiblie s'il était obligé de tenir la plume lui-même.

1075. Quand le juge de paix surseoit à l'opération pour se pourvoir en référé, il doit établir garnison de manière à empêcher tout divertissement des meubles, papiers, titres, espèces monnayées; il indique sur le procès-verbal le jour et l'heure de la comparution devant le président, en les faisant connaître aux parties présentes. Il expose seulement le fait au président, et, comme nous l'avons vu plus haut, il doit bien se garder de se porter comme partie, de formuler des conclusions ou de prendre qualité. Le président rend son ordonnance, qui est inscrite, aux termes de l'art. 922, sur le procès-verbal.

Ces ordonnances ne font aucun préjudice au principal. Elles sont exécutoires par provision, sans caution,
si le juge n'a ordonné qu'il en sera fourni une; elles ne
sont pas susceptibles d'opposition. L'appel peut en être
interjeté, même avant le délai de huitaine à dater du
jugement; il n'est point recevable après la quinzaine, à
dater du jour de la signification; il est jugé sommairement et sans procédure. Art. 909 C. proc., *sur les référés.*

SECTION 5. — *Du procès-verbal de carence et de la description sommaire.*

1076. « S'il n'y a aucun effet mobilier, le juge de
paix dressera un procès-verbal de carence. — S'il y a
des effets mobiliers qui soient nécessaires à l'usage des
personnes qui restent dans la maison, ou sur lesquels
les scellés ne puissent être mis, le juge de paix fera un
procès-verbal contenant description sommaire desdits
effets. » C. proc. 924.

Cet article contient deux dispositions bien distinctes :
la première, relative au procès-verbal de carence; la
seconde, à la simple description sommaire des effets.

Nous avons déjà vu que, dans l'apposition ordinaire
des scellés, les meubles nécessaires au service de la
maison peuvent être exclus du scellé et décrits sommairement. Il s'agit ici des cas où les meubles de la succession sont tous nécessaires aux personnes qui habi-
taient avec le défunt, et où par conséquent il n'y a pas
lieu à l'apposition. « Il y a des circonstances, disait l'o-
rateur du Tribunat, où l'apposition des scellés devient
une formalité superflue, même en l'absence des héritiers; par exemple, s'il n'y a aucun meuble dans la suc-

cession; alors, un procès-verbal de carence est le seul qu'on puisse dresser. De même, si les effets mobiliers qui en dépendent sont nécessaires aux habitants de la maison, ou s'ils ne peuvent être renfermés sous les scellés, un procès-verbal de description sommaire suffit à leur conservation. »

Il est rare que les juges de paix dressent des procès-verbaux de carence; quand une personne meurt en état d'indigence, on ne remplit ordinairement aucune formalité; la notoriété publique remplace alors ces procès-verbaux; cependant, le procès-verbal de carence est nécessaire pour mettre le juge de paix à l'abri de tout reproche, lorsqu'il y a lieu de croire que des valeurs quelconques ont été laissées par le défunt.

1077. Les descriptions sommaires sont d'un usage bien plus fréquent; on les a même étendues à tous les héritages de peu d'importance et dont le produit serait absorbé par les frais de l'apposition des scellés. Ce n'est donc pas seulement quand tous les meubles d'une succession sont nécessaires aux habitants de la maison que le juge de paix se borne à la description sommaire. L'usage où sont les juges de paix d'agir ainsi est suffisamment justifié, dit Carré, par des raisons d'économie et de bienfaisance, et l'on ne pense pas que l'on pût citer d'exemple que les juges de paix aient, à cette occasion, encouru les reproches du ministère public ou des tribunaux.

1078. M. Bousquet, se fondant sur ce que les états de description sommaire sont prescrits, ainsi que l'établit l'orateur du gouvernement, *afin d'éviter les lenteurs et les frais,* en conclut aussi que les juges de paix peuvent, lorsqu'ils en sont requis, dresser *avec prisée*, dans les successions pauvres, une description sommaire des effets laissés par le défunt, ce qui tient lieu de scellés et d'inventaire.

Les juges de paix sont, en effet, dans l'habitude de faire ajouter par les greffiers, à l'état descriptif des meubles, une estimation, soit en masse, soit détaillée (*Annales*, 1845, p. 49). Les greffiers qui se livrent à ces estimations, dans les lieux où il n'y a pas de commissaires-priseurs, peuvent percevoir en même temps leurs vacations comme greffiers et comme priseurs (*ibid.*, et ci-après, chapitre VII). Mais on nous a demandé si, dans les lieux où il existe un commissaire-priseur, il était nécessaire que cet officier fût appelé pour l'estimation à joindre à la description sommaire. Nous pensons que si les objets sont de très-minime importance, on peut éviter *les frais* de la prisée; seulement, alors, si le greffier ajoute à la description une estimation quelconque, il ne peut évidemment prendre d'honoraires pour cette estimation, sans empiéter sur les attributions des commissaires-priseurs.

1079. Mais, soit qu'il s'agisse de carence ou de description, il faut qu'il fasse prêter aux personnes de la maison le serment prescrit par l'art. 914, § 9.

SECTION 6. — *De la déclaration de scellés par le greffier sur le registre d'ordre.*

1080. « Dans les communes où la population est de vingt mille âmes et au-dessus, il sera tenu au greffe du tribunal de première instance un registre d'ordre pour les scellés, sur lequel seront inscrits, d'après la déclaration que les juges de paix de l'arrondissement seront

tenus d'y faire parvenir dans les vingt-quatre heures
de l'apposition, 1° les noms et demeures des personnes
sur les effets desquelles le scellé aura été apposé ; 2° le
nom et la demeure du juge qui a fait l'apposition ; 3° le
jour et l'heure où elle a été faite. » C. proc. 925.

Cette mesure n'existait pas avant le Code de procédure ; elle a pour but d'avertir les parties intéressées
de l'apposition des scellés.

Quoique l'art. 925 semble imposer au juge de paix
lui-même le soin de faire la déclaration, c'est le greffier
qui doit la faire parvenir au greffe du tribunal de première instance ; l'art. 17 du tarif accorde aux greffiers
une vacation à cet effet.

CHAPITRE V. — Du bris des scellés.

1081. Dès qu'un bris de scellés lui est dénoncé, le
juge de paix doit se transporter sur les lieux ; si le délit
est déclaré avant que la levée des scellés soit requise ou
ordonnée, il procède à leur réapposition et en rapporte
procès-verbal en constatant le fait matériel de la rup-
ture, et les soustractions qui ont eu lieu, s'il découvre
qu'il y en ait eu de commises.

1082. Si le bris n'est découvert qu'au moment où le
juge de paix se présente pour procéder à la levée, il
constate également le fait matériel sur son procès-verbal de levée, et de plus encore les soustractions de pièces, de papiers, de titres ou de meubles, ou les traces de
ces soustractions.

1083. Mais là ne se bornent pas les fonctions du juge
de paix. Officier de police judiciaire, le juge de paix
doit, par un procès-verbal séparé, constater toutes les

circonstances qui parviennent à sa connaissance concernant le bris, telles que l'époque à laquelle il a été
découvert, les faits qui s'y rattachent, l'état des altérations et ruptures, les effractions, s'il y en a, les soustractions qui ont pu s'ensuivre, et en outre si le meuble sur lequel le scellé était apposé se trouve vide, ou
s'il y reste des effets, et quels sont ces effets. Le juge de
paix s'empare ensuite, comme formant le corps du délit, des lambeaux du scellé et de ses empreintes, s'il en
reste; il les place sous une enveloppe qu'il scelle de son
sceau, et sur laquelle il écrit une note indicative de ce
qu'elle contient, note qu'il signe et fait signer aux parties en présence desquelles il procède. Enfin, si le délit
est flagrant, ou réputé tel, le juge de paix procède à l'audition des témoins et aux actes d'instruction prescrits
par l'art. 49 C. instr. crim. Biret, n° 1014.

CHAPITRE VI.— Opposition à la levée des scellés.

1084. L'opposition à la levée des scellés est définie
par Carré, un acte conservatoire par lequel toute partie
intéressée s'oppose à la levée des scellés, afin qu'on n'y
procède qu'en sa présence, ou que l'on prenne, en la
faisant, telles mesures ou précautions utiles à ses intérêts, ou qu'elle soit différée.

L'opposition à la levée des scellés peut être faite évidemment par toutes personnes intéressées à ce qu'ils ne
soient pas levés hors de leur présence : tels sont les héritiers, les légataires, etc.

1085. Un texte spécial (l'art. 821 C. civ.) donne aux
créanciers, lorsque le scellé a été apposé, le droit d'y
former opposition, encore qu'ils n'aient ni titre exécutoire, ni permission du juge.

Le créancier qui n'aurait *aucun titre* devrait, nous le pensons du moins, aux termes de l'art. 909 C. proc., obtenir l'autorisation, soit du président du tribunal de première instance, soit du juge de paix du canton où le scellé a été apposé.

1086. Biret reconnaît le droit d'opposition à ceux même qui, sans être créanciers, ont des droits à exercer sur des objets dépendant de la succession.

1087. Les oppositions aux scellés peuvent être faites, soit par une déclaration sur le procès-verbal de scellés, soit par exploit signifié au greffier du juge de paix. C. proc. 926.

« Toutes oppositions à scellés contiendront, *à peine de nullité*, outre les formalités communes à tous les exploits, 1° élection de domicile dans la commune ou dans l'arrondissement de la justice de paix où le scellé est apposé, si l'opposant n'y demeure pas ; 2° l'énonciation précise des causes de l'opposition. » C. proc. 927.

1088. Si l'opposition est tardive, c'est-à-dire, si elle n'a pas été faite assez à temps pour qu'il soit possible d'appeler l'opposant à la levée, le greffier du juge de paix, en recevant la copie et en visant l'exploit (ce que l'art. 1039 C. proc. l'oblige à faire dans tous les cas), doit constater le retard et indiquer la situation actuelle des opérations.

FORMULE 203ᵉ. *Modèle d'apposition de scellés d'office.* C. proc. 914 ; Tarif, 1, 3, 16.

Nous... juge de paix du canton de... étant informé que le sieur A... (*prénoms, nom, profession et domicile du défunt*) est décédé ce matin, et que son héritier présomptif est le sieur B... demeurant à... son... (*énoncer la parenté*), lequel n'est pas présentement en ce pays (*ou bien* : *est le sieur B... son... mineur, n'ayant pas de tuteur, ou servant dans les troupes, armée de...*); nous, pour la conservation des droits dudit héritier, nous sommes transporté d'office avec notre greffier, à l'effet d'apposer les scellés sur les meubles et effets du défunt, cejourd'hui... l'an... heure de... en sa maison, sise en la commune de... canton de... rue de... n°... tenant à...

Arrivés à la maison sus-désignée (*si l'apposition a lieu avant l'inhumation, on commence par constater la présence du corps*), entrés en (*désigner la pièce, l'étage, sa vue*), nous avons trouvé le corps dudit défunt gisant sur un lit.

Se sont présentés devant nous (*énoncer les personnes trouvées dans la maison, veuve ou autre maître, et les domestiques*), auxquels nous avons fait part du sujet de notre transport, lesquels ont déclaré ne point s'opposer à l'apposition de nos scellés.

Et, de suite, nous avons apposé nos scellés par plusieurs bandes de papier scellées en cire rouge, empreinte de notre sceau, ainsi qu'il suit, savoir :

Dans la chambre à coucher du défunt, sise au premier étage, ayant vue par... croisées sur...

1° Une bande de papier sur l'ouverture de chacun des quatre tiroirs, deux grands et deux petits, d'une commode de noyer... fermant tous les quatre avec la même clef; et, après avoir fermé lesdits tiroirs, avons remis la clef audit sieur... notre greffier, pour rester en ses mains jusqu'à la levée ;

2° Trois bandes, en haut, bas et milieu, sur les deux

battants d'une armoire de... fermant à bascule, haut et bas, au milieu une serrure fermant à tour et demi, avec sa clef, que nous avons remise audit sieur... notre greffier, pour rester en ses mains jusqu'à la levée.

Dans un cabinet attenant à ladite chambre à coucher, ayant vue par deux croisées sur...

3° Trois bandes, placées en haut, bas et milieu, à l'intérieur, sur l'ouverture de chacune des deux croisées;

4° Trois bandes, en haut, bas et milieu, placées à l'extérieur, sur l'ouverture de la porte du cabinet donnant dans la chambre à coucher, fermée à deux tours et demi avec la clef que nous avons remise audit sieur... notre greffier, pour rester en ses mains jusqu'à la levée.

Dans... 5°... 6°... 7°...

(*Suit la description des effets laissés en évidence.*)

L'argent comptant trouvé monte à la somme de... laquelle a été placée... dans... sous nos scellés, à l'exception de celle de... laissée à... pour les dépenses courantes de la maison.

Lesquels lieux et effets sus-désignés sont tous ceux qui nous ont été indiqués pour avoir été occupés par le défunt et pour lui avoir appartenu.

Se sont de nouveau présentés devant nous... (*dénommer la veuve, autres maîtres et les domestiques de la maison*), desquels nous avons séparément pris de chacun le serment qu'ils n'avaient rien pris ni détourné, qu'ils n'avaient rien vu prendre ni détourner, et qu'ils n'avaient pas connaissance qu'on eût rien pris ni détourné des meubles, effets et papiers dépendant de la succession dudit défunt, et ont signé en cet endroit.

(Signatures.)

Avons établi pour gardien de nos scellés, et des effets laissés en évidence, la personne de... qui a déclaré s'en charger, pour les représenter à qui il appartiendra, et a signé en cet endroit.

(Signature du gardien.)

Fait en ladite maison, lesdits jour et an, depuis l'heure de... jusqu'à celle de...

(Signatures du juge de paix et du greffier.)

FORMULE 204e. *Procès-verbal d'apposition de scellés sur réquisition.*

L'an 1850... le... heure de... nous... juge de paix du canton de... assisté de... notre greffier, étant requis, nous nous sommes transporté rue... n°... en la maison occupée par le sieur Pierre, marchand, où étant, est comparue dame Marie Benoît, laquelle nous a dit que ledit sieur Pierre, son mari, vient de décéder, et qu'elle nous requiert, pour la conservation de ses droits, d'apposer le scellé tant sur les effets et papiers qui sont en ladite maison, délaissés par le décès de son mari, que dans tous autres lieux où il pourrait s'en trouver, et a signé.

Sur quoi, nous, juge susdit, avons donné acte à ladite dame veuve Pierre de son réquisitoire, et étant entré, assisté de notre greffier, dans une chambre au rez-de-chaussée, avons trouvé le corps dudit sieur Pierre gisant sur un lit, et ladite dame veuve Pierre a remis deux clefs qu'elle nous a dit, et que nous avons vérifié être, l'une celle de l'armoire, et l'autre celle de la commode, étant toutes deux en ladite chambre et ci-après désignées; nous avons apposé notre sceau particulier, dont l'empreinte a été déposée au greffe du tribunal de première instance, dans les lieux et sur les objets ci-après indiqués.

Dans la chambre du rez-de-chaussée,

1° Sur les extrémités de deux bandes de papier portant sur l'ouverture de chacune des deux portes d'une armoire en bois de noyer, de la hauteur de trois mètres, largeur d'un mètre et demi;

2° Sur quatre tiroirs d'une commode en bois d'acajou, couverte en marbre veiné, de la hauteur de... largeur de...

(*On décrit ainsi chaque meuble sur lequel est apposé le scellé.*)

Dans le cabinet dudit sieur Pierre, attenant à ladite chambre, etc.

Ensuite, étant monté dans une chambre au second étage de ladite maison, suivant l'indication à nous faite par ladite veuve Pierre, et nous préparant à apposer le scellé sur une armoire, ladite veuve Pierre nous a déclaré que, pour l'usage de la maison, jusqu'à la levée du scellé et ses suites, elle se chargerait de la quantité de trois douzaines de serviettes de toile blanche, de la grandeur d'un mètre, marquées en bleu des lettres C. et P., initiales des noms du défunt; plus, etc. (*Décrire tout ce qu'on laisse*). Lesquels objets ayant été retirés par ladite veuve Pierre, elle s'en est chargée et a promis de représenter le tout quand il appartiendra, et a signé.

Cela fait, nous avons apposé notre sceau sur l'ouverture des portes de ladite armoire, laquelle est en bois de chêne, hauteur de... largeur de...

Après quoi, nous disposant à apposer le scellé sur un bureau qui était dans ladite chambre, ladite dame veuve Pierre nous a requis de faire l'ouverture du tiroir du milieu dudit bureau, et de constater les espèces qui y sont; l'ouverture ayant été faite, à l'aide de la clef qu'elle nous a remise, il s'est trouvé dans ledit tiroir la somme de 1,859 fr. 75 c.; savoir, 1,255 fr. en pièces de 5 fr., 4 fr. en pièces de 1 fr., 600 fr. en trente pièces d'or de 20 fr. chacune, et 75 c. en petite monnaie; laquelle somme de 1,859 fr. 75 c. avons laissée à ladite veuve Pierre, sur sa demande, et elle s'en est chargée, tant pour fournir au payement des frais de maladie et d'enterrement, que pour satisfaire à la dépense de la maison; le tout à titre d'acte conservatoire, de surveillance et d'administration provisoire, et sans que cela puisse lui attribuer d'autre qualité que celle qu'elle jugera à propos de prendre, et a signé.

(Suit l'évidence.)

Dans ladite chambre, s'est trouvé en évidence un lit composé de, etc.

(L'apposition faite et l'évidence constatée, on clôt comme il suit :)

Lesquels lieux et effets ci-dessus désignés sont tous ceux à nous indiqués par ladite veuve Pierre, laquelle, après serment par elle fait devant nous qu'elle n'a rien détourné directement ni indirectement, s'est, desdits scellés et effets, volontairement chargée, et a promis de représenter le tout quand et à qui il appartiendra, et a signé avec nous et notre greffier, auquel ont été remises;

au fur et à mesure que l'apposition a été faite, toutes les clefs des serrures sur lesquelles le scellé a été apposé, et il s'en est chargé jusqu'à la levée desdits scellés.

FORMULE 205e. *Autre modèle de procès-verbal d'apposition de scellés avec opposition et référé, et présentation d'un paquet trouvé en apposant les scellés, ou d'un testament.*

Le, etc.

Nous... juge de paix du canton de... assisté de M... greffier de notre justice de paix...

En exécution de notre ordonnance du... et obtempérant à la réquisition qu'elle contient, accompagné du sieur B... requérant, nous sommes transporté à la maison qui était habitée par le sieur C... où étant arrivé et monté au premier étage, dans une chambre servant de... nous avons trouvé la dame... veuve dudit sieur C... à laquelle nous avons expliqué... et nous l'avons invitée en conséquence à nous indiquer tous les lieux qui composaient l'appartement occupé par elle et son défunt mari.

Ladite veuve C... nous a dit que le sieur B... qui avait requis l'apposition des scellés, n'étant pas le créancier sérieux de son défunt mari, elle entendait s'opposer à ce que nous procédassions à aucune apposition de scellés, et requérant qu'il en fût référé devant qui de droit, et a signé sous toutes réserves. (*Signatures.*)

A quoi le sieur B... a répondu à l'instant qu'il ignorait sous quel prétexte la dame C... prétendait qu'il n'était pas créancier sérieux de son défunt mari, puisqu'il était porteur de...; que cependant il ne s'opposait nullement à ce qu'il en fût référé à M. le président du tribunal civil; mais en même temps qu'il nous requérait d'établir garnison intérieure et extérieure pour empêcher le divertissement des effets de la succession, et a ledit sieur B... signé.   (*Signatures.*)

Sur quoi, nous, juge de paix, avons donné acte aux parties de leurs dires et réquisitions ci-dessus; et attendu l'opposition faite par Mᵐᵉ veuve C... disons qu'à l'instant même nous allons nous transporter devant M. le président du tribunal de première instance, à... au Palais de Justice et en son cabinet, pour être par lui statué sur l'obstacle survenu à l'apposition des scellés; et considérant que la maison où nous sommes a plusieurs issues, et qu'il serait facile d'emporter des meubles et effets pendant notre absence, avons établi à chacune des portes d'entrée de ladite maison un gardien, savoir : à la porte sur la rue de... le sieur... demeurant... et à la porte sur le jardin, le sieur... demeurant... lesquels ont tous deux accepté cette garde, et ont signé le présent procès-verbal avec nous, les parties et le greffier.

(*Signatures.*)

Et étant arrivés à... devant M. D... président du tribunal de première instance, séant audit lieu, nous lui avons fait notre rapport, et après avoir entendu les parties, il a rendu l'ordonnance suivante : (*Texte de cette ordonnance.*)   (*Signatures.*)

Et le...

En conséquence de l'ordonnance qui précède, nous nous sommes transporté au domicile du sieur C... où nous avons relevé de leur garde les gardiens provisoires, après avoir pris d'eux serment qu'ils n'ont vu ni su qu'il ait été, pendant notre absence, détourné aucuns effets; après quoi, ladite veuve C... nous a requis de faire, avant notre apposition des scellés, perquisition du testament qu'elle sait que son mari a fait il y a... ans environ, et a signé.

Et par le sieur B... a été dit qu'il n'empêchait pas cette perquisition, et a signé.

Ce à quoi obtempérant, nous avons fait perquisition dans tous les secrétaires, bureaux et armoires qui nous ont été indiqués par ladite veuve C... comme devant contenir le testament annoncé, et nous avons trouvé dans un meuble placé dans... ayant vue au midi, un paquet carré, cacheté de... et portant pour suscription ces mots : *Ceci est mon testament,* signé C... avec paraphe; l'enveloppe duquel paquet nous avons paraphée avec ledit sieur B... et la dame veuve C... et nous avons indiqué... prochain... mars mil huit cent...; heure de midi, pour nous transporter devant M. le président du tribunal de première instance de... à l'effet de lui présenter le paquet dont il s'agit, pour qu'il en fasse l'ouverture et ordonne le dépôt du testament qui y est renfermé, et nous avons signé en cet endroit avec les parties comparantes.   (*Signatures.*)

(*Si au lieu d'un testament ce sont des papiers cachetés sans suscription, on procède de la même manière en indiquant que* le paquet est sans suscription.)

Et ensuite nous avons commencé ladite apposition des scellés, ainsi qu'il suit :

Dans une salle à manger ayant vue au couchant, nous avons appliqué deux bandes de ruban, l'une portant d'un bout sur... et portant d'autre bout sur... l'autre bande portant d'un bout sur... et d'autre bout sur...; aux extrémités de chacune desquelles bandes nous avons mis nos scellés en cire rouge molle, portant pour empreinte notre cachet de juge de paix.

Les objets existant dans cette chambre, qui n'ont pas été mis sous les scellés, sont : 1°...; 2°... etc.

(*Dans chaque chambre l'évidence se fait ainsi au fur et à mesure avant de passer d'une pièce dans une autre.*)

Dans le... nous avons trouvé la somme de... en pièces de cinq francs et monnaie de billon; laquelle somme nous avons laissée à ladite dame veuve qui s'en est chargée pour servir à fournir aux dépenses de la maison, et sans que cela puisse lui attribuer d'autre qualité que celle qu'elle jugera à propos de prendre par la suite, et a signé. (*Signatures.*)

Lesquels lieux et effets ci-dessus désignés sont tous ceux à nous indiqués par les comparants, et notamment par la dame veuve C... laquelle, après serment par elle fait devant nous, et par ses domestiques, qu'ils n'ont rien détourné, vu ni su qu'il eût été rien détourné, directement ou indirectement, des meubles et effets, et biens de ladite succession, s'est, desdits scellés et de tout ce que dessus, volontairement chargée, et a promis de représenter le tout quand et à qui il appartiendra.

Ce fait, le sieur B... élisant domicile en la demeure de N... habitant de cette commune, a requis qu'il fût délivré expédition du présent procès-verbal, et il a été remis au greffier dix clefs des serrures sur lesquelles notre scellé a été apposé; il a été vaqué à tout ce que dessus, depuis ce matin neuf heures jusqu'à ... heures après midi, et avons signé avec les comparants et le greffier.

A... etc.

Et le... par-devant M. D... président du tribunal de première instance de... en son cabinet à... en présence du sieur B... requérant, et de ladite dame veuve C... nous avons fait notre rapport, et présenté le paquet trouvé lors des opérations d'apposition de scellés; et après avoir entendu lesdits B... et C... M. le président a rendu l'ordonnance suivante :

(*Texte de l'ordonnance du président.*)

FORMULE 206e. *Découverte d'un testament ouvert.*

... Et nous avons trouvé un papier plié, mais non cacheté, commençant par ces mots : *Je soussigné,* et finissant par ceux-ci : *fait à... le... Jean-Jacques Merle.* Ce papier est le testament du défunt, en forme olographe, sur une feuille de papier timbré de 70 centimes, dont trois pages écrites, contenant, la première quinze lignes, la deuxième dix-huit lignes, la troisième douze lignes y compris la signature. Il ne présente ni blancs, ni interlignes, ni ratures, ni surcharges; et nous n'y avons remarqué aucun autre signe particulier. Les parties nous ayant invité à leur en donner connaissance, nous leur en avons fait lecture; ensuite, et en leur présence, nous l'avons couvert d'une enveloppe, dont nous avons scellé les bouts au moyen d'un cachet en cire rouge et ardente, sur lequel nous avons apposé notre sceau. Nous avons écrit sur l'enveloppe ces mots : *Paraphé par nous, juge de paix, soussigné, cejourd'hui vingt mars mil huit cent cinquante,* et par les parties ici présentes, sachant signer. (*Suivent les signatures.*)

Nous, juge de paix, nous nous sommes emparé dudit testament, et avons déclaré aux parties qu'il sera par nous présenté à M. le président du tribunal civil de l'arrondissement, demain, à dix heures du matin...

FORMULE 207e. *Opposition à ce que les scellés soient apposés, référé, continuation ou discontinuation de l'opération.*

S'est présenté le sieur A... (*prénoms, nom, profession et domicile du comparant*), lequel nous a dit que par testament olographe, en date du... qu'il nous représente, le défunt l'a constitué légataire universel de tous ses biens meubles et immeubles. Qu'aucun héritier à réserve n'existant, il se trouve saisi de tous les objets de la succession de plein droit et sans être tenu de demander la délivrance; pour quoi s'oppose à ce que l'apposition commencée soit par nous continuée, requiert même la levée de ceux déjà apposés, et a signé.

(Signature de l'opposant.)

Le sieur B... a répliqué qu'en qualité d'oncle paternel du défunt, il était habile à se dire son héritier; que le testament opposé n'a encore reçu aucune authenticité, puisqu'il n'a pas été présenté à M. le président du tribunal civil; qu'il est d'ailleurs dans l'intention d'attaquer le testament par le motif que... En conséquence, il nous requiert de continuer l'opération commencée, et a signé. *(Signature du requérant.)*

Sur quoi nous, juge de paix susdit, pour être fait droit sur l'opposition ci-dessus, nous avons ordonné qu'il en serait par nous référé sur-le-champ (*ou* le jour de demain) au président du tribunal de première instance, séant... Jusqu'à l'ordonnance à intervenir en référé, nous avons établi, pour la conservation des droits de qui il appartiendra, dans les lieux sus-désignés, les sieurs... gardiens, pour empêcher qu'il ne soit soustrait ou enlevé aucun effet, jusqu'à ce qu'il ait été statué sur l'apposition ci-dessus.

(*Signature du juge de paix et du greffier.*)

(*L'ordonnance rendue en référé est consignée sur le procès-verbal du juge de paix; il s'y conforme de suite, le jour même, ou le lendemain.*)

(*S'il est ordonné que l'apposition aura lieu.*)

Et de suite, nous, juge de paix susdit, obtempérant à ladite ordonnance, et à la réquisition ci-dessus, nous sommes transporté de nouveau, accompagné de notre greffier, avec ledit sieur B... en la maison du défunt sus-désignée, où étant arrivé, nous y avons trouvé le sieur A... auquel nous avons donné connaissance de l'ordonnance de M. le président qui ordonne de passer outre; ce que voyant, le sieur A... a déclaré réserver tous ses droits pour les faire valoir en temps et lieux, et n'assister à nos opérations que sous toutes réserves. Nous avons ensuite commencé l'opération ainsi qu'il suit:

(*S'il est ordonné que l'apposition n'aura pas lieu.*)

Et de suite, nous juge de paix susdit, obtempérant audit jugement, et à la réquisition ci-dessus, nous sommes transporté de nouveau, accompagné de notre greffier, avec ledit sieur B... en la maison du défunt sus-désignée, où étant arrivé (*s'il y a déjà des scellés apposés*), nous avons levé les scellés par nous apposés sur les portes, fenêtres, et meubles désignés en notre procès-verbal ci-dessus : nous avons ordonné aux sieurs... et... établis gardiens, de se retirer; et (*s'il y a lieu*), après avoir fait remettre audit sieur B... les clefs de... dont nous avions chargé notre greffier, nous nous sommes retiré : et) a ledit sieur B... signé le présent avec nous et notre greffier. (*Signatures.*)

FORMULE 208ᵉ. *Réquisitoire sur le procès-verbal de scellés, tendant à être autorisé à la gestion d'une succession, en conservant droit de renonciation.*

Après l'apposition de nos scellés, le sieur... présomptif héritier, a dit, qu'attendu qu'il ne veut nullement s'immiscer dans les affaires de la succession, qu'il est cependant urgent de pourvoir à son administration, il requiert d'être autorisé à recevoir ce qui est dû, payer telles sommes, débiter en détail les marchandises du fonds de commerce, donner congés, en recevoir, fournir aux dépenses journalières, etc. (*On énonce ainsi tous les objets sur lesquels doit porter l'autorisation*). Et a signé.

Duquel réquisitoire nous avons audit... donné acte, et avons ordonné qu'il en sera par nous référé, le... heure de... à M. le président du tribunal de première instance, en son hôtel, auxquels lieu, jour et heure les parties sont averties de se trouver sans sommation. Et ont les parties signé avec nous et notre greffier.

FORMULE 209ᵉ. *Ordonnance de référé portant autorisation.*

Et ledit jour... heure de... nous, juge susdit, nous sommes transporté devant M. le président du tribunal de... en son hôtel, rue... où étant, M. le président, après avoir entendu notre rapport et les parties contradictoirement, attendu que... a ordonné que, sans attribuer au sieur... (*le présomptif héritier*), *ou* à la dame veuve... (*si c'est la veuve*), d'autre qualité que celle qu'il *ou* qu'elle jugera à propos de prendre dans ladite succession *ou* communauté, ledit... *ou* ladite est autorisé à...

(on énonce tous les objets de l'autorisation). Et M. le président a ordonné que sa présente ordonnance sera exécutée nonobstant opposition ou appel, et sans y préjudicier, avec ou sans caution, et a signé avec nous et notre greffier.

FORMULE 210ᵉ. *Procès-verbal constatant que les portes sont fermées; référé, ouverture et apposition.*

L'an... etc., par-devant nous... juge de paix du canton de... est comparu en notre demeure, sise... le sieur Paul, etc., lequel nous a dit qu'étant créancier du sieur Pierre de la somme de... suivant obligation exécutoire du... passée devant... la grosse de laquelle il nous a représentée, il nous requiert de nous transporter en la maison qu'occupait le sieur Pierre, sise... et d'apposer nos scellés sur les effets et papiers dudit sieur Pierre, qui vient de décéder, et a signé.

Duquel réquisitoire nous avons donné acte audit sieur Paul. En conséquence, assisté de notre greffier, nous nous sommes transporté en ladite maison, où étant arrivé à l'heure de... et ayant trouvé la porte fermée, et notre greffier ayant frappé à différentes reprises sans que personne ait répondu, avons établi pour garnison à ladite porte le sieur... lequel, présent en personne, nous avons chargé de veiller à ce qu'il ne sorte personne ni aucuns effets et papiers de ladite maison, jusqu'à ce qu'il ait été relevé de ladite commission qu'il a promis de bien et fidèlement remplir, et a signé.

Cela fait, nous avons ordonné qu'il serait sursis à l'apposition requise par ledit sieur Paul, jusqu'à ce qu'il ait été statué par M. le président du tribunal de... en son

hôtel sis... le... heure... auxquels jour et heure ledit
sieur Paul a promis de se trouver, et a signé.

Et ledit jour... heure... nous, juge susdit, assisté de
notre greffier, nous étant présenté devant M. le président de... en son hôtel sis... où s'est trouvé ledit sieur
Paul, M. le président, après avoir entendu notre rapport
et ledit sieur Paul, a ordonné qu'attendu que le sieur
Paul est créancier en vertu du titre exécutoire sus-
énoncé, qu'en cette qualité la loi l'autorise à faire apposer le scellé, et que le refus d'ouverture des portes n'est
nullement justifié, il sera par nous procédé et passé outre à l'apposition du scellé requis; à l'effet de quoi,
après que la garnison par nous établie aura été relevée,
si le cas y échet, les portes de ladite maison seront ouvertes en notre présence par telles personnes qu'il nous
plaira indiquer, et que nous nous ferons assister, si besoin est, de la force armée, et a ordonné au surplus que
sa présente ordonnance sera exécutée par provision,
sans caution, ou avec caution, nonobstant opposition
ou appel, et sans y préjudicier, et a signé.

En conséquence, nous, juge susdit, assisté de notre
greffier, nous nous sommes transporté au-devant de ladite maison, où étant arrivé ledit jour, heure de... avons
trouvé le sieur Paul, lequel nous a requis de procéder
à l'exécution de ladite ordonnance, et a signé.

A l'instant s'est présenté le sieur... gardien précédemment établi par nous, lequel nous a dit qu'en notre
absence personne n'a paru ni n'est sorti, qu'il n'a rien
vu sortir de ladite maison, et a demandé d'être déchargé
de ladite garde, ce que nous avons accordé. Et il a signé avec nous et notre greffier.

Cela fait, ledit sieur... ayant frappé par nos ordres à la porte de ladite maison, et personne n'ayant répondu, nous avons fait venir le sieur... serrurier, et ladite porte ayant été ouverte par lui en notre présence, nous sommes entré et avons apposé notre sceau particulier, etc. (*Le reste comme dans le procès-verbal d'apposition du scellé.*)

FORMULE 211ᵉ. *Procès-verbal constatant que les portes sont fermées; l'ouverture ordonnée par le juge, l'apposition des scellés et référé.*

L'an, etc. (*comme dans le procès-verbal ci-dessus, jusqu'à ces mots inclusivement : ayant frappé à différentes reprises sans que personne ait répondu*). Attendu qu'il est trop tard pour aller en référé chez M. le président du tribunal; que ledit référé ne peut avoir lieu que demain, heure de... que d'après les localités, la garnison qui serait établie à l'extérieur ne serait pas une garantie suffisante des divertissements qu'on pourrait faire, et qu'il est par conséquent urgent d'apposer le scellé, avons ordonné qu'il serait à l'instant procédé à l'ouverture de ladite porte, et par provision à l'apposition du scellé, et que notre ordonnance serait exécutée par provision, avec ou sans caution, nonobstant opposition ou appel, et sans y préjudicier. A l'effet de quoi nous avons fait venir le sieur... serrurier, etc. (*Le reste comme à la fin du procès-verbal ci-dessus; et l'on termine comme au procès-verbal du scellé, en ajoutant qu'il en sera référé au président, tels jour et heure.*)

FORMULE 212ᵉ. *Obstacle à la mise des scellés résultant d'une saisie exécutoire.*

L'an...

Arrivé en la maison ci-dessus désignée, a comparu le

sieur M... E ... huissier, assisté de ses deux témoins, lequel nous a dit qu'il opère en ce moment même la saisie des meubles et effets mobiliers garnissant la maison du défunt, à la requête du sieur Henri Prèle, son créancier, en vertu de jugement rendu par le tribunal civil de... en date du... que cette saisie a été commencée hier, alors que le débiteur vivait encore, que, nonobstant son décès survenu pendant l'exécution, il a cru devoir la continuer, et que nous arrivons au moment même où il allait clore son procès-verbal.

Ladite dame Benoît a prétendu que la saisie à laquelle on avait procédé était nulle; que le titre, exécutoire contre le débiteur *vivant,* ne l'était plus contre le débiteur *décédé;* en conséquence, qu'il y avait lieu de passer outre, sans nous arrêter à la prétendue saisie, et elle nous a requis de nouveau de placer nos scellés, sous toutes protestations de droit.

Nous, juge de paix, avons donné acte aux comparants de leurs dires, réquisitions, oppositions et protestations; et attendu qu'il ne nous appartient pas de statuer sur la validité ou la non-validité de la saisie, nous ordonnons qu'il sera sursis à l'apposition des scellés, pour en être référé devant M. le président du tribunal civil de l'arrondissement, et qu'en attendant la décision de ce magistrat, les meubles et effets saisis ne seront pas déplacés; et nous avons invité la partie requérante et le sieur M... E... huissier, représentant le saisissant, à comparaitre devant M. le président du tribunal civil le... à... heures du matin, pour voir statuer sur ledit référé, étant déclaré qu'il sera statué tant en absence que présence. Et à la conservation des meubles et effets de la succession, nous avons établi gardien autour de la maison, le sieur... avec ordre de veiller à ce qu'aucun effet ou papier n'en sorte.

Et de ce que dessus...

(*Après l'ordonnance du référé, on continue ainsi :*)

Etant entré dans la susdite maison, nous y avons trouvé le sieur M... E... huissier, et le sieur Henri Prèle, auxquels nous avons représenté l'ordonnance de M. le président, qui ordonne de passer outre ; ce que voyant, lesdits sieurs E... et Prèle ont dit ne plus s'opposer à la mesure requise, mais qu'ils se réservaient tous leurs droits pour les faire valoir en temps et lieu, et qu'ils n'assisteraient à nos opérations que sous cette réserve ; et ils ont signé.   (*Signatures.*)

Nous, juge de paix, avons donné acte aux parties comparantes de leurs dires et consentements, et avons, en leur présence, procédé comme suit...

FORMULE 213e. *Ordonnance du président du tribunal civil, qui vide un référé.*

Nous... président du tribunal civil de l'arrondissement de...

Vu le procès-verbal ci-dessus ;

Ouï le rapport de M... juge de paix ;

Ouï les parties intéressées dans leurs dires et observations respectives ;

Considérant que le scellé est une mesure conservatoire ; que le sieur...

Ordonnons qu'il sera procédé et passé outre ;

Auquel effet, ordonnons que les portes de ladite maison seront ouvertes par telles personnes qu'il plaira à M. le juge de paix requérir, et l'autorisons à se faire assister, si besoin est, de la force armée; disons que la présente ordonnance sera exécutoire par provision, nonobstant toutes oppositions quelconques.

Variante. En cas de refus du président d'ordonner l'apposition des scellés, son ordonnance porterait :

Considérant que la partie requérante est sans droit, sans intérêt et sans qualité pour requérir la mesure du scellé; que, dans l'espèce, M. le juge de paix n'est pas tenu de procéder d'office ;

Ordonnons qu'il n'y a pas lieu de passer outre, et que M. le juge de paix retirera le gardien par lui établi.

Donné à... le...

(Signatures du président et du greffier.)

FORMULE 214ᵉ. *Revendication pendant l'apposition des scellés.*

S'est présenté le sieur Charles Hardy, marchand brocanteur, demeurant à... lequel a dit que, dans le nombre des effets du défunt doivent se trouver six couverts d'argent, marqués des lettres C. H., qu'il avait prêtés au défunt six jours avant sa mort, et qui ne lui ont pas été rendus.

Nous ont été représentés à l'instant par M... domestique du défunt, six cuillers et six fourchettes d'argent, marquées desdites lettres C. H., comme étant celles réclamées par le comparant, et que ledit comparant a reconnues être les siennes, et ont, lesdits Hardy et M..., signé en cet endroit.   *(Signatures.)*

Nous, juge de paix susdit, avons donné au sieur Hardy acte de sa déclaration, pour lui valoir d'opposition à la levée des scellés, lors de laquelle il fera valoir sa réclamation.

FORMULE **215ᵉ**. *Procès-verbal contenant description sommaire en cas de succession composée d'objets de peu de valeur.*

L'an... le...

Nous, juge de paix du canton de... étant informé que le sieur A... est décédé ce matin, et que le sieur B... son héritier présomptif, demeurant à... n'est pas présentement dans ce pays, nous sommes transporté d'office, avec notre greffier, etc. (*comme ci-dessus, formule 203*).

Arrivé en la maison sus-désignée, s'est présenté devant nous le sieur Joseph Nique, voisin et ami du défunt, lequel nous a dit que le défunt habitait un appartement composé de deux pièces seulement; qu'il vivait très-modestement, sans domestique; que les meubles et effets mobiliers laissés par lui sont de peu de valeur.

Nous, juge de paix, étant entré dans ledit appartement, composé de deux chambres, au deuxième étage, prenant jour sur... avons en effet reconnu que le mobilier qui garnit lesdites chambres est de peu de valeur, et qu'il n'y a pas lieu d'y apposer les scellés.

Nous nous sommes, en conséquence, borné à en faire la description sommaire comme suit...

FORMULE **216ᵉ**. *Procès-verbal de carence. C. proc. 924; Tarif, 1, 3, 16.*

L'an 1850... etc. (*comme le procès-verbal de scellé, jusqu'à ces mots inclusivement «* vient de décéder *»*),

Et qu'elle nous requiert de constater que ledit sieur Pierre ne laisse aucuns effets, papiers ni argent, *ou* que les effets et papiers qu'il laisse sont de trop peu de valeur pour nécessiter l'apposition des scellés. Et a signé.

Sur quoi, nous, juge susdit, avons donné acte à ladite dame veuve Pierre de son réquisitoire, et étant entré, assisté de notre greffier, dans une chambre au premier étage, avons trouvé le corps dudit sieur Pierre gisant sur un lit, et, perquisition faite, n'avons rien trouvé, *ou* n'avons trouvé que tels effets, de trop peu de valeur pour mériter l'apposition d'un scellé. Ce fait, ladite dame veuve Pierre a affirmé devant nous qu'elle n'a rien détourné, vu ni su qu'il ait été rien détourné directement ni indirectement, et avons laissé lesdits effets en la garde de ladite dame Pierre, qui a promis de les représenter quand et à qui il appartiendra, et a signé avec nous et notre greffier.

FORMULE 217ᵉ. *Apposition des scellés chez un dépositaire public, tel que notaire, greffier, receveur des droits d'enregistrement, percepteur, etc.* C. proc. 911.

L'an... nous... assisté...

Informé que le sieur... (*mettre ici la qualité du défunt*) est décédé cejourd'hui, nous nous sommes transporté, avant l'inhumation, à son domicile, à l'effet d'apposer les scellés sur les minutes, registres, répertoires et autres objets dépendant du dépôt public dont le défunt était chargé.

(*S'il s'agit d'un percepteur ou receveur de deniers publics, on mentionnera la caisse.*)

Étant entré chez le défunt, après avoir conféré de l'objet de notre transport avec M. A... son plus proche parent (*ou* son premier commis, *ou* son serviteur et domestique), nous avons, en sa présence, procédé comme suit.

Nous avons d'abord visité toutes les pièces de la

maison occupée par le défunt, et nous nous sommes assuré que tous les objets, titres ou papiers dépendant du dépôt public dont il était chargé, se trouvaient dans une pièce qui lui servait de cabinet, située au premier étage... ce qui nous a été affirmé par serment par ledit sieur A... (*Procéder ensuite comme dans les cas ordinaires*).

FORMULE 218e. *Apposition des scellés après le décès d'un militaire.*
Arrêté du 13 nivôse an X, art. 1er.

L'an...

Informé que M... intendant militaire de la 8e division, est décédé ce matin en son hôtel, rue... nous nous sommes transporté d'office en sa demeure, conformément à l'arrêté du 13 nivôse an X, à l'effet d'apposer les scellés sur les papiers, cartes, plans et mémoires militaires et autres objets qui se trouvent en la possession du défunt, et qui pourraient appartenir à l'État.

Nous avons préalablement invité M. le maire de la commune de... d'assister à notre opération ; et en sa présence et celle du sieur A... frère du défunt, auquel nous avons fait part de l'objet de notre transport, nous avons procédé comme suit :

Nous avons d'abord visité toutes les pièces de l'hôtel, et avant d'arriver au cabinet du défunt, nous n'avons trouvé aucuns papiers, cartes, plans ou mémoires militaires.

Arrivé dans le cabinet occupé par le défunt, nous en avons fait l'inspection, et nous nous sommes assuré que tous ses papiers militaires, cartes, plans ou autres, se trouvent dans une grande armoire dudit cabinet.

Nous avons, en conséquence, apposé le scellé sur cette armoire, dont la clef a été remise au greffier. Ledit sieur A... nous ayant assuré, avec serment, qu'il n'existe pas d'autres papiers appartenant à l'Etat, nous lui avons donné acte de son serment et l'avons établi gardien de notre scellé, laquelle fonction il a déclaré accepter; et avons dressé ce procès-verbal, qui a été signé par ledit sieur A... par M. le maire, par nous et notre greffier, après lecture.

FORMULE 219e. *Apposition des scellés après le décès d'un curé ou desservant.* Décret du 6 nov. 1813, art. 37, 38.

L'an.., nous... assisté de... notre greffier.

Informé que M... curé (ou desservant) de la paroisse de... dépendant de notre canton, est décédé ce matin, nous nous sommes transporté d'office, avant l'inhumation, en sa demeure, à l'effet d'apposer les scellés sur le mobilier dépendant de ladite cure et de la fabrique, conformément au décret du 6 novembre 1813.

Etant sur le lieu, a comparu M... trésorier de la fabrique, qui nous a désigné les objets dépendant du dépôt public, et nous avons procédé en sa présence de la manière suivante.

(*On procède comme dans les cas ordinaires, excepté qu'on sépare les objets dépendant de la cure et de la fabrique et qu'on appose les scellés sur ces seuls objets.*)

FORMULE 220e. *Opposition à la levée des scellés, faite sur le procès-verbal d'apposition des scellés.* C. proc. 926 ; Tarif, 18.

Et le... en notre demeure et par-devant nous... juge de paix du canton de... assisté de notre greffier, est comparu le sieur Louis Antoine, propriétaire, demeurant à Paris, rue de... lequel nous a déclaré qu'il est oposant à la reconnaissance et levée de nos scellés, apposés par nous après le décès du sieur Pierre, suivant procès-verbal ci-dessus et des autres parts; attendu qu'il est créancier de la succession dudit sieur Pierre, suivant son obligation passée devant... notaire à... le... enregistrée le... par... qui a reçu... Et a signé.

FORMULE 221ᵉ. *Opposition par exploit à la reconnaissance et à la levée des scellés. C. proc. 1039, 928; C. civ. 921; Tarif, 19, 21.*

L'an, etc., à la requête du sieur Louis Robert, propriétaire, demeurant à Paris, etc.; je, etc., soussigné, ai signifié et déclaré à Mᵉ, greffier de la justice de paix du canton de... demeurant à... parlant à... que ledit sieur Robert est opposant à la reconnaissance et levée des scellés apposés par M. le juge de paix du canton de... après le décès du sieur Pierre, suivant son procès-verbal du... attendu qu'il est créancier de la succession dudit sieur Pierre, suivant son billet du... échu le... enregistré par... qui a reçu... Et ai audit Mᵉ... laissé copie du présent.

FORMULE 222ᵉ. *Opposition en sous-ordre à la reconnaissance et à la levée des scellés.*

L'an, etc., à la requête du sieur Louis, etc., je, etc., ai signifié et déclaré à Mᵉ... greffier de la justice de paix de... etc., 1° que ledit sieur Louis étant créancier du sieur Paul, de la somme de... suivant son obligation du... etc., lequel sieur Paul est lui-même créancier du sieur Pierre, suivant son obligation du... ledit sieur Louis, au nom et comme exerçant les droits de son débiteur, est opposant à la reconnaissance et levée des scellés apposés par M. le juge de paix après le décès dudit sieur Pierre, suivant le procès-verbal du... 2° que ledit sieur

Louis, en sa qualité de créancier dudit sieur Paul, est opposant en sous-ordre sur lui à ladite reconnaissance. Et ai audit M⁰... laissé copie du présent.

CHAPITRE VII. — De la reconnaissance et de la levée des scellés.

SECTION 1ʳᵉ. — *Du temps requis entre l'apposition des scellés et la levée.*

1089. « Le scellé ne pourra être levé et l'inventaire fait que trois jours après l'inhumation, s'il a été apposé auparavant, et trois jours après l'apposition, si elle a été faite depuis l'inhumation, à peine de nullité des procès-verbaux de levée des scellés et inventaires, et des dommages et intérêts contre ceux qui les auront faits et requis; le tout à moins que, pour des causes urgentes et dont il sera fait mention dans son ordonnance, il n'en soit autrement ordonné par le président du tribunal de première instance. Dans ce cas, si les parties qui ont droit d'assister à la levée ne sont pas présentes, il sera appelé pour elles, tant à la levée qu'à l'inventaire, un notaire nommé d'office par le président. » C. proc. 928.

1090. Il est admis par tous les auteurs, que dans le délai de trois jours prescrit par l'art. 928, on ne doit compter ni le jour de l'inhumation ou de l'apposition, ni le jour de la levée, c'est-à-dire que les trois jours doivent être francs.

1091. Le juge de paix, dit Carré, qui se serait permis de lever les scellés avant l'expiration de ces délais, pourrait être pris à partie, seule voie ouverte pour obtenir contre lui les dommages et intérêts dont il se serait rendu passible.

Le juge de paix doit donc refuser de lever les scellés

quand les trois jours ne sont pas expirés; il le doit encore s'il est requis par une personne qui ne justifie pas de ses droits, surtout lorsque cette personne lui est entièrement inconnue, et aussi, comme nous le verrons ci-après, lorsque parmi les héritiers il existe des mineurs non pourvus de tuteurs et non émancipés.

1092. Il faut de plus, pour que la levée des scellés puisse avoir lieu, que toutes les parties qui ont le droit d'y assister aient été dûment averties, ou qu'on ait pris, suivant les circonstances, les moyens indiqués par la loi pour les faire représenter.

1093. Cependant l'art. 928 permet, pour des causes urgentes, au président du tribunal de première instance, d'autoriser la levée des scellés avant l'expiration du délai, et alors ce ne sont pas seulement les absents qui doivent être représentés par un notaire, ce sont aussi les mineurs non pourvus de tuteurs.

SECTION 2. — *De la levée provisoire, accidentelle et partielle.*

1094. Il est rare que, hors le cas prévu par l'art. 471 C. com. pour l'extraction des livres du failli de dessous les scellés ou des effets à courte échéance, il y ait lieu à lever provisoirement les scellés ou une partie des scellés. Nous disons une partie, car la levée provisoire est toujours partielle.

Cependant il pourrait arriver, ou que des objets mis sous les scellés fussent nécessaires à une instruction judiciaire, ou réclamés d'une manière urgente par des tiers; la loi du 6 pluviôse an II a prévu les cas; elle porte :

« Art. 1er. Les citoyens dont les titres, sentences ou

procédures, confiés aux notaires publics, ci-devant
avoués, défenseurs officieux, huissiers, fondés de pouvoirs, agents d'affaires ou autres détenteurs, se trouvent
sous les scellés, pourront requérir le juge de paix, ou
tout autre officier public qui les aura apposés, de les
lever *de suite*, pour leur remettre les pièces qu'ils réclament, en constatant cette remise par le procès-
verbal.

« Art. 3. Les juges de paix ou autres officiers publics qui, étant requis, ne déféreraient pas promptement à cette réquisition, seront responsables des dommages-intérêts qu'aura occasionnés leur négligence ou
leur refus. »

SECTION 3. — *De l'obligation de pourvoir les mineurs de tuteurs, ou les mineurs
émancipés de curateurs avant la levée.*

1095. « Si les héritiers ou quelques-uns d'eux sont
mineurs non émancipés, il ne sera pas procédé à la levée des scellés, qu'ils n'aient été ou préalablement pourvus de tuteurs, ou émancipés. » C. proc. 929.

D'après l'art. 451 C. civ., « le tuteur doit, dans les
dix jours qui suivent celui de sa nomination, dûment
connue de lui, requérir la levée des scellés, s'ils ont été
apposés, et faire procéder immédiatement à l'inventaire des biens du mineur en présence du subrogé tuteur. »

Il résulte évidemment de cet article que le mineur
intéressé dans une succession doit être pourvu non-
seulement d'un tuteur, ainsi que le veut l'art. 929 C.
proc., mais encore d'un subrogé tuteur avant la levée
des scellés.

Si cependant, dit Carré, n° 2145, la levée avait lieu

en vertu d'une ordonnance d'urgence, on n'attendrait pas que les mineurs fussent, ou pourvus de tuteurs et de subrogés tuteurs, ou émancipés. On les ferait représenter par un notaire qui, en même temps, pourrait aussi représenter les intéressés connus, qui ne seraient pas présents.

1096. La nomination du tuteur et du subrogé tuteur, ou l'émancipation, qui, conformément aux art. 451 C. civ. et 929 C. proc., sont exigées avant que le juge de paix lève les scellés, peuvent être requises par tous ceux qui ont intérêt à la levée, tels que les héritiers et les créanciers, les parents ou alliés du mineur, le tuteur o le subrogé tuteur.

SECTION 4. — *Des personnes qui peuvent requérir la levée.* — *Scellés apposés sur la succession d'un militaire absent.* — *De la réquisition en cas de succession vacante.*

1097. « Tous ceux qui ont droit de faire apposer les scellés pourront en requérir la levée, excepté ceux qui ne les ont fait apposer qu'en exécution du troisième paragraphe de l'art. 909. » C. proc. 930.

Les personnes désignées en l'art. 909 sont celles qui demeuraient avec le défunt, ses serviteurs et domestiques. Il est bien certain que ces personnes n'ont eu d'autre droit, si d'ailleurs elles ne sont ni créancières ni héritières, que de provoquer la mesure conservatoire qui a mis les meubles du défunt à l'abri de toute dilapidation.

1098. Les autres personnes qui, pouvant requérir l'apposition des scellés, ont, par suite, le droit d'en requérir aussi la levée, sont, ainsi que nous l'avons vu en l'article 2 de la section II du chapitre II de ce titre : le ministère public, le maire ou adjoint de la commune, tous ceux qui prétendent droit dans la succession ou dans la communauté, l'exécuteur testamentaire, les créanciers fondés en titre exécutoire, et autorisés par une permission du président du tribunal de première instance ou du juge de paix, les tuteurs des mineurs prétendants droit ou créanciers.

1099. L'art. 910 accorde aussi le droit de requérir l'apposition aux *parents* des mineurs, s'ils n'ont pas de tuteur, ou si le tuteur est absent. Malgré les expressions générales de l'art. 330, nous ne croyons pas que ces *parents* puissent, en aucun cas, requérir la levée, car si le mineur n'a pas de tuteur, il faut qu'on lui en nomme (C. proc. 929); si le tuteur est absent, comme la levée n'est plus, ainsi que l'était l'apposition, une mesure d'urgence, rien n'empêche d'attendre son retour, ou qu'il ait envoyé des pouvoirs.

1100. Nous en dirons autant du procureur de la République, du maire et de l'adjoint, dans les cas surtout où le scellé n'aurait été requis par eux que dans l'intérêt d'un mineur sans tuteur; si, dans l'intervalle de cette réquisition à la levée, le mineur avait été pourvu, nul doute qu'au tuteur seul appartiendrait le droit de requérir la levée, et non au maire, à l'adjoint ou au ministère public.

1101. Nous avons vu au § 3 de l'art. 1er de la section II, du chap. II de ce titre, que, conformément aux lois du 11 ventôse an II et 16 fructidor suivant, le juge de paix doit, si des militaires absents, officiers de santé ou autres citoyens attachés aux armées sont intéressés dans une succession, les avertir, s'il sait à quel corps d'armée ils sont attachés, en instruire pareillement le ministre de la guerre, et inscrire le double de ces lettres à la suite de son procès-verbal, avant de le présenter à l'enregistrement, sans augmentation de droits.

Le délai d'un mois expiré, si l'héritier ne donne pas de ses nouvelles et n'envoie pas de procuration, l'agent national de la commune dans laquelle la succession est ouverte doit convoquer sans frais, devant le juge de paix, la famille, et à son défaut les voisins et amis, à l'effet de nommer un curateur à l'absent. — Ce curateur provoque la levée des scellés, assiste à leur reconnaissance, fait procéder à l'inventaire et vente des meubles, en reçoit le prix, à la charge d'en rendre compte, soit au militaire absent, soit à son fondé de pouvoir.

Ces lois sont encore en pleine vigueur, et cela doit être, puisque la nécessité existe aujourd'hui, comme elle existait autrefois, de protéger les militaires absents, employés à des guerres lointaines. Cependant M. Augier pense qu'il y aurait quelques modifications à apporter dans l'application ; que, par exemple, la convocation de la famille devrait être faite à la diligence des parents, ou d'office par le juge de paix (C. civ. 406); que, d'un autre côté, si le militaire absent n'était pas unique héritier, on ne pourrait différer, au préjudice de ses consorts, la levée des scellés jusqu'à l'accomplissement des formalités ordinaires. Alors il y aurait lieu, dit cet auteur, de procéder, comme l'indique l'art. 113 C. civ., en faisant commettre un notaire pour représenter le militaire absent lors de la levée des scellés et à l'inventaire. Nous ne saurions admettre une pareille distinction, au moins dans ces termes ; l'agent national est aujour-

d'hui remplacé par le maire, qui, nous le croyons, pourrait agir de concurrence avec les parents et le juge de
paix pour convoquer le Conseil de famille. Quant à l'article 113 C. civ., il a rapport aux *absents* dont le sort est
inconnu, et l'existence même douteuse, et ne concerne
nullement par conséquent les militaires employés aux
armées. Que le militaire éloigné de son domicile ait
donc des cohéritiers ou qu'il n'en ait point, le juge de
paix doit lui écrire, ainsi que le ministre de la guerre;
et si au bout d'un mois il n'a point de réponse, provoquer la nomination d'un curateur. Cette mesure peut
se prendre promptement et presque sans frais; quant
au retard, s'il était trop préjudiciable, et s'il y avait urgence, on procéderait à la levée d'urgence, dans les formes ordinaires, ce qui ne dispenserait pas de la nomination d'un curateur. — Voir encore *Annales*, 1838,
p. 110.

1102. Mais qui doit requérir la levée des scellés, lorsqu'ils ont été apposés d'office et que personne ne se
présente pour réclamer la succession? Cette question
est traitée aux *Annales*, 1838, p. 107.

En cas d'absence de l'héritier, sans nouvelles, le procureur de la République fait nommer un administrateur provisoire des biens de l'absent présumé; c'est cet
administrateur qui fait procéder à la levée des scellés.
C. civ. 112; Cour de Metz, 15 mars 1823.

En cas de succession vacante ou de déshérence, c'est
le curateur nommé (C. civ. 811 et suiv.), ou l'administration du domaine, représentant l'Etat (C. civ. 767 et
suiv.), qui requiert soit l'apposition des scellés, soit la
levée.

Si la levée n'est pas requise, parce qu'un militaire, seul héritier, est absent, on agit comme nous l'avons dit plus haut en cette même section.

1103. Dans tous ces cas, au reste, les créanciers peuvent requérir la levée des scellés, de même qu'ils ont pu requérir l'apposition.

SECTION 5. — *Des personnes qui doivent être appelées à la levée des scellés, et des formes de la réquisition.* — *Annexes des procurations.*

1104. « Les formalités pour parvenir à la levée des scellés sont : 1° Une réquisition à cet effet, consignée sur le procès-verbal du juge de paix ; 2° une ordonnance du juge, indicative des jour et heure où la levée sera faite ; 3° une sommation d'assister à cette levée, faite au conjoint survivant, aux présomptifs héritiers, à l'exécuteur testamentaire, aux légataires universels et à titre universel s'ils sont connus, et aux opposants. — Il ne sera pas besoin d'appeler les intéressés demeurant hors de la distance de cinq myriamètres, mais on appellera pour eux à la levée et à l'inventaire, un notaire nommé d'office par le président du tribunal de première instance. — Les opposants seront appelés aux domiciles par eux élus. » C. proc. 930, 931.

1105. Le conjoint survivant doit être appelé, alors même qu'il aurait été séparé de biens, ou qu'il n'y aurait pas eu communauté entre les époux. Mais, dit Carré, n° 2154, s'il y avait eu séparation de corps, on ne serait pas tenu à appeler le conjoint survivant, à moins qu'il ne fût fondé à réclamer le droit d'assister à un autre titre, comme s'il était créancier, donataire, etc.

1106. Au nombre des présomptifs héritiers, c'est-à-dire des successibles les plus proches, on doit comprendre les enfants naturels reconnus, s'il en existe : quoique la loi ne les admette pas comme héritiers (C. civ. 756), elle leur accorde un droit sur les biens de leurs père et mère décédés (C. civ. 757); ils doivent donc être appelés.

1107. Si parmi les héritiers présomptifs il y a des mineurs ou interdits, c'est aux tuteurs ou curateurs de ceux-ci que la sommation doit être faite.

1108. L'exécuteur testamentaire doit être aussi nécessairement appelé.

1109. Quant aux légataires, la loi n'ordonne de faire la sommation qu'aux légataires *universels*, auxquels le défunt a laissé l'universalité de ses biens; ou à *titre universel*, c'est-à-dire auxquels le défunt a laissé une quotité déterminée de ses biens; le légataire *particulier* ne doit donc être appelé que s'il est opposant, et en vertu de la règle générale qui ordonne d'appeler les opposants.

1110. Si la levée était requise par le tuteur de mineurs intéressés dans la succession, il devrait faire la sommation au subrogé tuteur pour les mineurs. De même, si les intérêts du mineur étaient en opposition avec ceux du tuteur, ce serait, non ce dernier, mais le subrogé tuteur qui devrait être appelé. C. civ. 420.

1111. Nous n'avons pas besoin de dire que ces sommations d'assister à la levée des scellés ne sont pas au reste indispensables, et que l'on peut s'en passer toutes les fois que les parties intéressées ou leurs représentants conviennent de se rendre à l'heure dite et sans sommation à la levée; seulement l'absence d'une seule d'entre elles empêcherait, en pareil cas, de procéder à l'opération; le juge de paix ne pourrait donner défaut.

1112. Lorsqu'il y a des intéressés demeurant hors de la distance de cinq myriamètres, on fait, aux termes de l'art. 931 C. proc., nommer d'office, par le président du tribunal de première instance, un notaire pour les représenter. Il faut que le juge de paix, en rendant son ordonnance indicative des jour et heure où la levée se fera, tienne compte du temps nécessaire pour nommer ce notaire.

Nous avons émis l'opinion (*Annales*, 1846, p. 88), que le notaire ainsi nommé devait être pris parmi ceux qui ont pouvoir d'exercer dans le canton. La loi, avons-nous dit, en indiquant la classe des notaires pour représenter les absents à la levée des scellés, a dû considérer le notaire dans sa qualité, dans son caractère; le notaire, en effet, n'est *notaire*, aux yeux de la loi, que dans l'étendue de sa juridiction, il ne peut agir comme notaire que dans cette étendue.

Mais le juge de paix ne pourrait se refuser à la levée des scellés, en se fondant sur ce que le notaire nommé n'aurait pas juridiction dans le canton; en effet, le juge de paix n'a droit ni de réformer, ni de faire réformer les ordonnances du président du tribunal civil; du moment où un notaire se présente nanti de sa nomination comme représentant les absents, et que cette nomination est régulière dans la forme, le juge de paix peut, doit passer outre; les parties intéressées seules seraient en droit de s'opposer à la levée, si elles croyaient que les pouvoirs du notaire ne seraient pas suffisants, et alors il y aurait lieu, soit à demander par elles une nouvelle ordonnance au président du tribunal de première instance, soit, en certains cas, à en référer, si, par exemple, les pouvoirs du notaire n'étaient contestés qu'au moment de l'opération.

1113. Outre les absents (non présents), il peut se trouver parmi les héritiers des *absents*, suivant le sens de l'art. 112 et suiv. C. civ., c'est-à-dire dont on ignore le domicile, même l'existence, dont on n'a pas de nouvelles. Suivant l'art. 136, « s'il s'ouvre une succession à laquelle soit appelé un individu dont l'existence n'est pas reconnue, elle sera dévolue exclusivement à ceux avec lesquels il aurait eu le droit de concourir, ou à ceux qui l'auraient recueillie à son défaut. » — Mais, d'après l'art. 113 C. civ., le tribunal, à la requête de la partie la plus diligente, *commettra un notaire* pour représenter les *présumés absents*, dans les *inventaires*, comptes, partages et liquidations dans lesquels ils seront intéressés. »

De cette disposition rapprochée de l'art. 136, il nous semble résulter évidemment que l'exclusion des successions ne s'applique qu'à ceux dont l'absence est *déclarée*, et nullement à ceux qui ne sont que *présumés absents*. Il faut donc, soit pour les scellés, soit pour les inventaires, faire représenter ceux-ci tout spécialement par un notaire.

1114. Par arrêt du 17 avril 1828, la Cour de cass. a décidé que la nomination d'un notaire hors les cas prévus par la loi, pour représenter une ou plusieurs des parties intéressées à la levée des scellés, par exemple, des héritiers demeurant à la distance de moins de cinq myriamètres du lieu de l'ouverture de la succession, n'est

pas une cause de nullité de l'opération, et que cette nomination pourrait seulement être considérée comme
frustratoire, et par suite donnant lieu de mettre les
frais qu'elle aurait occasionnés à la charge de celui qui
l'aurait provoquée.

SECTION 6.— *Des personnes qui sont admises à assister à la levée des scellés.*

1115. Il semblerait que toutes les personnes qui doivent être *appelées* à la levée du scellé devraient être admises à y assister. Cependant, une grande distinction est
à faire. En effet, le Code de proc. permet aux uns d'assister *à toute la durée* de l'opération, tandis que les autres ne peuvent assister *qu'à la première vacation*, au
moins individuellement : « Le conjoint, l'exécuteur testamentaire, les héritiers, les légataires universels et ceux
à titre universel pourront assister à toutes les vacations
de la levée du scellé et de l'inventaire, en personne, ou
par un mandataire.— Les opposants ne pourront assister, soit en personne, soit par un mandataire, qu'à la
première vacation ; ils sont tenus de se faire représenter
aux vacations suivantes par un seul mandataire pour
tous, dont ils conviendront ; sinon, il sera nommé par
le juge. Si parmi ces mandataires se trouvent des avoués
près le tribunal de première instance du ressort, ils jus-
tifieront de leurs pouvoirs par la représentation du titre
de leurs parties ; et l'avoué le plus ancien, suivant l'ordre du tableau, des créanciers fondés en titre authentique, assistera de droit pour tous les opposants : si
aucun des créanciers n'est fondé en titre authentique,
l'avoué le plus ancien des opposants fondés en titre
privé, assistera. L'ancienneté sera définitivement réglée
à la première vacation. » C. proc. 932.

« Si l'un des opposants avait des intérêts différents de ceux des autres, ou des intérêts contraires, il pourra assister en personne, ou par un mandataire particulier à ses frais. » C. proc. 933.

« Les opposants pour la conservation des droits de leurs débiteurs ne pourront assister à la première vacation, ni concourir au choix d'un mandataire commun pour les autres vacations. » C. proc. 934.

Ces dispositions s'expliquent d'elles-mêmes; aussi n'ajouterons-nous que quelques observations.

1116. *Le juge* qui doit nommer le mandataire des opposants, à défaut par eux de s'entendre, ou s'ils ne sont pas représentés par des avoués, est le juge de paix et non le président du tribunal civil, quoi qu'en aient dit Pigeau et quelques auteurs; M. Carré le démontre, n° 2166, par ce qui s'est passé à la préparation et à la discussion du Code de proc. La pratique a confirmé cette interprétation ; quoiqu'on convienne, en général, que le choix fait par le président du tribunal de première instance ne pourrait être annulé, c'est presque toujours le juge de paix qui désigne. On a vu, par les termes de l'art. 932, que la préférence est accordée à l'avoué porteur d'un titre *authentique*, sur l'avoué porteur d'un titre *privé*; il y a même raison de décider en faveur de l'avoué porteur d'un titre *privé*, à l'exclusion de l'avoué d'un créancier *sans titre*.

S'il y avait, dit Carré, n° 2168, concurrence entre plusieurs mandataires non avoués de créanciers authentiques ou de créanciers chirographaires, soit entre plusieurs mandataires de créanciers sans titre, le juge de paix, en cette circonstance, n'aurait pas à se déterminer par l'âge des mandataires; il devrait choisir celui qu'il croirait le plus capable, ou qui lui inspirerait le plus de confiance.

SECTION 7. — *De la levée des scellés sans inventaire ou avec inventaire.*

1117. La levée des scellés est pure et simple, c'est-à-dire sans inventaire, ou bien elle est accompagnée de l'inventaire.

Le juge de paix doit porter la plus grande attention à ne lever les scellés sans inventaire que quand le défaut d'inventaire ne peut nuire à personne.

Lorsque toutes les parties intéressées sont présentes ou représentées, et qu'elles consentent à la levée pure et simple, il n'existe aucun motif de ne pas la leur accorder, à moins toutefois qu'il n'y ait parmi elles des mineurs; car, si des mineurs sont intéressés dans la succession, l'inventaire ordonné par l'art. 451 C. civ. doit être fait en même temps que la levée. Le juge de paix doit donc y veiller.—Voir ci-après, tit. VI.

1118. Les créanciers du défunt, dit Carré, peuvent s'opposer, même contre les héritiers majeurs et jouissant de leurs droits, à la levée des scellés sans inventaire, parce qu'ils ont la faculté de demander la séparation des patrimoines du défunt leur débiteur et de ses héritiers. S'il y avait eu opposition aux scellés, il faudrait le consentement de tous les opposants pour pouvoir les lever sans faire inventaire; il faudrait même que tous ces opposants, pour donner un consentement utile, fussent majeurs et jouissant de leurs droits; autrement ils ne sauraient faire le sacrifice de la sûreté qu'ils trouveraient dans l'inventaire *sans être pleinement désintéressés.*

1119. Le légataire universel n'aurait droit de s'opposer à l'inventaire que s'il n'était pas soumis à demander la délivrance, ou si, y étant soumis, il l'avait déjà obtenue. Quoique même non soumis à demander la délivrance, il ne pourrait encore exiger la levée des scellés sans inventaire, si le testament était seulement olographe ou mystique, avant de s'être fait envoyer en possession, aux termes de l'art. 1008 C. civ.

1120. « Lorsque la cause de l'apposition cesse, soit « avant que les scellés soient levés, soit pendant le « cours de leur levée, ils sont levés sans description. » Tels sont les termes de l'art. 940 C. proc. Or, la cause de l'apposition cesse, par exemple, si le légataire qui a fait apposer les scellés est désintéressé, si les créanciers sont payés, ou s'ils déclarent accepter la garantie pure et simple des héritiers; si ceux-ci acquittent sur-le-champ les legs ou remettent une somme suffisante pour les acquitter, à l'exécuteur testamentaire; si, lorsqu'il n'y a ni opposants, ni légataires, ni créanciers, ni héritiers mineurs, les causes de l'apposition ont cessé par le retour des absents ou par l'envoi de procurations autorisant à la levée sans inventaire; si la minorité a cessé pendant l'apposition, etc.

1121. Nous avons dit plus haut que le juge de paix ne doit pas consentir à la levée, sans description et inventaire, s'il y a des mineurs. Toutefois on s'est demandé si l'art. 940 est applicable lorsque les scellés n'ont pas été apposés pour cause de minorité, vu que les mineurs intéressés étaient pourvus de tuteurs (C. proc. 911), mais à raison de l'absence d'un cohéritier majeur qui se présente avant la levée. M. Carré discute longuement cette question, et met en regard l'opinion des divers auteurs qui s'en sont occupés. Il conclut que la *seule cause* de l'apposition ayant été l'absence d'un des héritiers, cette cause cessant, les scellés, malgré l'intérêt qu'y auraient des mineurs, peuvent être levés sans inventaire.

Nous ne saurions nous ranger à cet avis ; l'inventaire est toujours une mesure obligatoire dans les successions où des mineurs sont intéressés. « Dans les dix jours qui suivront sa nomination, dûment connue de lui, le tuteur, dit l'art. 451, requerra la levée des scellés, s'ils ont été apposés, et fera procéder *immédiatement* à l'inventaire des biens du mineur en présence du subrogé tuteur. » La loi ne s'occupe pas, dans cet article, du motif pour lequel les scellés auront été apposés ; elle veut que l'on procède immédiatement à l'inventaire, et l'on conçoit cette disposition lorsque l'on considère que l'inventaire est une mesure conservatoire, indispensable en cas de minorité, et que les mineurs ne peuvent d'ailleurs accepter une succession que sous bénéfice d'inventaire, ce qui oblige encore à faire inventaire. *Annales*, 1844, p. 109.

1122. La levée du scellé peut-elle être demandée sans inventaire par un mari, en qualité d'administrateur des biens de sa femme, héritière de son chef pour une partie de la succession, si ses cohéritiers y consentent ? Cette question est résolue par Biret, n° 1024 ; il se prononce pour la négative. Cependant l'art. 1401 C. civ. répute les successions mobilières acquises à la communauté, dont le mari est le chef ; d'un autre côté, l'art. 818 donne au mari la faculté de demander, *sans le concours de la femme*, le partage des successions qui tombent dans la communauté. Quoi qu'il en soit, nous ne pensons pas que le juge de paix pût, en pareil cas, refuser de lever purement et simplement les scellés, en donnant pour motif les intérêts de la femme.

1123. C'est à la suite de la réquisition de levée des scellés que le juge de paix, en rendant son ordonnance, exprime ordinairement si les scellés seront levés sans inventaire ou à charge d'inventaire. Cependant, quoiqu'il ait dit qu'ils seront levés avec inventaire, ils peuvent être levés plus tard purement et simplement, si les motifs de l'inventaire viennent à cesser.

1124. L'opération se fait au reste de la même manière, soit que la levée ait lieu purement et simplement, soit qu'elle ait lieu avec inventaire. Seulement, en cas d'inventaire, le juge de paix ne lève les scellés qu'au fur et à mesure de l'inventaire.

SECTION 8. — *De la nomination du notaire qui doit procéder à l'inventaire, et du commissaire-priseur.*

1125. « Le conjoint commun en biens, les héritiers, l'exécuteur testamentaire, les légataires universels ou à titre universel, pourront convenir du choix d'un ou deux notaires, et d'un ou deux commissaires-priseurs ou experts; s'ils n'en conviennent pas, il sera procédé, suivant la nature des objets, par un ou deux notaires, commissaires-priseurs ou experts, nommés d'office par le président du tribunal de première instance. Les experts prêteront serment devant le juge de paix. » C. proc. 935.

1126. Est-ce le juge de paix lui-même, ou la partie la plus diligente, qui doit se présenter en référé devant le président du tribunal civil, pour faire nommer le notaire ou l'expert, lorsque les intéressés ne s'entendent pas sur cette nomination ?

Carré soutient que c'est au juge de paix à présenter le procès-verbal constatant la contestation et le renvoi en référé au président, qui appose son ordonnance sur le procès-verbal même. Cela est vrai, si les parties arrivent à la levée des scellés au jour indiqué pour cette levée, sans s'être entendues sur la nomination, ou sans avoir fait nommer elles-mêmes le notaire par le président ; mais le plus ordinairement, le juge de paix ne fixe le jour et l'heure de la levée que lorsqu'il s'est assuré si les parties sont d'accord. S'il ne peut parvenir à les accorder, il rend son ordonnance indicative des jour et heure. Dans l'intervalle, les parties peuvent se présenter en référé devant le président ; ce n'est que si elles ont omis de se présenter avant le jour de la levée, que le juge de paix se pourvoit lui-même en référé.

SECTION 9.— *Des formalités de la levée des scellés.*

1127. « Le procès-verbal de levée des scellés contiendra : 1° la date ; 2° les nom, profession, demeure et élection de domicile du requérant ; 3° l'énonciation de l'ordonnance délivrée pour la levée ; 4° l'énonciation prescrite par l'art. 931 ci-dessus ; 5° les comparutions et dires des parties ; 6° la nomination des notaires, commissaires-priseurs et experts qui doivent opérer ; 7° la reconnaissance des scellés, s'ils sont sains et entiers ; s'ils ne le sont pas, l'état des altérations, sauf à se pourvoir ainsi qu'il appartiendra pour raison desdites altérations ; 8° les réquisitions à fin de perquisitions, le ré-

sultat desdites perquisitions, et toutes autres demandes
sur lesquelles il y aura lieu de statuer. »C. proc. 936.

Toutes ces mentions ne doivent être faites que si la
mesure qu'elles sont destinées à constater ou à rappeler
a réellement eu lieu; ainsi, les sommations prescrites
par l'art. 931 peuvent n'avoir pas été faites, si les parties, par exemple, se sont rendues sur simple avertissement. Lorsque les sommations ont été omises, le juge
de paix ne peut donner défaut; il doit alors renvoyer
à un autre jour et à une autre heure pour que la partie
défaillante puisse être sommée suivant les règles.

1128. Si les notaires et commissaires-priseurs avaient
été nommés par le président du tribunal civil, l'ordonnance serait présentée au juge de paix qui en mention-
nerait la teneur sur son procès-verbal.

1129. Si la reconnaissance des scellés constatait quelque altération ou soustraction, le juge de paix prendrait toutes les informations y relatives, interpellerait le
gardien, s'entourerait de tous les renseignements propres à faire découvrir le motif, l'auteur, l'étendue et les
suites du délit; il consignerait le tout sur son procès-
verbal; il se pourvoirait, s'il le jugeait convenable, en
référé devant le président du tribunal civil pour avoir
sa décision sur le point de savoir s'il doit continuer la
levée, ou prendre telles autres mesures que le président
indiquerait; le référé serait nécessaire surtout, si les altérations des scellés faisaient naître entre les parties
quelque incident sur lequel il ne serait pas permis au
juge de prononcer.

Si cependant, dit Carré, il paraissait que les scellés
n'eussent été brisés ou altérés que par inadvertance et

sans préméditation ou dessein de nuire, il suffirait aux parties de faire des réserves et protestations générales, après lesquelles le juge de paix passerait outre à la levée.

1130. Les perquisitions dont parle l'art. 936 sont celles qui seraient requises pour tâcher de découvrir les effets détournés, égarés, ou ceux qui ne se trouveraient pas sous les scellés, et qu'on prétendrait dépendre de la succession. Le juge de paix n'a évidemment pas le droit de faire des fouilles ou recherches en dehors de la maison mortuaire, ou de l'appartement sur lequel les scellés ont été apposés. MM. Carré et Biret discutent cette question qui nous paraît à l'abri de toute espèce de doute ; ils accordent que si des voisins ou tierces personnes consentaient à ce que des perquisitions se fissent chez eux, le juge de paix pourrait s'y transporter ; ou bien encore, s'il existait un acte de dépôt constatant que tels objets de la succession seraient entre les mains de ces personnes. Nous ne croyons pas que le juge de paix puisse ainsi se transporter en maison tierce pour rechercher des meubles, papiers ou titres dépendant de la succession. C'est aux héritiers ou ayants droit à réclamer les dépôts, si des dépôts existent.

1131. « Les scellés seront levés successivement et au fur et à mesure de la confection de l'inventaire ; ils seront réapposés à la fin de chaque vacation. » C. proc. 937.

On procède à la levée des scellés en levant les plaques ou les bandes de papier qui les ferment. L'art. 937 veut que cette opération se fasse au fur et à mesure de l'inventaire, parce que, si l'on levait d'abord tous les scellés apposés, on laisserait aux assistants le moyen de soustraire les nombreux effets ou papiers qui meublent ordinairement les appartements. Il faut d'ailleurs que ces objets soient décrits dans le procès-verbal, ou dans l'inventaire au moment même où le scellé est levé, pour que l'identité puisse en être bien constatée.

1132. Les clefs doivent rester entre les mains du greffier jusqu'à la fin de la levée; il ne devrait tout au plus remettre que celles des meubles ou pièces dont tous les effets auraient été inventoriés. La remise des clefs est constatée par le procès-verbal du juge de paix, ce qui vaut décharge pour le greffier. C'est par cette raison, dit Carré, n° 2187, *in finé*, que les vacations des levées de scellés doivent être signées par le notaire, tandis qu'il serait inutile que le juge de paix et son greffier signassent celles de l'inventaire.

1133. « On pourra réunir les objets de même nature « pour être inventoriés successivement suivant leur « ordre; ils seront, dans ce cas, replacés sous les scellés. » C. proc. 938.

C'est-à-dire que si l'on trouve telle espèce d'objets, des papiers et titres, par exemple, disséminés dans plusieurs pièces, meubles ou armoires, on peut les mettre en réserve pour les inventorier avec les autres objets de même espèce.

1134. « S'il est trouvé des objets et papiers étrangers à la succession, et réclamés par des tiers, ils seront remis à qui il appartiendra; s'ils ne peuvent être remis à l'instant, et qu'il soit nécessaire d'en faire la description, elle sera faite sur le procès-verbal des scellés, et non sur l'inventaire. » C. proc. 939.

Les papiers ou objets réclamés par des tiers ne peuvent être remis immédiatement que si aucune opposition à leur remise ne s'élève parmi les assistants. S'il y a opposition à la remise, le juge de paix doit en référer à la fin de l'opération, et le président du tribunal civil ordonne que ces objets seront remis aux tiers réclamants, ou renvoie les parties à se pourvoir. Mais comme il peut être décidé que les objets appartiendront à la succession, la description en est nécessaire; le juge de paix doit donc les faire priser provisoirement et les décrire sur le procès-verbal des scellés.

1135. Ainsi le procès-verbal de levée des scellés, bien différent de l'inventaire, doit constater tous les actes du juge de paix pendant la levée; la comparution, les dires, les réclamations, les protestations des parties, les incidents, les réclamations des tiers. S'il y a lieu à référé, le juge de paix indiquera sur son procès-verbal l'objet et la cause et l'heure de la comparution devant le président du tribunal, et, ainsi que le veut l'art. 922 C. proc., ce qui sera fait et ordonné pendant la comparution.

1136. C'est ordinairement une heure après celle indiquée pour la comparution des parties que le juge de paix donne défaut contre celles qui ont été bien et dûment citées; les parties qui ont besoin d'assister à l'inventaire peuvent se présenter à quelque moment que ce soit : leur arrivée est constatée sur le procès-verbal.

1137. A la fin de chaque vacation, le juge de paix désigne l'heure et le jour auxquels aura lieu la vacation suivante, et signe sur son procès-verbal avec le greffier et les parties présentes, si elles savent et peuvent signer;

sinon il constate la cause qui les en empêche. Cet avertissement, donné aux parties, du jour et de l'heure de la continuation des opérations, vaut citation ; le juge de paix peut donc donner défaut, après une heure d'attente, contre celles qui ne se présentent pas à la vacation suivante.

1138. Ce n'est pas seulement le commencement de l'opération qui doit être daté ; on doit mentionner sur le procès-verbal de levée des scellés le jour et l'heure du commencement et *de la fin* de chaque vacation, et appeler les parties à signer lorsque elles le peuvent. — Voir décret du 10 brumaire an XIV ci-dessus, chap. iv, sect. Ire.

1139. Décharge des clefs est donnée au greffier à la fin du procès-verbal ; décharge est donnée également par le juge de paix au gardien.

1140. Si un testament était découvert lors de la levée des scellés, le juge de paix agirait absolument suivant les prescriptions des art. 916 et suiv. du Code de procédure, relatives aux testaments trouvés lors de l'apposition. Il en serait de même s'il s'agissait de papiers cachetés ; enfin, si des papiers cachetés paraissaient par leur suscription, ou par quelque autre preuve écrite, appartenir à des tiers, on se conformerait aux prescriptions des mêmes articles, et notamment à l'art. 919.

FORMULE 223°. *Requête à fin de levée des scellés sans description, avant les trois jours.*

A M. le président du tribunal de... supplie humblement Jean Paul, majeur, seul fils et héritier de feu Louis Paul.

Qu'il vous plaise, attendu, d'une part, que le bail des

lieux occupés par le feu sieur Louis Paul, rue... n°...
expire le... suivant qu'il résulte de l'expédition ci-jointe
dudit bail passé devant... notaires à... le... qu'il est urgent de lever le scellé apposé dans lesdits lieux après
le décès dudit sieur Paul, le jour d'hier, par le juge de
paix de... suivant son procès-verbal dudit jour, afin de
vider et rendre promptement lesdits lieux; attendu,
d'une autre part, que le suppliant est seul héritier du
défunt, suivant l'acte de notoriété ci-joint, à lui délivré
le... devant... et qu'il accepte la succession purement
et simplement;

Permettre au suppliant de faire lever ledit scellé dès
à présent et sans attendre le délai de trois jours après
l'inhumation, et ce, sans description, les parties intéressées appelées; et vous ferez justice.

Nota.—Dans le cas où le juge permet la levée des
scellés avant le délai, son ordonnance doit faire mention
des causes urgentes. C. proc. 928.

FORMULE 224e. *Ordonnance.*

Vu la requête ci-dessus, les bail et acte de notoriété
y annexés; attendu 1° qu'il est urgent de rendre les lieux
dont il s'agit le... et à cet effet de lever ledit scellé;
2° que le suppliant, majeur, est seul héritier et accepte
la succession purement et simplement; permis de faire
lever ledit scellé sur-le-champ par le juge de paix qui
l'a apposé, et ce, sans description, en sa présence et du
consentement des parties intéressées, appelées à cet
effet. Fait à...

FORMULE 225ᵉ. *Réquisition de levée des scellés.*

L'an, etc., le... par-devant nous... juge susdit, assisté de notre greffier, est comparu le sieur... lequel nous a requis de lever le scellé par nous apposé après le décès de... suivant notre procès-verbal ci-dessus; et, à cet effet : 1° de lui délivrer notre ordonnance indicative des jour et heure où la levée sera faite; 2° qu'il lui soit délivré, par notre greffier, extrait des opposants audit scellé, à quoi obtempérant, nous lui avons délivré notre ordonnance portant indication à tel jour, telle heure, et mandement d'y appeler les parties intéressées et les opposants, dont l'extrait lui a été délivré par notre greffier. Et a ledit... signé avec nous et notre greffier.

FORMULE 226ᵉ. *Ordonnance indicative des jour et heure.*

Nous, juge de paix du canton de... conformément à notre ordonnance, mandons au sieur... huissier, sur ce requis à la requête de... demeurant... de sommer et donner assignation à tous ceux qui lui seront indiqués, et aux opposants à la levée et reconnaissance des scellés par nous apposés sur les effets délaissés après le décès de... à comparaître le... heure de... en la maison où est décédé ledit... sise... pour, en exécution de notre présente ordonnance, être présents, si bon leur semble, auxdites reconnaissance et levée de scellés, et à l'inventaire, prisée et description de ce qui se trouvera; leur déclarant que, faute d'y comparaître, il y sera procédé tant en absence qu'en présence; et, qu'en cas d'absence des intéressés demeurant hors de la distance de cinq myriamètres, on appellera pour eux, à la levée et à l'inventaire, un notaire nommé par M. le président du tribunal de première instance. De ce faire, nous donnons pouvoir. Fait et délivré le...

FORMULE 227e. *Sommation aux intéressés d'assister à la levée du scellé et à l'inventaire.*

L'an, etc., en vertu de l'ordonnance de M. le président du tribunal civil de... du... enregistrée (*s'il y a notaire commis*) et de celle de M. le juge de paix de... du... enregistrée, etc., et à la requête du sieur Louis Paul, présomptif héritier de Jean Paul, son père, etc., demeurant... je, etc., ai sommé : 1° le sieur Denis Paul, aussi présomptif héritier dudit Jean Paul, demeurant, etc; 2° M°... notaire, commis par ladite ordonnance de M. le président du tribunal de... à l'effet de représenter les intéressés à la succession dudit feu Paul, demeurant hors la distance de cinq myriamètres; demeurant ledit M°... en son domicile, parlant à... etc.; 3° le sieur Remy, au domicile par lui élu en la maison de, etc.; 4° le sieur André, au domicile par lui élu, etc; lesdits Remy et André, tous opposants à la levée du scellé apposé après le décès dudit feu Jean Paul, suivant l'extrait des opposants délivré par le greffier de M. le juge de paix de... de se trouver le... heure de... en la maison où ledit scellé a été apposé, sise... pour, conformément à l'ordonnance sus-énoncée de mondit sieur juge de paix, assister à la reconnaissance et levée dudit scellé, et à l'inventaire, prisée et description de ce qui se trouvera sous icelui; leur déclarant que, faute d'y comparaître, il y sera procédé tant en absence qu'en présence. Et leur ai à chacun laissé copie, tant de ladite ordonnance de M. le juge de paix que du présent; et de plus, ai laissé audit M°... notaire, copie de la requête présentée à M. le

président du tribunal de... et de l'ordonnance sus-énoncée qui commet ledit M⁰... lequel a visé le présent.

FORMULE 228ᵉ. *Cédule à notifier aux opposants pour assister
à la levée des scellés.*

Nous... juge de paix du canton de...

Sur ce qui nous a été représenté par le sieur A...
(*prénoms, nom, profession et domicile du comparant*), habile à se dire héritier pour moitié du sieur B... (*prénoms,
nom et profession du défunt*), décédé en sa maison, commune de... le... dernier, présentement en ce pays,
logé en la maison du défunt, comme étant son seul
cousin germain paternel; que le... il a été par nous procédé, à sa requête, à l'apposition des scellés sur les meubles, effets et papiers dudit défunt B... trouvés en sa
maison; que, pour procéder à la reconnaissance et levée
de nos scellés, il désire faire citer à comparaître devant
nous, en ladite maison, à tels jour et heure qu'il nous
plaira indiquer, pour assister, si bon leur semble, à ladite
reconnaissance et levée, les parties intéressées, savoir:
1° la dame... veuve du défunt, demeurant en ladite
maison; 2° le sieur D... demeurant à... département
de... habile à se dire héritier pour un quart dudit défunt, comme étant son cousin germain maternel, étant
présentement sur les lieux, logé en la maison du défunt; 3° le sieur P... notaire à... nommé d'office par
l'ordonnance du président du tribunal de première
instance de... pour défendre les droits du sieur E... demeurant à... habile à se dire héritier pour le dernier
quart dudit défunt, comme son cousin germain maternel, attendu son défaut de présence sur les lieux et son
domicile au delà de cinq myriamètres; et, en outre,

les opposants qui sont, 4°... 5°... etc. Citons à comparaître devant nous, en la maison du défunt, sise en la
commune de... de notre arrondissement, rue... n°...
tenant... le... heure de... tous les susnommés, à l'effet
d'assister, si bon leur semble, à la reconnaissance et levée de nos scellés.

Donné à... le... l'an... (*Signature du juge de paix.*)

FORMULE 229ᵉ. *Requête pour faire nommer un notaire pour représenter
des absents. C. proc. 931, 942; Tarif, 77.*

A M. le président du tribunal de...

Louis Paul a l'honneur de vous exposer qu'après le
décès de feu Jean Paul, son père, dont il est présomptif
héritier, le scellé a été apposé, et que ceux qui ont droit
d'assister à la levée dudit scellé et à l'inventaire, demeurent hors de la distance de cinq myriamètres.

Cela considéré, monsieur le président, il vous plaise
nommer un notaire pour représenter lesdits intéressés
lors desdits levée et inventaire; et vous ferez justice.

FORMULE 230ᵉ. *Ordonnance.*

Vu la requête ci-dessus, nous nommons Mᵉ... notaire
à... à l'effet de représenter, aux levée de scellés et inventaire, les intéressés non présents, et demeurant hors
de la distance de cinq myriamètres. Fait ce...

FORMULE 231°. *Demande en distraction de certains effets placés
sous les scellés. C. proc. 915.*

L'an... le... devant nous, juge de paix du canton
de... assisté de notre greffier, est comparu le sieur...
fils du sieur... dénommé, qualifié et domicilié au procès-verbal d'apposition des scellés des autres parts, lequel nous a dit qu'il est à sa connaissance que son

père était porteur d'un billet de la somme de... environ, souscrit par le sieur... demeurant à... qu'il croit que ledit billet est payable demain ; qu'il doit se trouver dans le secrétaire placé à... sur lequel nous avons apposé nos scellés ; que pour en obtenir le payement, ou le faire protester s'il y a lieu, il requiert notre transport dans les lieux où nous avons apposé nos scellés, pour que nous puissions lever celui mis sur le secrétaire en question et y faire perquisition du billet, afin de le lui remettre pour en toucher le montant ou le faire protester faute de payement; et a signé.

(*Signature du requérant.*)

Sur quoi nous, juge de paix susdit et soussigné, attendu qu'il importe de pouvoir présenter au payement le billet dont il s'agit, attendu qu'il y aurait péril dans le retard, et vu l'art. 915 C. proc., disons que nous allons nous transporter à l'instant avec notre greffier dans la maison... où est décédé ledit sieur... et où nous avons apposé nos scellés, pour faire perquisition du billet dont s'agit dans le secrétaire placé dans... et sur lequel nous avons apposé nos scellés; et avons signé avec le greffier. (*Signatures.*)

Et étant arrivé avec notre greffier en la susdite maison... et introduit dans la chambre à coucher dudit défunt... nous avons reconnu sains et entiers les scellés que nous avions apposés sur le secrétaire étant dans ladite chambre, et comme tels levés et ôtés, et ensuite à l'aide de la clef du secrétaire restée entre les mains de notre greffier, nous avons ouvert ledit secrétaire, fait perquisition du billet annoncé y être enfermé, et nous avons trouvé en effet un billet en date... du... de la somme de... souscrit par le sieur...demeurant à... à l'ordre du sieur... le billet causé... et stipulé payable au... présent mois, et nous avons remis présentement ce billet au sieur... qui le reconnaît et s'en charge pour en toucher le montant ou le faire protester s'il y a lieu, et nous avons aussitôt réapposé nos scellés sur le secrétaire, et nous nous sommes retiré après avoir signé avec ledit sieur... et notre greffier.

FORMULE 232e. *Sommation à un tiers d'être présent à l'ouverture d'un paquet qui, par sa suscription, paraît lui appartenir.* C. proc. 919; Tarif, 29 par analogie.

L'an... le... à la requête du sieur... demeurant à... créancier sérieux et légitime du sieur... décédé à... et ayant fait apposer les scellés sur les meubles et effets, titres et papiers dépendant de la succession, pour lequel sieur... domicile est élu chez Me... avoué, etc., j'ai (*immatricule*), soussigné, signifié, et avec celle des présentes donné copie au sieur... demeurant à... en son domicile et parlant à...

D'une ordonnance de M. le président du tribunal de première instance de... en date du... enregistrée, tant ensuite du procès-verbal de l'apposition des scellés faite après le décès dudit sieur... et en date au commencement du... aussi enregistré; à ce que du contenu en ladite ordonnance le sus-nommé n'ignore; et à pareilles requête, demeure et élection de domicile que dessus, de comparaître (*jour, date*), heure du matin, pardevant M. le président du tribunal de... en son cabinet à... au Palais de Justice.

Pour, si bon lui semble, assister à l'ouverture qui sera faite, par M. le président, d'un paquet, etc.; ledit paquet trouvé lors de l'apposition des scellés faite après le décès dudit sieur, pour, après lecture prise par M. le président du contenu, ce paquet être remis au sieur... (*si les papiers qui y sont renfermés sont étrangers à la succession dudit sieur...*) à ce que pareillement le sus-nommé n'en ignore, lui déclarant que, faute par lui de comparaître, il sera procédé à l'ouverture dudit paquet tant en absence que présence, et statué ce qu'il appartiendra; et j'ai au sus-nommé, en son domicile et parlant comme dessus, laissé copie certifiée de l'ordonnance sus-énoncée du présent exploit, dont le coût est de...

(*Signature de l'huissier.*)

FORMULE 233e. *Procès-verbal de reconnaissance et levée des scellés avec inventaire.* C. proc. 936; Tarif, 1, 2, 3, 16.

Ledit jour... heure de... nous... juge de paix du canton de... assisté du sieur... notre greffier, en conséquence de l'ordonnance délivrée par nous le... et du réquisitoire du sieur Louis Paul, ci-après nommé, nous nous sommes transporté en la demeure où est décédé ledit sieur Jean Paul, sise à... où étant arrivé, sont comparus :

Le sieur Louis Paul, etc., présomptif héritier dudit sieur Jean Paul, en cette qualité ayant fait apposer les scellés après décès, et requérant actuellement leur levée;

Lequel, assisté dudit Me A... nous a remis l'original de l'exploit de... huissier, du... enregistré le... contenant sommation à sa requête... à (*désigner les noms des personnes sommées*) de comparaître aux jour, lieu et heure susdits, pour être présents aux reconnaissance et levée de nos scellés, et à l'inventaire des effets, titres et papiers dépendant de la succession dudit sieur Jean Paul, ensemble à l'estimation des objets qui y sont sujets, par les officiers choisis par les parties ou nommés d'office; laquelle sommation est demeurée ci-annexée; nous requérant en conséquence de procéder aux reconnaissance et levée de nos scellés, pour qu'il soit de suite, et au fur et à mesure, procédé à l'inventaire de tout ce qui se trouvera sous lesdits scellés et en évidence. Et a signé avec ledit M. A... son avoué.

Est ensuite comparue, assistée de M⁰ B... son avoué, dame Marie Benoît, veuve dudit sieur Jean Paul, demeurant à... stipulant à cause de la communauté qui a existé entre elle et son défunt mari, suivant leur contrat de mariage, et qu'elle se réserve d'accepter ou de répudier.

Laquelle nous a dit qu'elle ne s'oppose pas, et requiert qu'il soit par nous procédé aux reconnaissance, levée de scellés et inventaire, et qu'elle nomme pour notaire la personne de M⁰ A... et pour commissaire-priseur M⁰ O... offrant de représenter les scellés sains et entiers, ainsi que les meubles et effets en évidence confiés à sa garde. Et a signé.

Est aussi comparu M⁰ G... notaire à... y demeurant, rue... nommé par ordonnance de M. le président du tribunal de première instance de... en date du... enregistrée le... à l'effet de représenter aux reconnaissance, levée des scellés, inventaire et vente du mobilier, les sieurs Denis et René Paul, habiles à se dire et porter héritiers, chacun pour un quart, dudit défunt sieur Jean Paul, lequel M. G... audit nom, nous dit qu'il ne s'oppose pas, et requiert même qu'il soit procédé aux reconnaissance, levée de scellés et inventaire; mais il déclare choisir pour notaire M^e... et pour commissaire-priseur M^e... requérant, dans le cas où ladite dame veuve Paul persévérerait dans sa nomination, qu'il en soit référé. Et a signé.

Est aussi comparu Me E... avoué au tribunal de première instance de... et du sieur Henry, marchand, demeurant à...

Lequel a dit que le sieur Henry est créancier de la succession et communauté, de la somme de 600 fr., pour le montant d'un billet, signé Paul, du... enregistré à... par... qui a reçu... et déclare qu'il requiert qu'il soit en sa présence, comme avoué plus ancien des opposants, procédé aux reconnaissance et levée desdits scellés. Et a signé.

Est également comparu M^e... avoué au même tribunal, et du sieur Germain, propriétaire, demeurant à...;

Lequel a dit que le sieur Germain est créancier desdites succession et communauté, d'une somme de 4,000 fr. pour le montant d'une obligation passée devant M^e... notaire à... le... enregistrée le... etc. pour sûreté de laquelle ledit sieur Germain a formé opposition aux reconnaissance et levée des scellés; et requiert qu'il soit procédé à ladite levée en sa présence, comme avoué du seul opposant qui ait un titre authentique. Et a signé.

Desquels comparution, offres, dires, réquisitions et remises, avons aux sus-nommés donné acte; et attendu ce que dessus, avons ordonné qu'il en sera référé par nous à M. le président du tribunal, le... heure de... en la Chambre du conseil dudit tribunal, où les parties ont promis de se rendre. Et elles ont signé avec le greffier.

Et le... heure de... au Palais de Justice, en la Chambre du conseil du tribunal de première instance de... et devant M. le président dudit tribunal, en présence de : 1° Me... avoué du sieur Louis Paul, requérant la levée des scellés; 2° Me... avoué de la dame veuve Paul ; 3° Me... avoué de Me C... notaire, commis pour représenter lesdits sieurs... 4° Me... avoué du sieur... opposant... 5° et Me ... avoué du sieur... autre opposant, nous avons fait notre rapport à M. le président, des difficultés ci-dessus ; et, après avoir entendu les avoués des parties, M. le président a ordonné :

En ce qui concerne le choix des officiers, qu'attendu l'opposition d'intérêts qui existe entre la dame veuve et les héritiers Paul, résultant de ce qu'elle est belle-mère desdits héritiers, les notaires et commissaires-priseurs nommés par les parties procéderont auxdits inventaire et prisée, le... heure... et jours suivants, auxquels les parties seront tenues de se trouver sans nouvelle sommation; 2° en ce qui concerne la concurrence entre les avoués des opposants, qu'attendu que le sieur... est porteur d'un titre privé, et le sieur... porteur d'un titre authentique, Me... avoué de ce dernier, restera comme avoué plus ancien. Ce qui sera exécuté nonobstant l'appel, et sans y préjudicier. Et a M. le président signé.

Et le... heure de... nous, juge de paix susdit, assisté de... notre greffier, en conséquence de l'indication faite ci-dessus par M. le président, nous sommes transporté en la demeure où est décédé ledit Jean Paul, rue ... où étant arrivé, sont comparus :

Ledit sieur Louis Paul, ci-devant nommé, qualifié et domicilié, lequel, assisté de Mᵉ... avoué, nous a requis de procéder auxdites reconnaissance et levée de scellés, afin qu'il soit aussi procédé à l'inventaire de tout ce qui se trouvera sous les scellés et en évidence, et à la prisée par les notaires et commissaires-priseurs nommés à cet effet par l'ordonnance sur référé ci-dessus. Et a le sieur Louis Paul signé avec ledit Mᵉ... son avoué.

La dame Marie Benoît, veuve Paul, demeurant rue... stipulant à cause de la communauté de biens qui a existé entre elle et son défunt mari, suivant leur contrat de mariage, et qu'elle se réserve d'accepter ou de répudier ;

Laquelle assistée de Mᵉ... son avoué, nous a requis de procéder auxdites reconnaissance et levée de nos scellés, qu'elle était prête et offrait de nous représenter sains et entiers; comme aussi de procéder aux inventaire et prisée des meubles et effets dépendant des succession et communauté. Et a signé.

Est aussi comparu Mᵉ...

Est aussi comparu Mᵉ... notaire à... y demeurant, rue... nommé par ordonnance de M. le président du tribunal de première instance de... en date du... dûment enregistrée, pour représenter aux reconnaissance, levée de scellés, inventaire et vente mobilière dont il s'agit, les sieurs Denis et René Paul, absents; lesdits sieurs Louis Denis et René Paul, présomptifs héritiers, chacun pour un tiers, dudit défunt Jean Paul, leur père;

Lequel a dit qu'il comparaît pour assister auxdites reconnaissance, levée de scellés et inventaire, et a signé.

Enfin, est comparu M^e... avoué au tribunal de première instance de... et du sieur Germain, dénommé ci-dessus, et encore ledit M^e... comme avoué plus ancien des opposants;

Lequel a dit qu'il comparaît pour, en sadite qualité, assister aux opérations dont il s'agit, et a signé.

Sur quoi, nous, juge de paix susdit et soussigné, avons donné acte aux parties de leurs comparutions, dires, réquisitions et offres; en conséquence, disons qu'il va être par nous procédé aux reconnaissance et levée des scellés, à l'effet d'être de suite procédé par les officiers ci-devant nommés à l'inventaire dont il s'agit, et à la prisée des objets qui y sont sujets, le tout à la conservation des droits des parties et de tous autres qu'il appartiendra; et avons signé avec le greffier.

En conséquence, il a été par nous et par lesdits officiers procédé ainsi qu'il suit :

Ayant reconnu sains et entiers, comme tels, levé et ôté les scellés apposés sur une armoire placée dans la salle au rez-de-chaussée, et fait ouverture de ladite armoire avec la clef qui était entre les mains de notre greffier;

Il a été procédé à l'inventaire, description et prisée des effets qu'elle renfermait.

(*On désigne tous les meubles sur lesquels on lève les scellés au fur et à mesure comme suit. — Lorsque l'inventaire est fait, on termine ainsi le procès-verbal :*) Cela fait, les scellés étant entièrement levés, et ledit inventaire achevé, ledit... est et demeure déchargé de la garde desdits scellés, et des effets et papiers, lesquels, avec les clefs qui étaient entre les mains de notre greffier, ont été remis à... le tout suivant qu'il est dit audit inventaire, auquel il a été procédé, ainsi qu'à ces présentes, depuis... heure de... jusqu'à celle de... Et toutes les parties ont signé avec nous et le greffier.

FORMULE 234°. *Procès-verbal de levée des scellés sans description.*

L'an... devant nous...juge de paix, assisté de...

A comparu le sieur Jacques Ortès, marchand, demeurant à... qui nous a dit que, depuis l'apposition des scellés par nous faite en la demeure de Jacques Faure, rentier, sise à... décédé... il s'est écoulé plus de trois jours; que lesdits scellés ayant été apposés à cause de l'absence de Marie Dormoy, l'une des héritières du défunt, ils deviennent maintenant sans objet puisque ladite Marie Dormoy est présente; en conséquence le comparant nous prie de nous transporter sur le lieu du scellé à l'effet d'en faire la levée sans description, et il a signé.   (*Signature.*)

Nous, juge de paix, déférant à la réquisition ci-dessus, disons que nous nous rendrons cejourd'hui même, à trois heures de relevée, en la maison du défunt pour procéder aux fins requises, en présence et du consentement des parties intéressées.

(*Signatures du juge et du greffier.*)

Ce jourd'hui... à trois heures de relevée, nous... juge de paix, assisté de notre greffier,

En vertu de l'ordonnance ci-dessus, nous sommes transporté en la demeure dudit Jacques Faure, rue... où étant, ont comparu :

1° Ledit Jacques Ortès, qui a persisté dans les déclarations ci-dessus;

2° Ladite demoiselle Marie Dormoy, ouvrière, domiciliée à... qui nous a dit qu'elle était absente lors du décès de Jacques Faure, son oncle; qu'elle et son cousin Jacques Ortès sont les seuls héritiers dudit Jacques Faure, et qu'ils sont tous deux d'accord pour demander la levée des scellés, sans description et sans inventaire.

3° Le sieur Joseph Lucet, gardien des scellés et des objets laissés en évidence, lequel a offert de représenter le tout.

Nous, juge de paix, avons donné acte aux susdites parties de leurs comparutions et consentements.

Et considérant que lesdites parties sont maîtresses de leurs droits; qu'elles sont seules héritières du défunt Jacques Faure; qu'elles ne doivent compte à personne de la succession; qu'il n'a été d'ailleurs fait aucune opposition aux scellés; avons examiné les localités et reconnu que les effets laissés en évidence sont exactement dans le même état où nous les avions laissés, et que les scellés par nous apposés, au nombre de... sont sains et entiers; les avons levés comme tels, sans description ni inventaire.

Avons déchargé le gardien de la garde desdits scellés et des effets laissés en évidence; avons également déchargé notre greffier des clefs à lui remises et qu'il a rendues, et avons de ce que dessus dressé le présent procès-verbal, auquel il a été vaqué depuis trois heures jusqu'à cinq heures de relevée, et qui a été signé par les sus-nommés, par nous et par notre greffier, après lecture.

CHAPITRE VIII. — Des scellés en matière de faillite.

1141. C'est encore au juge de paix, et à lui seul ou à ses suppléants, qu'il appartient d'apposer les scellés en matière de faillite.

1142. Les scellés sont apposés en cas de faillite, soit en vertu du jugement déclaratif, soit d'office par le juge de paix, soit sur la réquisition d'un ou de plusieurs créanciers, soit sur la réquisition des syndics.

1143. D'après l'art. 455 C. com., « par le jugement qui déclarera la faillite, le tribunal ordonnera *l'apposition des scellés*, et le dépôt de la personne du failli dans la maison d'arrêt pour dettes, ou la garde de sa personne par un officier de police ou de justice, ou par un gendarme. Néanmoins, si le juge-commissaire estime que l'actif du failli peut être inventorié en un seul jour, il ne sera point apposé de scellés, et il devra être immédiatement procédé à l'inventaire. — Il ne pourra, en cet état, être reçu, contre le failli, d'écrou ou recommandation pour aucune espèce de dettes. »

1144. D'après l'art. 457, « le greffier du tribunal de commerce adressera sur-le-champ au juge de paix avis de la disposition du jugement qui aura ordonné l'apposition des scellés. — Le juge de paix pourra, même avant ce jugement, apposer les scellés, soit d'office, soit sur la réquisition d'un ou de plusieurs créanciers, mais seulement dans le cas de disparition du débiteur, ou de détournement de tout ou partie de son actif. »

1145. Enfin, d'après l'art. 468 « si l'apposition des

scellés n'avait pas eu lieu avant la nomination des syndics, ils requerront le juge de paix d'y procéder. »

1146. Sous la loi des faillites, antérieure à celle du 28 mai-8 juin 1838, le scellé devait toujours être apposé; c'est par innovation que l'on a laissé au juge-commissaire le droit d'autoriser un simple inventaire; cette exception a eu pour objet de procurer une économie de temps et de frais; le petit nombre des objets et la promptitude de l'inventaire donnent d'ailleurs toute garantie contre les détournements.

« L'inventaire, en pareil cas, dit M. Renouard dans son *Traité des Faillites*, se fait suivant celles des formes prescrites par l'art. 480, qui sont compatibles avec la dispense d'apposition des scellés. Ainsi il est dressé en double minute. On a demandé si la présence du juge de paix y est nécessaire, comme dans les cas de l'article 480 : deux ordonnances de référé du président du tribunal civil de la Seine, des 4 et 7 août 1838, Dall. 38, 3, 212, ont résolu cette question négativement, par le motif que la présence du juge de paix à l'inventaire n'est ni requise, ni utile, lorsqu'il n'y a pas de scellés, et qu'elle augmenterait considérablement les frais. Cette solution, conforme à l'esprit de l'art. 455, me paraît devoir être la règle de la pratique. » Tel est l'avis de M. Renouard. Nous avons, dans une consultation, voir *Annales*, 1844, p. 133, exposé les inconvénients de cette manière de procéder. En effet, on peut objecter le danger qu'il y aurait à laisser le syndic seul, sans la surveillance d'aucun magistrat, procéder à l'inventaire. Dans l'inventaire ordinaire de la faillite, prescrit par l'art. 480, la présence du juge de paix est une garantie

pour les créanciers et pour toutes les parties intéressées. Si on l'exclut de l'inventaire à faire, en vertu de
l'art. 455, on retirera à tous les intéressés, outre la garantie du scellé, celle résultant de la présence du juge
de paix et du greffier ; et cependant, il pourra arriver
que des papiers importants, sinon de grandes valeurs,
se trouvent chez le failli. Il faut bien remarquer que le
juge-commissaire n'assiste pas à l'inventaire ; cet acte
sera donc livré aux seuls soins du syndic, qui n'a aucun
caractère public. N'est-il pas plus probable que le législateur de 1838 a voulu que l'inventaire qui peut se
faire en un jour soit remis aux soins du juge de paix,
qui agirait en ce cas comme dans ceux de l'art. 924 C.
proc., où il est autorisé à dresser un simple procès-
verbal contenant description sommaire des effets mobiliers nécessaires aux habitants de la maison mortuaire ; ou bien encore, comme lorsque le mobilier du
défunt est trop peu considérable pour y apposer les
scellés? Plus nous approfondissons la question, plus
nous trouvons anormal ce pouvoir donné au syndic
seul de procéder à un inventaire. En tout cas, s'il en
était ainsi, les juges-commissaires ne devraient qu'avec
la plus grande circonspection autoriser cette manière
de procéder.

1147. Si, contre la prévision du juge-commissaire,
l'inventaire ne pouvait se faire en un seul jour, le juge
de paix, dans le cas où il aurait été appelé, ferait placer
tous les objets non encore inventoriés dans une pièce à
part, et apposerait jusqu'au lendemain les scellés sur
cette pièce, en nommant un gardien.

1148. Dans le cas de l'art. 455, ce n'est pas, au reste,

une simple description sommaire, mais bien un inventaire qui doit être dressé.

SECTION 2. — *Objets soumis à l'apposition des scellés en cas de faillite.* — *Formalités.* — *Extraction de certains objets de dessous les scellés.*

1149. « Les scellés seront apposés sur les magasins, comptoirs, caisses, portefeuilles, livres, papiers, meubles et effets du failli. — En cas de faillite d'une société en nom collectif, les scellés seront apposés, non-seulement dans le siége principal de la société, mais encore dans le domicile séparé de chacun des associés solidaires. — Dans tous les cas, le juge de paix donnera sans délai au président du tribunal de commerce avis de l'apposition des scellés. » C. comm. 458.

1150. Les formalités de l'apposition des scellés en matière de faillite sont absolument les mêmes que celles en matière ordinaire, soit quant à l'apposition, soit quant aux incidents, soit quant au référé, etc. Nous renvoyons donc à ce que nous avons dit ci-dessus, ch. IV.

1151. Si les scellés sont apposés avant la déclaration de faillite, ils doivent l'être sur tous les meubles, livres, comptoirs et papiers du failli, suivant les termes de l'art. 458 C. comm. — On pourrait tout au plus laisser en dehors du scellé les effets nécessaires à l'usage des personnes qui restent dans la maison. C. proc. 924.

Si les scellés sont apposés en vertu du jugement déclaratif, il semble qu'il faille encore apposer les scellés sur la généralité des objets, sauf la même exception. C. comm. 458.

Mais si l'apposition des scellés n'a lieu que sur la réquisition des syndics, « le juge-commissaire peut, sur leur demande, les dispenser de faire placer sous les scellés, ou si les scellés ont été apposés précédemment, les autoriser à en faire extraire : 1° les vêtements, hardes, meubles et effets nécessaires au failli et à sa famille, et dont la délivrance sera autorisée par le juge-commissaire, sur l'état que lui en soumettront les syndics; 2° les objets sujets à dépérissement prochain, ou à dépréciation imminente; 3° les objets servant à l'exploitation du fonds de commerce, lorsque cette exploitation ne pourrait être interrompue sans préjudice pour les créanciers. Les objets compris dans les deux paragraphes précédents seront de suite inventoriés, avec prisée par les syndics, en présence du juge de paix, qui signera le procès-verbal. » C. comm. 469.

1152. « Les livres seront extraits des scellés et remis par le juge de paix aux syndics, après avoir été arrêtés par lui; il constatera sommairement, par son procès-verbal, l'état dans lequel ils se trouveront. Les effets de portefeuille à courte échéance ou susceptibles d'acceptation, ou pour lesquels il faudra faire des actes conservatoires, seront aussi extraits des scellés par le juge de paix, décrits et remis aux syndics pour en faire le recouvrement; le bordereau en sera remis au juge commissaire... » C. comm. 471.

1153. L'état des livres extraits des scellés ou dispensés de l'apposition est constaté par le juge de paix, quant à la manière dont ils ont été tenus, le nombre des pages en blanc et celui des pages écrites, que le juge cote par première et dernière; les feuillets même doivent être cotés et paraphés s'ils ne le sont; s'il y a des blancs ou lacunes, soit dans les pages écrites, soit sur

des pages entières, ils doivent être bâtonnés. C. proc.
943. Le caractère du magistrat donne de l'authenticité
à ces constatations, dont l'effet est d'empêcher toute
altération ultérieure.

1154. Quant aux effets de portefeuille à courte
échéance, ou susceptibles d'acceptation, ou pour lesquels il faut faire des actes conservatoires, ils devaient
être remis aux syndics avant les délais quelquefois longs
de la levée, le moindre retard pouvant empêcher de
faire en temps utile les diligences nécessaires pour assurer le payement de ces effets.

La loi ne défend pas au magistrat de remettre aussi
les effets à longue échéance, lorsqu'ils sont nécessaires
aux syndics pour régler leurs comptes; l'orateur du
Conseil d'Etat s'en était exprimé sur l'ancien art. 463
C. comm. — Tous les effets doivent être paraphés par
le juge de paix avant leur remise.

1155. Nous n'avons pas besoin de dire qu'il doit
être dressé du tout procès-verbal, suivant les formes
ordinaires. Ce procès-verbal est signé par les syndics;
leur signature sert de décharge.

SECTION 3. — *De la levée des scellés et de l'inventaire en matière de faillite.*

1156. « Dans les trois jours, les syndics requerront
la levée des scellés, et procéderont à l'inventaire des
biens du failli, lequel sera présent ou dûment appelé. »
C. comm. 479.

Les trois jours dont parle l'art. 479 courent de la nomination des syndics, si les scellés ont été apposés avant
leur nomination; sinon les trois jours ne courent que
de l'apposition. C'est l'opinion de MM. Pardessus, t. V,
n° 1152, et Renouard, t. I, p. 461. Ce sont les syndics

définitifs qui doivent, dans les trois jours de leur nomination, requérir la levée des scellés. Les syndics
provisoires ont pu, auparavant, faire extraire, aux termes des art. 469 et suivants, par le juge de paix, les
meubles, marchandises, livres et effets de commerce
autorisés par ces articles.

1157. Le failli doit être appelé pour assister à la
levée des scellés et à l'inventaire; mais il n'est pas nécessaire d'appeler, comme dans les inventaires en cas
de décès (sauf le cas de déclaration de faillite après
décès), d'autres intéressés, quand même ils auraient
formé opposition comme créanciers; il en serait autrement si ces oppositions étaient fondées sur la prétention à un droit de propriété en vertu duquel on vou-
drait empêcher que certains objets ne fussent compris
dans l'actif de la faillite; l'opposant aux scellés qui for-
merait une demande en distraction ou en restitution
de dépôt ou de prêt à usage, devrait être appelé à la
levée des scellés. Renouard, sur l'art. 479. Le juge de
paix, en cas de contestation ou du moindre doute sur
la propriété de ces objets, se pourvoirait en référé.

1158. « L'inventaire sera dressé en double minute
par les syndics, à mesure que les scellés seront levés, et
en présence du juge de paix qui le signera à chaque vacation; l'une de ces minutes sera déposée au greffe du
tribunal de commerce dans les vingt-quatre heures;
l'autre restera entre les mains des syndics. Les syndics
seront libres de se faire aider pour sa rédaction, comme
pour l'estimation des objets, par qui ils jugeront convenable. — Il sera fait récolement des objets qui, conformément à l'art. 469, n'auraient pas été mis sous les

scellés, et auraient déjà été inventoriés et prisés. » C. comm. 480.

Ainsi, dans les inventaires de faillite il n'y a pas de notaire; c'est le syndic qui en remplit l'office; et cependant, qu'on le remarque bien, la signature du syndic ne suffit pas pour donner de l'authenticité à l'acte; l'inventaire doit être fait en présence du juge de paix, qui le signe à chaque vacation. Les inventaires faits par les notaires ne sont pas ainsi signés par les juges de paix; cette observation tend à faire penser de plus en plus que les syndics n'ont aucun caractère pour dresser par eux seuls un inventaire, et que, par conséquent, la présence du juge de paix est nécessaire, même lorsque l'inventaire se fait sans apposition de scellés, suivant l'art. 455.

1159. Outre l'inventaire dressé par le syndic, le procès-verbal de levée des scellés doit être fait par le greffier de la justice de paix dans la forme ordinaire. Ce procès-verbal est déposé, comme tous autres de même nature, au greffe de la justice de paix. Mais ni le greffier, ni le juge de paix ne sont obligés de coter ou de parapher les titres et papiers du failli, l'art. 480 sur la levée des scellés *définitive* ne répétant point la disposition de l'art. 471, relative à la levée *provisoire*, et d'après laquelle les livres extraits des scellés doivent être arrêtés par le juge de paix. *Annales*, 1844, p. 27 et 245.

1160. Des deux minutes de l'inventaire, l'une reste aux mains des syndics, l'autre est déposée au greffe du tribunal de commerce. « C'est, disait M. Renouard dans son rapport à la Chambre des députés, sur la loi de

1838, pour éviter des frais d'expédition, que l'art. 480 ordonne que l'inventaire soit dressé en double minute. L'une est destinée aux syndics, qui ont journellement besoin d'y recourir; l'autre, déposée au greffe pour être communiquée à tous les intéressés, mais *sans déplacement*. Ce dépôt la mettra à l'abri de toute chance de perte. Une seule minute serait exposée à être égarée ou à des falsifications.

1161. Les syndics sont libres de se faire aider, soit pour la *rédaction de l'inventaire*, soit pour l'estimation des objets, par qui ils jugeront convenable.

Quant à la *rédaction*, ils peuvent en effet n'avoir ni les connaissances, ni l'habitude nécessaires pour un pareil acte; il est hors de doute que les personnes qu'ils emploieraient auraient droit au prix de leur coopération. Ce prix serait fixé par eux sous leur responsabilité personnelle, et sauf l'approbation du juge-commissaire. Mais le greffier même qui rédige le procès-verbal de levée des scellés pourrait-il être employé par les syndics à la confection de l'inventaire, et s'il l'était, aurait-il droit, outre ses honoraires comme greffier, à des honoraires, à raison de cette autre coopération? Nous ne voyons pas de motif d'empêcher cette espèce de cumul; les greffiers peuvent être, ainsi que nous l'avons dit plus haut, chapitre VII, employés à la fois dans une levée de scellés comme greffiers et priseurs. Pourquoi ne le seraient-ils pas également comme coopérant à l'inventaire en cas de faillite? Leur présence facilitera leur coopération, et rendra moins dispendieuse la rédaction à laquelle les syndics auraient été obligés d'avoir recours.

1162. Quant à l'estimation des objets, les syndics

peuvent aussi la faire par eux-mêmes, ou employer toute autre personne, même le failli ou le greffier; mais s'ils s'adressent au greffier, comme ce sera de leur plein gré et sans y être forcés par la loi, ils auront évidemment le droit de débattre avec celui-ci l'honoraire de sa coopération comme priseur, et le greffier ne pourra invoquer à cet égard aucun tarif. *Annales* 1845, p. 294.

1163. « En cas de déclaration de faillite après décès, « lorsqu'il n'aura point été fait inventaire antérieure- « ment à cette déclaration, ou en cas de décès du failli « avant l'ouverture de l'inventaire, il y sera procédé « immédiatement dans les formes du précédent article, « et en présence des héritiers, ou eux dûment appelés. » C. comm. 481.

Cette disposition toute nouvelle de la loi de 1838 était nécessaire afin, d'une part, de ne pas augmenter outre mesure les frais de la faillite, et, d'autre part, de donner aux *héritiers* toutes les garanties nécessaires.

1164. Si la faillite est déclarée après décès, et que l'inventaire ait été fait précédemment, cet inventaire servira d'inventaire à la faillite. Il n'y aura donc pas lieu de recommencer; mais faudra-t-il qu'il soit procédé à un récolement, comme dans le cas où des effets du failli auraient été extraits ou dispensés du scellé? M. Esnault, dans son traité *des Faillites*, t. II, n° 329, regarde ce récolement comme obligatoire, puisque, dit-il, l'art. 481 renvoie aux formes de l'art. 480, qui, à cette occasion, prescrit le récolement. Il appuie, en outre, son opinion sur la discussion qui eut lieu à la Chambre des députés le 2 avril 1833 : « Si un inventaire a été fait légalement, disait M. le rapporteur de la Commission, il sera pris pour base de l'inventaire de la faillite, *sauf récolement;* on parviendra ainsi à éviter des frais, et à rendre les opérations beaucoup plus rapides. »

1165. Mais si l'inventaire n'a pas encore eu lieu, si les scellés n'ont pas été apposés, et que la faillite vienne à être déclarée après décès, l'apposition des scellés se fera suivant les formes prescrites par le Code de commerce, ainsi que nous les avons ci-dessus détaillées, si ce n'est que les héritiers devront être présents à la levée et à l'inventaire, ou dûment appelés. L'appel des héritiers doit se faire à la requête des syndics, dans les formes prescrites par les art. 931 et 942 C. proc. C'est aux personnes mentionnées dans ces articles, que la sommation doit être faite; un notaire doit être nommé pour représenter ceux qui demeurent au delà de cinq myriamètres, etc. Les droits des héritiers sont ainsi suffisamment conservés, et la présence de mineurs ou de femmes mariées parmi eux ne commanderait même pas l'emploi de formes différentes; ainsi l'inventaire serait fait également par les syndics, et non par un notaire.

1166. L'acceptation même sous bénéfice d'inventaire de la part des héritiers ne donnerait pas lieu à un autre inventaire qu'à celui réglé par l'art. 480.

1167. « Les officiers du ministère public pourront se transporter au domicile du failli et assister à l'inventaire. Ils auront le droit de requérir communication de tous les actes, livres ou papiers relatifs à la faillite. » C. comm. 483.

1168. Nous venons de dire que l'appel des héritiers

doit se faire à la requête des syndics : cet appel doit être fait par *sommation*, comme il est dit sous l'art. 931 C. proc. Il est bon cependant de faire remarquer que les deux actes prescrits par cet article ne sont pas de la même nature : la sommation afin d'assister à la levée des scellés est un acte de la justice de paix, rédigé et taxé suivant les règles propres à cette juridiction. Mais lorsqu'il s'agit de l'inventaire, l'on rentre dans la règle générale, et c'est par une sommation en forme ordinaire que les parties doivent être appelées.

SECTION 4. — *De la manière de pourvoir aux frais de la faillite en cas d'insuffisance de l'actif.*

1169. « Lorsque les deniers appartenant à la faillite ne pourront suffire immédiatement aux frais du jugement de déclaration de la faillite, d'affiche et d'insertion de ce jugement dans les journaux, d'apposition des scellés, d'arrestation et d'incarcération du failli, l'avance de ces frais sera faite, sur ordonnance du juge-commissaire, par le Trésor public, qui en sera remboursé par privilége sur les premiers recouvrements, sans préjudice du privilége du propriétaire. » C. comm. 461.

Cet article a eu pour but de rendre possibles les premières opérations de la faillite, quelque peu de ressources que l'actif offrit. Cependant ces opérations peuvent être closes plus tard avant leur terme, et le tribunal de commerce peut en prononcer la clôture, si l'insuffisance de l'actif devient évidente. C. comm. 527.

1170. Mais, pour arriver même à établir cette évidence, il faut que l'inventaire ait lieu, que les premiers préliminaires soient accomplis. C'est surtout aux frais que ces premiers préliminaires occasionnent que l'on a voulu pourvoir. Une circulaire, adressée le 8 juin 1838 aux procureurs généraux par le ministre de la justice, indique le mode de constatation, de réclamation et de recouvrement des frais ainsi mis à la charge du Trésor. Comme MM. les greffiers des justices de paix peuvent avoir fréquemment à réclamer des frais d'apposition ou levée de scellés, de prisage, d'inventaire, etc., en matière de faillite, nous donnons ici toute la partie de cette circulaire qui peut les intéresser.

« C'est aux premiers moments de la faillite que des précautions doivent être prises pour prévenir des détournements. Souvent alors les créanciers, incertains s'il existera un actif quelconque, s'arrêtent devant la crainte de n'être pas remboursés des frais qu'ils avanceraient, et le failli demeure libre, ou de s'approprier les fonds et les marchandises qui sont d'une disposition facile, ou de les employer à satisfaire ceux qu'il veut favoriser. L'article 461 remédie à cet inconvénient, en déclarant que l'avance des premiers frais sera faite par le Trésor public, lorsque les deniers appartenant à la faillite *ne pourront y suffire immédiatement*. Ces premiers frais seront ceux du jugement de déclaration de faillite, d'affiche de ce jugement et de son insertion dans les journaux, *d'apposition de scellés*, d'arrestation et d'incarcération. Puisque, dans ces circonstances, le Trésor fait les avances, il sera nécessaire de se conformer au décret du 18 juin 1811, relatif aux frais de justice criminelle. Ainsi, il devra être fourni un mémoire séparé pour chaque objet de dépense : savoir, 1° pour les frais du jugement de déclaration de faillite; 2° *pour les frais d'apposition des scellés*; 3° pour les frais d'arrestation; 4° pour les frais d'incarcération; 5° pour les frais d'affiche; et 6° pour les frais d'insertion dans les journaux.

« Ces frais seront payés par les receveurs de l'enregistrement, au moyen d'une ordonnance du juge-commissaire, qui sera apposée au bas de chacun des mémoires, dans la forme du modèle ci-joint, n° 1.

« Le juge-commissaire devra prendre les mesures nécessaires pour qu'il soit exactement tenu note au greffe des diverses sommes qu'il aura ordonnancées, afin que le greffier puisse dresser l'état de liquidation qui doit ultérieurement servir au recouvrement des frais avancés par le Trésor public. Ce recouvrement doit avoir lieu aussitôt que l'actif de la faillite présentera quelques ressources : tel est le vœu de l'article 461. Le juge-commissaire fera donc, sans retard, préparer l'état de liquidation au bas duquel il mettra son ordonnance, conformément au modèle ci-joint, n° 2. L'envoi de cet état sera fait au directeur de l'enregistrement et des domaines, qui demeurera chargé d'en faire payer le montant.

« Les instructions ci-dessus ayant été communiquées à M. le ministre des finances, leur exécution n'éprouvera pas de difficultés. »

FORMULE 235e. *Ordonnance à mettre au bas des mémoires.*

« Nous, juge au tribunal civil (*ou* de commerce) séant à... désigné pour remplir les fonctions de juge-commissaire dans la faillite du sieur... (désigner les nom et prénoms, la profession et le domicile);

« Vu le présent mémoire ;

« Vu l'art. 461 de la loi du 23 mai 1838, sur les faillites et banqueroutes ;

« Vu enfin le décret du 18 juin 1811, sur les frais de justice criminelle ;

« Attendu que les deniers appartenant à la faillite ne suffisent pas, quant à présent, pour subvenir au payement des frais ;

« Mandons et ordonnons au receveur de l'enregistrement établi à... de payer au sieur N... la somme de... à laquelle nous avons réglé le susdit mémoire.

« Fait à... le... »

(Suit le modèle n° 2, ou état de liquidation des frais avancés par le Trésor public, certifié véritable par le greffier du tribunal de commerce, et l'ordonnance du juge-commissaire, arrêtant cet état de frais et autorisant l'administration de l'enregistrement contre le failli, représenté par les syndics.)

1171. Le greffier ne peut, en cas de faillite, exiger que les frais de scellés soient consignés d'avance, lors même que l'apposition est requise par le syndic ; et la raison s'en tire de l'assurance qu'il a d'être soldé par le Trésor. Il en pourrait être autrement si l'apposition était réclamée par un créancier *avant* la déclaration de faillite. C. comm. 457. Voir ci-après, tit. IV, et encore *Annales*, 1845, p. 294.

CHAPITRE IX. — De l'enregistrement et du timbre en matière de scellés.

1172. L'art. 7 de la loi du 22 frimaire an VII porte que les actes civils et extrajudiciaires seront enregistrés sur les minutes, brevets ou originaux.

Les actes judiciaires reçoivent cette formalité, soit sur les *minutes*, soit sur les *expéditions*, suivant les distinctions ci-après :

Ceux qui doivent être enregistrés sur les *minutes* sont : les procès-verbaux d'apposition, de reconnaissance et de levée des scellés...; les oppositions à la levée des scellés par comparution personnelle...; les ordonnances et mandements d'assigner les opposants à scellés...

1173. D'après l'art. 8, il n'est dû aucun droit d'enregistrement pour les extraits, copies ou expéditions des actes qui doivent être enregistrés sur les minutes ou originaux.

1174. L'art. 29 de la même loi porte que les droits des actes à enregistrer seront acquittés... par les greffiers pour les *actes*... qui doivent être enregistrés sur les minutes, aux termes de l'art. 7 de la présente.

1175. L'art. 68 place au nombre des actes sujets à un droit fixe de 2 *francs*, 1° les inventaires de meubles, objets mobiliers, titres et papiers (il est dû un droit pour chaque vacation);

2° Les clôtures d'inventaires;

3° Les procès-verbaux d'apposition, et de reconnaissance et de levée des scellés;

. . . .

6° Les ordonnances des juges des tribunaux civils, rendues sur requête ou mémoire; celles de référé, etc. Paragraphe 2 du même article.

Sont soumises au droit fixe de 1 *franc*, par le même article, les oppositions à la levée des scellés par comparence personnelle dans le procès-verbal, les ordonnances et mandements d'assigner les opposants à scellés, et généralement tous actes extrajudiciaires des huissiers ou de leur ministère, qui ne peuvent donner lieu au droit proportionnel. N°s 30 et 46 du paragraphe 1er du même article.

Enfin, d'après l'art. 20 de la même loi, les délais pour faire enregistrer les actes publics sont de quatre jours pour ceux des huissiers et autres ayant pouvoir de faire exploits et *procès-verbaux;* de vingt jours pour les actes judiciaires soumis à l'enregistrement sur les minutes, et pour ceux dont il ne reste pas de minute au greffe ou qui se délivrent en brevet.

Mais la loi du 19 juillet 1845 (*Budget des recettes de l'exercice* 1846) porte à 4 francs le droit de 2 *francs* pour les procès-verbaux d'apposition, de reconnaissance et de levée des scellés.

1176. Le décret du 10 brumaire an XIV, que nous avons déjà cité, porte, art. 3 : « Le procès-verbal d'apposition, de reconnaissance ou de levée de scellés, est sujet à l'enregistrement dans le délai fixé par la loi. — Art. 4. Le droit d'enregistrement, fixé à 2 francs par vacation (4 francs d'après la loi précitée de 1845), est exigible par vacation, dont aucune ne peut excéder quatre heures. »

On avait conclu de ces dernières expressions, que l'enregistrement du procès-verbal de chaque vacation devait précéder la vacation suivante; mais un arrêt de la Cour de cassation, du 11 septembre 1811, a fait justice de cette prétention : « Considérant que le décret du 10 brumaire an XIV, et la décision ministérielle du 19 frimaire suivant, n'exigent la présentation à l'enregistrement des séances successives d'un procès-verbal non encore clos ni terminé, que dans le délai de la loi par rapport à chacune d'elles, et non pas qu'il ne puisse en aucun cas être procédé à une autre séance avant que la précédente soit enregistrée, et qu'ainsi il a été obéi au vœu de ce décret et de cette décision quand chaque séance de ce procès-verbal a été enregistrée dans ce délai. »

1177. Les greffiers et autres officiers publics ne doivent relater que des actes qui ont été enregistrés; et à ce propos, nous rappellerons un arrêt de la Cour de cassation, du 11 novembre 1811, qui a décidé qu'un greffier de juge de paix qui reçoit et signe un procès-verbal de levée de scellés, en conséquence d'un acte de nomination de tuteur, non enregistré, encore que la levée des scellés soit le fait du juge de paix, est passible de l'amende de 50 fr.

1178. Tous les actes concernant les scellés doivent être portés sur papier timbré.

L'art. 23 de la loi du 16 juin 1824 défend de faire ni expédier deux actes à la suite l'un de l'autre, sur la même feuille de papier timbré, nonobstant tout usage ou règlement contraire. — Mais sont exceptés..... les inventaires, procès-verbaux, et autres actes qui ne peuvent être consommés dans un même jour et dans la même vacation, les procès-verbaux de reconnaissance et levée de scellés, qu'on pourra faire à la suite du procès-verbal d'apposition.

1179. Il n'est dû qu'un droit d'enregistrement fixe de 2 francs pour les procès-verbaux d'apposition, de reconnaissance et de levée des scellés, et les inventaires dressés après faillite, dans les cas prévus par les art. 449, 450 et 486 du Code de commerce, chacun, quel que soit le nombre des vacations. Art. 11 de la loi du 24 mai 1834.

FORMULE 236ᵉ. *Procès-verbal d'apposition de scellés d'office, en cas de faillite.* C. com. 457 ; Tarif, 1, 16.

L'an... nous... juge de paix, assisté de...

Informé que le sieur A... banquier, a disparu, et qu'il a suspendu ses payements, nous nous sommes transporté dans son domicile, situé rue.., où étant, a comparu le sieur B... son premier commis, auquel nous avons fait part de l'objet de notre transport ; ledit sieur B... a répondu qu'en effet le sieur A... était parti sans laisser aucun mandat pour le représenter, mais qu'on espérait qu'il pourrait faire face à sa situation ; qu'au surplus il s'en remet à ce que nous trouverons utile de faire.

Nous, juge de paix, avons donné acte au comparant de ses observations, et vu que la déconfiture dudit sieur A... est notoire, avons apposé les scellés sur ses bureaux, comptoir, caisse, portefeuille, livres, papiers, meubles et effets, comme suit :

1° Dans une pièce au rez-de-chaussée, servant de bureau, et prenant jour... nous avons décrit et laissé en évidence... (*Désigner sommairement les objets.*)

Dans le même bureau nous avons trouvé cinq livres de commerce :

1° Le livre-journal commencé à la date du... Il contient... feuilles, est régulièrement visé et paraphé par M. le président du tribunal de commerce, et tenu par ordre de dates, sans blancs ni ratures. Les écritures s'arrêtent à la cent cinquième page, au bas de laquelle nous avons écrit de notre main ces mots : *Vu et arrêté par nous, juge de paix du canton de... procédant à l'apposition des scellés, cejourd'hui...*

2° Le livre de copie de lettres... etc.

3° Le livre... etc.

Tous lesquels livres nous avons fait déposer dans une armoire se trouvant dans ledit bureau, et dont la clef a été remise à notre greffier.

(*Constater ensuite l'état de la caisse, mettre la correspondance en liasse et sous clef, continuer le procès-verbal comme dans les cas ordinaires.*)

Il a été vaqué depuis... heures du matin, jusqu'à... heures du soir, etc.

FORMULE 237°. *Procès-verbal d'apposition sur la demande d'un créancier.*
C. com. 457; Tarif, 1, 16.

L'an... devant nous...

A comparu M. X... demeurant à... commis de la maison de banque Ch... et C°, sise en la même ville de... lequel fait élection de domicile dans cette ville, chez... qui a exposé que le sieur A... négociant, demeurant en cette ville, rue... doit à la maison qu'il représente une somme de trente mille francs, par compte courant; qu'aujourd'hui même des effets de commerce pour une somme de six mille cinq cents francs, dont la maison Ch... et C° était porteur, ont été protestés suivant exploits que ledit sieur X... nous a représentés; que ledit A... a disparu, et qu'il a même détourné une partie des marchandises qui se trouvaient dans ses magasins, privant ainsi ses créanciers du seul gage sur lequel ils comptaient. En conséquence, le comparant, en vertu d'une

procuration à lui délivrée en brevet, reçue par M. G...
notaire, enregistrée et légalisée en date du... qu'il a représentée et de suite retirée comme contenant d'autres
pouvoirs, demande qu'il nous plaise, vu l'art. 657, § 2,
du Code de commerce, nous transporter au plus tôt
dans le domicile dudit sieur A... pour apposer les scellés sur ses magasins, comptoirs, caisses, portefeuilles,
livres, papiers, meubles et effets, et il a signé.

Nous, juge de paix, déférant aux réquisitions ci-dessus, nous sommes aussitôt transporté en la demeure dudit sieur A... rue... où étant, a comparu ledit sieur X...
qui a dit persister dans les réquisitions ci-dessus.

A également comparu la dame Caroline P... épouse
du sieur A... qui a dit qu'en effet son mari éprouve
quelque embarras par suite de la crise financière; qu'il
s'est absenté sans laisser de procuration, mais qu'il sera
bientôt de retour; protestant, ladite dame, contre les réquisitions du sieur X... et l'apposition des scellés.

Nous, juge de paix, vu les réquisitions ci-dessus, vu
les protestations de la dame A... dont nous lui donnons
acte; vu l'art. 457 du Code de commerce; considérant
que la déconfiture dudit sieur A... est notoire, et qu'il y
a nécessité de pourvoir à la conservation des intérêts de
la masse des créanciers, avons procédé à l'apposition
des scellés ainsi qu'il suit :

1° Dans le magasin... (*Suite comme en la formule précédente*).

FORMULE 238°. *Apposition des scellés après le jugement déclaratif
de la faillite. C. com. 457, 458; Tarif, 1, 16.*

L'an... nous, juge de paix... assisté de ... greffier;
Vu l'avis à nous transmis par M. Charles H... greffier

du tribunal de commerce de... contenant le dispositif du jugement du même tribunal qui déclare le sieur A... en état de faillite, nous nous sommes transporté en la demeure dudit sieur P... et étant entré dans un magasin ouvrant sur la rue de... nous y avons trouvé le sieur B... commis dudit sieur A... auquel nous avons fait connaître le sujet de notre transport; il nous a dit que le sieur A... est absent; qu'à sa connaissance, il n'a pas laissé de procuration, et a signé.

A également comparu le sieur Paul G... agissant comme syndic provisoire de la faillite, qui a requis l'apposition desdits scellés dans l'intérêt des créanciers, et il a signé.

Nous, juge de paix, avons donné acte aux comparants de leurs comparution, consentement et réserves. *(Suite comme aux formules précédentes, si ce n'est que les scellés ne doivent pas être apposés sur les objets mentionnés en l'art. 469 C. com., lorsque, sur la demande des syndics, le juge-commissaire aura autorisé à les laisser en dehors de l'apposition. Le juge de paix fera, en pareil cas, état de l'ordonnance du juge-commissaire. Les objets ainsi dispensés de l'apposition seront de suite inventoriés, avec prisée par les syndics; voir la formule qui suit.)*

FORMULE 239e. *Procès-verbal relatif à l'extraction de certains objets mis sous les scellés.* C. com. 471 ; Tarif, 1, 16.

L'an... nous... assisté...

En vertu de l'autorisation donnée par M... juge-commissaire de la faillite du sieur A... nous nous sommes transporté au lieu du scellé, au domicile du failli, rue... à la réquisition des sieurs... syndics de ladite faillite, où étant, ont comparu lesdits syndics qui nous ont invité à procéder à la reconnaissance et levée des scellés apposés... (*désigner la pièce où sont les objets à extraire*) pour extraire... (*désigner les objets*), et ils ont signé.

Ont également comparu le sieur... gardien des scellés, qui a offert de représenter le tout sain et entier, et le sieur Charles N... expert priseur, choisi par les syndics pour la prisée des objets à extraire.

Nous, juge de paix, avons donné acte des comparutions et réquisitions ci-dessus, avons reconnu sain et entier le scellé par nous apposé sur l'armoire du bureau, sis au rez-de-chaussée... l'avons levé; notre greffier a ouvert les portes avec les clefs remises en ses mains. Messieurs les syndics ont extrait des scellés les objets compris dans l'autorisation accordée par M. le juge-commissaire de la faillite, savoir :

1° Le livre-journal, commencé à la date du... (*description comme en la formule 236° ci-dessus*);

2° Le livre de copies de lettres, etc.

6° Sept effets en portefeuille (*effets à courte échéance ou susceptibles d'acceptation ; ils doivent être décrits dans le procès-verbal du juge de paix. — Un bordereau en est remis au juge-commissaire*).

7° Des vêtements, hardes, meubles et effets nécessaires au failli et à sa famille, consistant en...

8° Des objets sujets à dépérissement prochain, et autres servant à l'exploitation du commerce du failli, tels qu'ils sont désignés dans le procès-verbal de M. le juge-commissaire de la faillite, desquels objets lesdits syndics ont dressé inventaire sous la prisée du sieur Charles

N... expert priseur, nommé à ces fins, lequel a préalablement prêté en nos mains le serment requis ; le tout a eu lieu en notre présence.

Messieurs les syndics ayant terminé leurs opérations, dont ils ont dressé procès-verbal que nous avons signé, nous avons fait refermer les portes et avons, en leur présence, replacé nos scellés. Notre greffier a repris les susdites clefs. Nous avons de nouveau confié la garde de nos scellés audit sieur... et avons dressé le présent procès-verbal, qui a été signé par lesdits sieurs... syndics, par l'expert priseur, par le gardien des scellés, par nous et notre greffier, après lecture faite, ayant vaqué depuis... jusqu'à...

FORMULE 240e. *Procès-verbal de levée des scellés sur la réquisition des syndics.* C. com. 479, 480 ; Tarif, 1, 16.

L'an... devant nous... etc.

Ont comparu le sieur H... demeurant à... rue... et le sieur N... demeurant à... rue... syndics de la faillite du sieur A... suivant un jugement du tribunal de commerce de cette ville, en date du... dont l'expédition nous a été représentée, lesquels nous ont exposé que nous avons apposé d'office les scellés sur les magasins, comptoirs, caisse, portefeuille, livres, papiers, meubles et effets dudit sieur A... failli, suivant notre procès-verbal en date du... enregistré ; que, désirant faire opérer la levée desdits scellés, ils demandent qu'il nous plaise leur désigner les jour et heure de cette levée, à laquelle ils sommeront le failli de se trouver, et qui sera faite en notre présence ; et ont les comparants signé.

(Signatures.)

Nous, juge de paix, disons qu'il sera par nous pro-

cédé à la reconnaissance et levée desdits scellés demain
mardi, sept du courant, à neuf heures du matin, en présence des parties intéressées, ou elles dûment appelées,
et suivant les formes légales, et avons signé avec notre
greffier.

Ledit jour... à neuf heures du matin, nous, juge de
paix, assisté de notre greffier, nous sommes transporté
dans la demeure dudit sieur A... où étant, ont comparu
les susdits syndics qui ont persisté dans leurs réquisitions, et ils ont signé.

Ledit sieur A... quoique sommé par exploit d'hier,
du ministère de... n'a pas comparu (*ou bien* : a également comparu ledit sieur A... qui a dit n'entendre s'opposer à ce qu'il soit procédé, sauf toutes réserves légales,
et il a signé).

Le sieur... gardien de nos scellés, a offert de représenter le tout sain et entier, et il a signé.

Nous, juge de paix, avons donné acte aux parties de
leurs comparutions, dires et consentements, et avons
reçu le serment du sieur... expert priseur, commis par
les syndics pour procéder à la prisée des meubles, marchandises et autres objets, couverts par nos scellés,
après quoi nous avons procédé comme suit :

1° Dans le magasin au rez-de-chaussée donnant sur
... nous avons reconnu sain et entier un premier scellé
par nous placé sur un comptoir : ce meuble ayant été
ouvert avec la clef que notre greffier a rendue, les susdits syndics ont décrit et inventorié, en notre présence,
les objets y renfermés, sous la prisée du susdit expert.

2°...

(*Suite comme en cas de levée ordinaire des scellés ;*

*voir ci-dessus, formule 232ᵉ ; la mention de l'inventaire
est faite pour tous les articles comme pour le premier ;
pour les livres, effets de commerce et titres, voir la formule 236ᵉ.)*

TITRE V.

ACTES DIVERS DE LA JURIDICTION DES JUGES DE PAIX.

1180. Outre les attributions détaillées dans les titres
et livres précédents, les juges de paix sont encore chargés, dans l'ordre civil, de divers actes et constatations,
soit par le Code civil, soit par le Code de procédure civile, soit par le Code forestier, soit par les lois générales,
soit même par l'usage.

CHAPITRE Iᵉʳ. — Attributions extrajudiciaires des juges de paix résultant du Code civil.

§ECTION 1ʳᵉ. — *Actes de notoriété pour suppléer à l'acte de naissance ou aux
actes de décès des ascendants, en cas de mariage, ou pour constater l'absence
de l'ascendant dont le consentement est nécessaire au mariage.*

1181. L'officier de l'état civil, avant de célébrer un
mariage, doit se faire remettre l'acte de naissance de
chacun des futurs époux; celui des époux qui serait
dans l'impossibilité de se le procurer peut le suppléer,
en rapportant un acte de notoriété délivré par le juge
de paix du lieu de sa naissance, ou par celui de son
domicile. C. civ. 70.

1182. L'acte de notoriété contiendra la déclaration
faite par sept témoins de l'un ou de l'autre sexe, parents
ou non parents, des prénoms, nom, profession et domicile du futur époux, et de ceux de ses père et mère,

s'ils sont connus; le lieu, et, autant que possible, l'époque de sa naissance et les causes qui empêchent d'en rapporter l'acte. Les témoins signeront l'acte de notoriété avec le juge de paix, et s'il en est qui ne puissent ou ne sachent signer, il en sera fait mention. C. civ. 71.

1183. L'acte de notoriété sera présenté au tribunal de première instance du lieu où doit se célébrer le mariage; le tribunal, après avoir entendu le procureur de la République, donnera ou refusera son homologation, selon qu'il trouvera suffisantes ou insuffisantes les déclarations des témoins et les causes qui empêchent de rapporter l'acte de naissance. C. civ. 72.

1184. Un avis du Conseil d'Etat du 4 therm. an XIII porte : « Il n'est pas nécessaire de produire les actes de décès des pères et mères des futurs mariés, lorsque les aïeuls ou aïeules attestent ce décès; et, dans ce cas, il doit être fait mention de leur attestation dans l'acte de mariage; — 2° si les pères, mères, aïeuls ou aïeules, dont le consentement est requis, sont décédés, et si l'on est dans l'impossibilité de produire l'acte de leur décès, ou la preuve de leur absence, faute de connaître leur dernier domicile, il peut être procédé à la célébration du mariage des majeurs, sur leur déclaration à serment, que le lieu du décès et celui du dernier domicile de leurs ascendants leur sont inconnus. Cette déclaration doit être certifiée aussi par serment des quatre témoins de l'acte de mariage, lesquels affirment que, quoiqu'ils connaissent les futurs époux, ils ignorent le lieu du décès de leurs ascendants et de leur dernier domicile. Les officiers de l'état civil doivent faire mention, dans l'acte de mariage, desdites déclarations. »

1185. Un autre avis du Conseil d'Etat, du 30 mars 1808, dispose : « Dans le cas où le nom d'un des futurs ne serait pas orthographié, dans son acte de naissance, comme celui de son père, et dans celui où l'on aurait omis quelqu'un des prénoms de ses parents, le témoignage des pères et mères ou aïeux, assistant au mariage et attestant l'identité, doit suffire pour procéder à la célébration du mariage. Il doit en être de même dans le cas d'absence des pères et mères ou aïeux, s'ils attestent l'identité dans leur consentement donné en la forme légale. En cas de décès des pères, mères ou aïeux, l'identité est valablement attestée, pour les mineurs, par le Conseil de famille, ou par le tuteur *ad hoc*, et, pour les majeurs, par les quatre témoins de l'acte de mariage. » — « Enfin, dans le cas où les omissions d'une lettre ou d'un prénom se trouvent dans l'acte de décès des pères, mères ou aïeux, la déclaration à serment des personnes dont le consentement est nécessaire pour les mineurs, et celle des parties et des témoins pour les majeurs, doivent aussi être suffisantes, sans qu'il soit nécessaire, dans tous ces cas, de toucher aux registres de l'état civil, qui ne peuvent jamais être rectifiés qu'en vertu d'un jugement. Les formalités susdites ne sont exigibles que lors de l'acte de célébration, et non pour les publications qui doivent toujours être faites conformément aux notes remises par les parties aux officiers de l'état civil.—En aucun cas, conformément à l'art. 100 C. civ., les déclarations faites par les parents ou témoins ne peuvent nuire aux parties qui ne les ont point requises et qui n'y ont point concouru. »

1186. Si les témoins appelés au mariage ne connaissent pas le décès des pères et mères des futurs mariés, on peut y suppléer par un acte de notoriété dressé par le juge de paix en présence de quatre témoins, comme dans le cas de constatation de l'absence de l'ascendant auquel doit être fait un acte respectueux. Voir le numéro qui suit.

1187. En cas d'absence de l'ascendant auquel eût dû être fait un acte respectueux dans les cas où, aux termes des art. 148 et suivants C. civ., le fils et la fille ne peuvent contracter mariage sans le consentement de leurs père et mère ou autres ascendants, il peut être passé outre à la célébration du mariage, en représentant le jugement qui aurait été rendu pour déclarer l'absence; ou, à défaut de ce jugement, celui qui aurait ordonné l'enquête; ou, s'il n'y a point encore eu de jugement, un acte de notoriété, délivré par le juge de paix du lieu où l'ascendant a eu son dernier domicile connu. Cet acte contiendra la déclaration de quatre témoins appelés d'office par un juge de paix. C. civ. 155.

1188. Lorsqu'un individu qui a besoin d'un acte de notoriété pour contracter mariage se trouve dans l'indigence, il y est procédé gratuitement. Le demandeur établit sa position en produisant, 1° un certificat du percepteur, justifiant qu'il ne paye pas l'impôt; 2° un certificat d'indigence délivré par le maire ; il les adresse au procureur de la République, avec une demande en dispense de frais. Le procureur de la République transmet ensuite ces pièces au juge de paix, avec ses réquisitions; et sur le vu de ces actes, celui-ci dresse l'acte de notoriété sur papier non timbré; le procès-verbal est enregistré gratis.

1189. On trouvera ci-après quelques autres espèces d'actes de notoriété ou d'individualité, également délivrés par le juge de paix, suivant des dispositions de lois particulières, autres que celles du Code civil.

FORMULE 241*. *Acte de notoriété pour suppléer un acte de naissance.* C. civ. 70 et 71 ; Tarif, 5 et 16.

L'an mil huit cent... le premier janvier, par-devant nous, juge de paix du canton de... assisté du sieur... notre greffier ;

Sont comparus les sieurs... (*noms, prénoms et domicile des sept témoins*).

Lesquels nous ont déclaré que le sieur Pierre... est fils légitime de Paul.... et de Françoise...; qu'il est né à *tel* endroit, à *telle* époque ; qu'ils l'ont vu constamment être l'objet des soins les plus empressés de la part desdits sieur et dame Paul... et Françoise..., dont il a constamment été considéré et publiquement reconnu comme l'enfant légitime ; que s'il ne produit point l'acte constatant son état civil, c'est par *telle* circonstance (*indiquer les motifs qui empêchent de rapporter l'acte*).

De tout quoi nous avons dressé le présent acte de notoriété, pour tenir lieu audit sieur Pierre... de son acte de naissance, conformément à l'art. 70 du Code civil, après homologation dans la forme légale.

Et ont, les témoins susnommés, persisté dans leurs déclarations qu'ils ont signées avec nous et notre greffier, après que lecture leur en a été faite.

(*Signatures.*)

FORMULE 242ᵉ. *Acte de notoriété pour suppléer aux actes de décès des père et mère et autres ascendants d'un futur époux majeur.* Avis du Cons. d'Ét. du 24 mess. an XIII; Tarif, 5 et 13.

L'an... le...

Par-devant nous, juge de paix...

Est comparu le sieur Pierre...

Lequel, après avoir prêté serment en la forme ordinaire, nous a déclaré qu'il ignore le lieu du décès, ou du dernier domicile du sieur... son père; qu'il requiert que nous entendions le témoignage des sieurs... (*quatre témoins*), à l'appui du fait par lui allégué, et que du tout nous lui accordions acte pour suppléer l'acte de décès dudit sieur... son père, conformément à l'avis du Conseil d'Etat du 27 messidor, an XIII.

A quoi obtempérant, nous avons reçu le serment et l'affirmation desdits sieurs... sur l'exactitude du fait déclaré par ledit sieur Pierre, et avons rédigé le présent procès-verbal qui a été signé par ledit sieur Pierre, par les sieurs... par nous, et par notre greffier.

(*Signatures.*)

FORMULE 243ᵉ. *Acte de notoriété pour suppléer un acte respectueux.* C. civ. 155; Tarif, 5 et 16.

L'an... le...

Par-devant nous, juge de paix du canton de...

Sont comparus 1° le sieur... 2° le sieur... 3° le sieur ... 4° le sieur...

Lesquels nous ont déclaré et affirmé que le sieur Pierre, père du sieur Paul, est absent de son domicile depuis *tant* d'années, sans qu'on sache le lieu de sa résidence actuelle.

Pourquoi le sieur Paul est dans l'impossibilité de lui

demander par acte respectueux son consentement au mariage qu'il se propose de contracter avec demoiselle...

Pourquoi aussi, et pour lever cette difficulté, il a, en conformité de l'art. 155 du Code civil, provoqué le présent procès-verbal, que lesdits comparants ont signé avec nous et notre greffier.   (*Signatures.*)

SECTION 2. — *Rectification des actes de l'état civil.*

1190. Quand la rectification des actes de l'état civil sera demandée, il y sera statué, sauf l'appel, par le tribunal compétent, et sur les conclusions du procureur de la République; les parties intéressées seront appelées s'il y a lieu. C. civ. 99.

1191. Celui qui voudra faire ordonner la rectification d'un acte de l'état civil présentera requête au président du tribunal de première instance. C. proc. 855.

1192. Il y sera statué sur rapport, et sur les conclusions du ministère public. Les juges ordonneront, s'ils l'estiment convenable, que les parties intéressées seront appelées, et que le Conseil de famille sera préalablement convoqué. C. proc. 856.

FORMULE 244°. *Procès-verbal de la délibération de famille pour la rectification d'un acte de l'état civil.*

L'an...

A comparu le sieur Charles Richer, tuteur de Marie-Anne Révil;

Lequel nous a exposé que, dans l'acte de naissance de Marie-Anne Révil, elle a été désignée sous le nom de *Ménil*; qu'étant de la plus haute importance de faire rectifier cette erreur, il a présenté requête au président du tribunal de première instance de... qu'avant de statuer, le tribunal a ordonné, par jugement du... enregistré, et dont expédition nous a été représentée, que le Conseil de ladite mineure sera préalablement convoqué pour donner son avis sur la rectification demandée ; qu'en conséquence, il a, sur notre autorisation, convoqué le Conseil de famille devant nous, aux jour et heure, ainsi que le subrogé tuteur, le sieur Jacques Ortis.

Et a signé.

Ont aussi comparu...

Le Conseil, considérant qu'il est à sa connaissance que la mineure Marie-Anne est la fille unique de Pierre Révil et de Jeanne Berni, sa légitime épouse, tous deux décédés ; qu'elle a toujours été reconnue comme telle ; d'où suit que l'erreur de nom est bien certaine, est d'avis à l'unanimité qu'il y a lieu de remplacer le nom *Ménil* par le nom *Révil*, dans l'acte de naissance de ladite mineure.

De tout quoi a été dressé le présent procès-verbal... (*Voir ci-dessus les formules de délibérations de familles 161° et suivantes.*)

SECTION 3.— *Assistance du juge de paix à l'inventaire du mobilier et des titres d'un absent, après l'absence déclarée.*

1193. Après l'absence déclarée, ceux qui auront obtenu l'envoi en possession provisoire, ou l'époux qui aura opté pour la continuation de la communauté, devront faire procéder à l'inventaire du mobilier et des titres de l'absent, en présence du procureur de la République près le tribunal de première instance, ou d'un juge de paix requis par ledit procureur de la République. C. civ. 126.

Le juge de paix ne dresse pas l'inventaire; il ne fait que le signer. Sa présence doit être constatée.

SECTION 4. — *Nomination d'un Conseil par le père à la mère survivante.*

1194. Le père est autorisé, par l'art. 391 du Code civil, à nommer à la mère survivante et tutrice un Conseil spécial, sans l'avis duquel elle ne pourra faire aucun acte relatif à la tutelle. — Si le père spécifie les actes pour lesquels le Conseil sera nommé, la tutrice sera habile à faire les autres sans son assistance.

Cette nomination du Conseil ne pourra être faite que de l'une des manières suivantes : 1° par acte de dernière volonté; — 2° par une déclaration faite ou devant le juge de paix, assisté de son greffier, ou devant notaire. C. civ. 392.

FORMULE 245°. *Nomination d'un Conseil de tutelle à une mère, par le père encore vivant. C. civ. 392.*

L'an... le...

Par-devant nous, juge de paix du canton de...

Est comparu le sieur Salignon, demeurant à...

Lequel, par ces présentes, déclare nommer, pour Conseil de tutelle à madame H. Favier, son épouse, dans le cas où elle lui survivrait, et où elle décéderait avant que tous leurs enfants (*ou* qu'un ou plusieurs de leurs enfants) fussent majeurs, M. Edmond Saladin, ancien notaire à... qu'il prie de vouloir bien assister son épouse, et l'éclairer de ses sages avis, dans tous les actes qu'elle fera relativement aux faits de la tutelle de leurs enfants (*ou bien :* dans tous les actes de la tutelle autres que ceux de simple perception de fruits et revenus, et d'acquit, ou décharge des mêmes objets).

Desquelles déclaration et nomination, nous, juge de paix susdit, avons fait dresser le présent acte qui a été signé par ledit sieur Salignon, par nous et le greffier, les jour, mois et an mentionnés ci-dessus.

Fait, etc.

SECTION 5. — *De la prestation de serment de l'expert chargé d'estimer les meubles que les père et mère veulent conserver en nature.*

1195. Les père et mère, tant qu'ils ont la jouissance propre et légale des biens du mineur, sont dispensés de vendre les meubles, s'ils préfèrent les garder pour les remettre en nature. — Dans ce cas, ils en feront faire, à leurs frais, une estimation à juste valeur, par un expert qui sera nommé par le subrogé tuteur, et prétera serment devant le juge de paix. Ils rendront la valeur estimative de ceux des meubles qu'ils ne pourraient représenter en nature. C. civ. 453.

FORMULE 246e. *Nomination d'un expert pour estimer les meubles que les père et mère veulent conserver en nature.*

L'an... le...

Devant nous, juge de paix du canton de... assisté de... notre greffier, s'est présenté le sieur Charles Richer, tuteur de ses enfants mineurs... Lequel, désirant garder, pour les remettre en nature, les meubles échus à ses enfants de la succession de leur mère, a requis le sieur Jacques Ortis, subrogé tuteur desdits enfants, de nommer un expert pour faire l'estimation desdits meubles à juste valeur.

S'est également présenté le sieur Jacques Ortis, qui a dit que, sur réquisition du tuteur, il a nommé, pour procéder à l'estimation, le sieur Jean Valin, demeurant en cette ville, rue...

Et nous ont, lesdits sieurs Charles Richer et Jacques Ortis, requis de recevoir le serment dudit sieur Jean Valin, et ont signé. (*Signatures.*)

A l'instant le sieur Jean Valin a prêté en nos mains le serment de faire l'estimation desdits meubles à juste valeur.

Dont acte...

Et ont, lesdits sieurs Richer, Ortis et Valin, signé avec nous et notre greffier, lesdits jour, mois et an que devant. (*Signatures.*)

SECTION 6.— *Testament reçu par le juge de paix, en cas de peste ou de maladie contagieuse.*

1196. Les testaments faits dans un lieu avec lequel toute communication sera interceptée à cause de la peste, ou autre maladie contagieuse, pourront être faits devant le juge de paix, ou devant l'un des officiers municipaux de la commune, en présence de deux témoins. C. civ. 985.

Cette disposition aura lieu, tant à l'égard de ceux qui seraient attaqués de ces maladies, que de ceux qui seraient dans les lieux qui en sont infectés, encore qu'ils ne fussent pas actuellement malades. C. civ. 986.

Les testaments mentionnés aux deux précédents articles deviendront nuls six mois après que les communications auront été rétablies dans le lieu où le testateur se trouve, ou six mois après qu'il aura passé dans un lieu où elles ne seront point interrompues. C. civ. 987.

L'an... le...

Devant nous, juge de paix du canton de... assisté de notre greffier,

A comparu le sieur... qui a dit que, vu la maladie contagieuse qui règne dans la présente ville de... et les communications interceptées, il nous prie de recevoir ses dispositions testamentaires, conformément à la loi, en présence des sieurs... (*noms, prénoms, professions et demeures des deux témoins*).

Nous, juge de paix, déférant à cette réquisition, et attendu que les communications sont officiellement interrompues, avons reçu et littéralement dicté à... notre greffier, qui les a écrites, les dispositions testamentaires dudit sieur... telles qu'il les a lui-même prononcées, et au fur et à mesure qu'il les a exprimées, sain d'esprit et de corps (*ou* malade de corps mais sain d'esprit), ainsi qu'il suit :

Je donne et lègue... (*transcrire les dernières dispositions du testateur*).

Le présent testament a été fait, depuis le commencement jusqu'à la fin, en présence des deux témoins susdénommés; et il en a été fait lecture en entier au testateur et aux témoins en présence les uns des autres; ledit testateur a déclaré, toujours en présence desdits témoins, que ledit testament est en tous points conforme à sa volonté, et qu'il y persiste; et il a signé avec lesdits témoins, nous et notre greffier.　　(*Signatures.*)

Ou: et le testateur a déclaré ne savoir écrire ni signer, de ce par nous interpellé en présence desdits témoins;

et ont les témoins signé avec nous et notre greffier, après lecture de tout ce que ci-dessus.

(*Signatures.*)

.1197. La loi du 20 mai 1838, relative aux vices rédhibitoires, dans les ventes et échanges d'animaux domestiques, impose aux juges de paix l'obligation de faire des constatations par experts :

1° *Pour le cheval, l'âne ou le mulet,* dans le cas de fluxion périodique des yeux, d'épilepsie ou de mal caduc, de morve, de farcin, des maladies anciennes de poitrine, ou vieilles courbatures, d'immobilité, de pousse, de cornage chronique, de tic sans usure des dents, des hernies inguinales intermittentes, de boiterie intermittente pour cause de vieux mal ;

2° *Pour l'espèce bovine,* dans les cas de phthisie pulmonaire, d'épilepsie, de mal caduc, des suites de la non-délivrance, après le part chez le vendeur, de renversement du vagin, ou de l'utérus, après le part chez le vendeur;

3° *Pour l'espèce ovine,* dans le cas de clavelée (cette maladie, reconnue chez un seul animal, entraîne la rédhibition de tout le troupeau. La rédhibition n'a lieu que si le troupeau porte la marque du vendeur); de sang de rate (cette maladie n'entraîne la rédhibition du troupeau qu'autant que, dans le délai de la garantie, sa perte constatée s'élève au quinzième au moins des animaux achetés; dans ce dernier cas, la rédhibition n'a lieu également que si le troupeau porte la marque du vendeur). Art. 1er.

1198. L'action en réduction du prix, autorisée par l'art. 1644 du Code civil, ne peut être exercée dans les ventes et échanges d'animaux énoncés dans l'art. 1er ci-dessus. Art. 2.

1199. Le délai pour intenter l'action rédhibitoire est, non compris le jour fixé pour la livraison, de trente jours pour le cas de fluxion périodique des yeux, et d'épilepsie ou mal caduc, et de neuf jours pour tous les autres cas. Art. 3.

Si la livraison de l'animal a été effectuée, ou s'il a été conduit, dans les délais ci-dessus, hors du lieu du domicile du vendeur, les délais sont augmentés d'un jour par cinq myriamètres de distance du domicile du vendeur au lieu où l'animal se trouve. Art. 4.

1200. Dans tous les cas, l'acheteur, à peine d'être non recevable, est tenu de provoquer, dans les délais de l'art. 3, la nomination d'experts chargés de dresser procès-verbal ; la requête est présentée au juge de paix du lieu où se trouve l'animal. Ce juge nomme immédiatement, suivant l'exigence des cas, un ou trois experts qui doivent opérer dans le plus bref délai. Art. 5.

1201. La demande est dispensée du préliminaire de conciliation, et l'affaire instruite et jugée comme matière sommaire. Art. 6.

1202. Si, pendant la durée des délais fixés par l'article 3, l'animal vient à périr, le vendeur n'est pas tenu de la garantie, à moins que l'acheteur ne prouve que la perte de l'animal provient de l'une des maladies spécifiées dans l'art. 1er. Art. 7.

1203. Le vendeur est dispensé de la garantie résultant de la morve et du farcin pour le cheval, l'âne et le mulet, et de la clavelée pour l'espèce ovine, s'il prouve que l'animal, depuis la livraison, a été mis en contact avec des animaux atteints de ces maladies. Art. 8.

FORMULE 248e. *Requête et ordonnance pour un cas rédhibitoire.*

A M. le juge de paix du canton de... expose le sieur Pierre Chaly, fermier, demeurant à... que le samedi 26 avril courant, il a acheté au marché de... du sieur Jean Bastard, marchand de chevaux, y domicilié, une jument, au prix de six cents francs; que l'exposant a reconnu que ladite jument est affectée de boiterie intermittente pour cause de vieux mal, maladie qui constitue un vice rédhibitoire. En conséquence, il demande qu'il vous plaise nommer un ou trois experts pour visiter ledit animal et en constater l'état dans le plus bref délai.

A... le... 1847.   (*Signature.*)

Nous, juge de paix...

Vu la requête ci-dessus et la loi du 20 mai 1838,

Nommons d'office le sieur Saillour, vétérinaire, domicilié en cette ville, lequel, informé de cette commission, s'est présenté, a déclaré l'accepter, a prêté en nos mains le serment requis, et s'est immédiatement rendu au lieu où se trouve le susdit animal pour en constater l'état et dresser du tout son rapport; et a, ledit vétérinaire, signé avec nous.

Cejourd'hui 24 mars 1850.   (*Signatures.*)

FORMULE 249e. *Requête, ordonnance et procès-verbal relatifs à la constatation d'un vice rédhibitoire, par un seul acte.*

L'an... et le... devant nous, juge de paix du canton de... assisté de... notre greffier,

A comparu le sieur Pierre Chaly, fermier, demeurant à... lequel nous a exposé que, le samedi 26 avril courant, il a acheté au marché de... du sieur Jean Bastard, marchand de chevaux, y domicilié, une jument au prix de six cents francs; que le comparant a reconnu que ladite jument est affectée de boiterie intermittente pour cause de vieux mal, maladie qui constitue un vice rédhibitoire; en conséquence, il nous prie de nommer un ou trois experts pour visiter, en notre présence, ledit animal et en constater l'état, et il a signé.

(Signature.)

Nous, juge de paix, nommons d'office, pour procéder aux fins requises, le sieur Saillour, demeurant en cette ville, rue... lequel s'est transporté avec nous et notre greffier à la ferme du sieur Chaly, où étant, après avoir reçu le serment préalable de l'expert, ledit sieur Chaly a représenté une jument sous poil brun, tondue de la moitié supérieure du corps, avec cicatrices sur les deux épaules, âgée de six ans, taille de un mètre quatre-vingts centimètres. Ledit vétérinaire a fait atteler ladite jument et l'a soumise à un exercice; et nous a rapporté que... cependant, elle se trouve exempte de maladies aiguës; desquelles circonstances ledit vétérinaire a conclu que ladite bête était atteinte de boiterie intermittente pour cause de vieux mal, vice rédhibitoire signalé dans l'article 1er de la susdite loi du 20 mai 1838.

Cette constatation ainsi terminée, nous avons accordé taxe audit expert, sur sa demande, d'une somme de 5 fr.; avons autorisé le sieur... à garder la susdite jument en fourrière pendant le litige et avons dressé le présent procès-verbal, qui a été signé par le sieur Chaly

et par le vétérinaire, par nous et par le greffier, après
lecture faite.   (*Signatures.*)

1204. Dans aucun cas, les conservateurs des hypothèques ne peuvent refuser ni retarder la transcription
des actes de mutation, l'inscription des droits hypothécaires, ni la délivrance des certificats requis, sous peine
des dommages et intérêts des parties ; à l'effet de quoi,
procès-verbaux des refus ou retardements seront, à la
diligence des requérants, dressés sur-le-champ, soit par
un juge de paix, soit par un huissier audiencier du tribunal, soit par un autre huissier ou un notaire assisté
de deux témoins. C. civ. 2199.

FORMULE 250ᵉ. *Procès-verbal pour constater le refus d'un conservateur
des hypothèques.*

Cejourd'hui... par-devant nous, juge de paix, etc.,
s'est présenté le sieur Brun (*prénoms, profession, domicile*), lequel nous a exposé que le conservateur des hypothèques de l'arrondissement refuse (*ou* retarde) la
transcription d'un acte de mutation qui lui a été remis
(*fixer l'époque*) par l'exposant (*ou* l'inscription des droits
hypothécaires, *ou* la délivrance des certificats dont il a
été requis par l'exposant); et comme ce refus (*ou* cette
négligence) peut causer un préjudice notable audit
sieur Brun, il nous a requis de le (*ou* la) constater, aux
termes de l'art. 2199 C. civ., et a signé.

Nous, dit juge de paix, obtempérant à cette demande,
nous nous sommes immédiatement transporté au bureau de la conservation des hypothèques, où étant, nous
avons fait part à M. le conservateur de la réclamation

dudit sieur Brun, à quoi il a été répondu (*énoncer les motifs du refus ou du retard*).

De tout quoi nous avons dressé procès-verbal pour servir et valoir ce que de raison, etc.

CHAPITRE II. — Attributions extrajudiciaires des juges de paix, résultant du Code de procédure.

SECTION 1re. — *Déclaration d'un tiers saisi devant le juge de paix de son domicile.*

1205. Le tiers saisi assigné fera sa déclaration, et l'affirmera au greffe, s'il est sur les lieux, sinon devant le juge de paix de son domicile, sans qu'il soit besoin, dans ce cas, de réitérer l'affirmation au greffe. C. proc. 571.

La déclaration et l'affirmation pourront être faites par procuration spéciale C. proc. 572.

1206. La déclaration énoncera les causes et le montant de la dette; les payements à compte, si aucuns ont été faits; l'acte ou les causes de libération, si le tiers saisi n'est plus débiteur, et, dans tous les cas, les saisies-arrêts ou oppositions formées entre ses mains. C. proc. 573.

1207. Les pièces justificatives de la déclaration seront annexées à cette déclaration; le tout sera déposé au greffe, et l'acte de dépôt sera signifié par un seul acte contenant constitution d'avoué. C. proc. 574.

1208. Le tiers saisi qui a fait la déclaration devant le juge de paix, en lève une expédition et l'envoie à l'avoué qu'il doit constituer près le tribunal saisi de la demande, lequel en fait le dépôt au greffe, ainsi que des pièces justificatives. Les frais de cette expédition doivent être ensuite remboursés au tiers saisi par la partie qui succombe. Chauveau sur Carré, *question* 1962 *quater*.

FORMULE 251ᵉ. *Déclaration et affirmation d'un tiers saisi.* C. proc. 570 et suiv.— Droit d'expédition pour le greffier.

L'an... devant nous... a comparu le sieur Jacques Faure, agriculteur, domicilié à... lequel a dit qu'il a été fait, entre ses mains, une saisie-arrêt, par exploit de... pour une somme de... et qu'il a été cité depuis, en déclaration, par autre exploit du... desquels exploits il a représenté les copies; requérant qu'il nous plaise recevoir sa déclaration et affirmation, et il a signé.

Il nous a déclaré ensuite, qu'en vertu de la procuration du sieur, passée devant Mᵉ... etc., il a touché de divers.., la somme de... Mais que, par suite des payements faits audit sieur... en date des... (*les énoncer*) il ne reste plus son débiteur que de la somme de... qu'il est prêt et offre de payer à qui par justice sera ordonné, sous la réserve de retenir par ses mains les frais de la présente déclaration et ses suites, dont il sera en tout cas payé par privilége. (*Si des oppositions existent dans ses mains, il ajoute* : il déclare en outre qu'à la requête du sieur... il a déjà été formé une saisie-arrêt pour sûreté d'une somme de... par exploit du ministère de ... en date du...) A l'appui de la présente déclaration, qu'il affirme sincère et véritable, le comparant a produit la procuration, les quittances et l'exploit de saisie-arrêt du sieur... dont il est parlé ci-dessus; et a, ledit sieur Faure, signé avec nous et notre greffier.

(*Signatures.*)

1209. Si les portes sont fermées, ou si l'ouverture en est refusée, l'huissier qui procédera à une saisie-exécution pourra établir gardien aux portes pour empêcher le divertissement : il se retirera sur-le-champ, sans assignation, devant le juge de paix, ou, à son défaut, devant le commissaire de police, et, dans les communes où il n'y en a pas, devant le maire, et, à défaut, devant l'adjoint, en présence desquels l'ouverture des portes, même celles des meubles fermants, sera faite au fur et à mesure de la saisie. L'officier qui se transportera ne dressera point de procès-verbal ; mais il signera celui de l'huissier, lequel ne pourra dresser du tout qu'un seul et même procès-verbal. C. proc. 587.

1210. Si le saisi est absent, et qu'il y ait refus d'ouvrir aucune pièce ou meuble, l'huissier en requerra l'ouverture ; et, s'il se trouve des papiers, il requerra l'apposition des scellés par l'officier appelé pour l'ouverture. C. proc. 591.

L'apposition ne doit pas être, comme l'ouverture des portes, pièces et meubles, constatée seulement par le procès-verbal de la saisie ; il est, en effet, nécessaire que le fonctionnaire dresse séparément celui d'apposition, afin de se guider dans la levée qu'il aura à faire des scellés, dès que le saisi l'en requerra.

Cette levée des scellés se fait sans description, mais aux frais du saisi, puisque c'est dans son intérêt qu'ils ont été apposés.

1211. Le procès-verbal se fait, en pareil cas, dans la forme ordinaire. Voir les formules 203 et 233 ci-dessus.

1212. En cas de saisie d'animaux et ustensiles servant à l'exploitation des terres, le juge de paix pourra, sur la demande du saisissant, le propriétaire et le saisi entendus ou appelés, établir un gérant à l'exploitation. C. proc. 594.

FORMULE 252ᵉ. *Procès-verbal d'établissement du gérant.*

L'an...

Devant nous... assisté de...

A comparu le sieur Pierre Lamarre, propriétaire, domicilié à... lequel a exposé qu'en vertu du jugement en date du... il a fait pratiquer une saisie-exécution contre le sieur Jacques Harec, agriculteur, fermier du domaine de la Rive, situé commune de... y domicilié; que l'exploitation dudit domaine est fort importante; que des difficultés se sont élevées sur la saisie; qu'il est à craindre qu'on ne puisse de longtemps procéder à la vente, et qu'il importe pour les créanciers et le saisi lui-même qu'un gérant soit établi pour l'exploitation; qu'en conséquence, il a, par exploit de... fait citer devant nous le sieur Jacques Harec pour voir nommer un gérant.

A également comparu ledit sieur Jacques Harec, fermier, lequel a dit que, quoique malade depuis longtemps, il pouvait cependant faire faire les labours de ses fermes.

Sur quoi, nous, juge de paix, vu le procès-verbal de saisie, et procédant en vertu de l'art. 594 du Code de procédure civile;

Nommons à l'exploitation du domaine de la Rive,

le sieur Pierre Ducis, agriculteur, domicilié en ladite commune, et ce, jusqu'au jour de la vente ou de la levée des oppositions ou saisies, avec toutes les attributions attachées à cette qualité, et moyennant un salaire de cinq francs par jour, laquelle fonction ledit sieur Pierre Ducis, ici présent, a déclaré accepter, et il a prêté en nos mains le serment de la bien remplir.

Et ont les sieurs Lamarre, Harec et Ducis signé avec nous et notre greffier, après lecture faite.

(*Signatures.*)

CHAPITRE III. — Attributions extrajudiciaires des juges de paix, résultant du Code de commerce, ou se rapportant aux matières commerciales.

SECTION 1re. — *Attributions du juge de paix en cas de refus ou contestation pour la réception d'objets transportés, entre le destinataire et le voiturier.*

1213. En cas de refus ou contestation pour la réception des objets transportés, leur état est vérifié et constaté par des experts nommés par le président du tribunal de commerce, ou, à son défaut, par le juge de paix, et par ordonnance au pied d'une requête. Le dépôt au séquestre, et ensuite le transport dans un dépôt public, peuvent en être ordonnés. La vente peut en être ordonnée en faveur du voiturier, jusqu'à concurrence du prix de la voiture. C. com. 106.

Ces dispositions sont communes aux maîtres de bateaux, entrepreneurs de diligences et voitures publiques. C. com. 107.

FORMULE 253e. *Requête et ordonnance pour constatation, dépôt et vente de marchandises.*

A M. le juge de paix du canton de...

Expose le sieur Pierre Hugues, voiturier, qu'il a transporté pour le compte du sieur Lucas, marchand de cette commune, depuis la ville de... jusqu'à... huit balles, pesant ensemble... et déclarées contenir... suivant la lettre de voiture ci-jointe ;

Qu'il a fait rendre, dans le délai fixé par ladite lettre de voiture, lesdites marchandises au devant du magasin dudit sieur Lucas, lequel a refusé de les recevoir, sous prétexte qu'il ne les a pas demandées.

En cet état, comme il importe à l'exposant d'être déchargé desdites marchandises et de toucher le montant de sa voiture, il demande qu'il vous plaise vous transporter au lieu où se trouve la marchandise, pour en constater l'état avec experts nommés d'office, en ordonner le dépôt, et autoriser la vente d'une partie jusqu'à concurrence du montant de la voiture, et des frais à faire.   (*Signature.*)

Nous, juge de paix,

Vu la requête ci-dessus, et la lettre de voiture y jointe, procédant en vertu de l'art. 106 du Code de commerce ;

Nommons d'office, pour nous assister dans la visite et constatation des susdites balles, le sieur... (*nom et qualités de l'expert*); disons que cette opération aura lieu cejourd'hui même, à deux heures après midi, en présence du sieur Lucas, ou lui dûment appelé, pour, après la constatation, être statué ce qu'il appartiendra.

(*Signature.*)

FORMULE 254°. *Constatation de l'état des marchandises et ordonnance de vente.*

L'an... nous... assisté... en vertu de l'ordonnance ci-dessus, nous sommes transporté à... où étant, a comparu ledit sieur Hugues, qui a persisté dans ses réquisitions; a également comparu le sieur Hardy, expert, qui a offert de procéder, et a prêté le serment requis; a également comparu ledit sieur Lucas, qui a dit qu'il n'a pas fait la demande de ladite marchandise, et a persisté à la refuser.

En conséquence, nous avons vérifié les susdites huit balles, et avons reconnu, conjointement avec l'expert, qu'elles sont en bon état et complétement exemptes d'avaries; nous avons ordonné qu'elles seraient déposées chez... où elles ont été immédiatement transportées, pour y rester aux risques de qui il appartiendra. Desquels dépôt et séquestre celui-ci s'est chargé pour les représenter en temps et lieu; et attendu que le voiturier ne peut ni ne doit attendre l'issue de la contestation, pour recevoir le montant de sa voiture, nous avons fait ouvrir une balle, de laquelle il a été extrait... (*désigner les objets*); nous avons fait recoudre et ficeler ladite balle, et avons ordonné que lesdites marchandises extraites seront vendues par M. le commissaire-priseur, que le prix servira à payer : 1° le montant de la voiture; 2° les frais de transport desdites balles au lieu du dépôt; 3° les frais faits et à faire, et que le surplus, s'il y en a, sera remis entre les mains du dépositaire des effets, qui représentera le tout à qui de droit.

Et avons signé avec les susdites parties, l'expert et le greffier, après lecture faite. (*Signatures.*)

SECTION 2. — *Déclaration de francisation d'un navire.*

1214. Tout armateur, en présentant congé et titres de propriété d'un bâtiment nouvellement construit, sera tenu de déclarer, en présence d'un juge de paix, et signer sur le registre des bâtiments français, qu'il est propriétaire du bâtiment, qu'aucun étranger n'y est intéressé directement ni indirectement, et que sa dernière cargaison d'arrivée des colonies, ou comptoirs français, ou sa cargaison actuelle de sortie pour les colonies, ou comptoirs français, n'est point un armement en commission, ni propriété étrangère. Décret du 21-24 septembre 1793, art. 2.

1215. D'après l'art. 12 de la loi du 27 vendémiaire an II (21 septembre 1793), le serment à prêter par le propriétaire avant la délivrance des congé et acte de francisation, sera en cette forme : — ... (*nom, état, domicile*), jure et affirme que (*nom du bâtiment, du port auquel il appartient*), est un (*espèce, tonnage du bâtiment, et description suivant le certificat du mesureur-vérificateur*), a été construit à... (*lieu de construction*); en... (*année de construction; s'il a été pris ou confisqué, ou perdu sur la côte, exprimer le lieu, le temps des jugements et vente*); que je suis seul propriétaire dudit bâtiment, ou conjointement avec... (*nom, état, domicile des intéressés*), et qu'aucune autre personne quelconque n'y a droit, titre, intérêt, portion ou propriété; que je suis citoyen de France, soumis et fidèle à la constitution des Français, ainsi que les associés ci-dessus (*s'il y en a*); qu'aucun étranger n'est directement ou indirectement intéressé dans le susdit bâtiment.

1216. La loi du 13 mai 1791 et celle du 27 vendémiaire an II, encore en vigueur aujourd'hui, s'opposent également à ce que des étrangers puissent être propriétaires pour une portion quelconque de navires français. Mais une modification y a été apportée par l'art. 11 de la loi du 9 juin 1845, qui exige seulement, pour qu'un navire soit réputé français, que la moitié au moins appartienne à des Français.

FORMULE 255e. *Procès-verbal de serment, en cas de francisation d'un navire.*

L'an... le...

Est comparu devant nous... juge de paix du canton de... arrondissement de... département de... le sieur... armateur patenté de... classe, le... sous le n°... demeurant à...

Lequel nous a déclaré : 1° avoir fait construire le... à... un navire, du port de... tonneaux, auquel il a donné le nom de... et qui est commandé par le sieur...; 2° avoir fait procéder au jaugeage dudit navire par le sieur... jaugeur juré à... dont il nous représente l'attestation vérifiée et approuvée par les contrôleur et visiteur des douanes de... en date du... enregistrée le... à...; et, voulant être reconnu armateur de ce navire, dont il nous a représenté le congé et le titre de propriété, et le faire naviguer sous pavillon français, tant au grand et au petit cabotage, qu'au long cours (*ou à l'un de ces objets seulement*), il nous a demandé de le recevoir à la prestation de serment prescrite en pareil cas, et a signé. 			(*Signature.*)

Vu le certificat ci-dessus daté et représenté, lequel est ainsi conçu... (*copier littéralement le certificat de jaugeage*), au pied duquel certificat est écrite l'approbation suivante : (*copier la vérification et l'approbation de la douane.*)

Nous, juge de paix du susdit canton de... attendu qu'il est constant que le sieur... est citoyen français ;

Avons pris et reçu de lui le serment qu'il a présen-

tement fait devant nous, la main levée (1), de se conformer aux lois sur les armements; en ajoutant, toujours sous la foi de son serment, que son navire est de
construction française.

De tout quoi nous avons dressé le présent, pour valoir au besoin, les jour, mois et an susdits, et avons
signé avec notre greffier.

FORMULE 256°. *Déclaration en cas de perte des premières lettres
de francisation.*

L'an... le...

Lequel nous a déclaré qu'il est propriétaire du navire le... capitaine *un tel*, du port de... jaugeant *tant*
de tonneaux, pour lequel il avait obtenu les passe-ports
nécessaires pour le faire naviguer au grand et au petit
cabotage, et au long cours, en vertu d'un acte de francisation, délivré par... le...; mais que, par *tel accident*,
tous ses papiers ont été perdus, ce qui oblige le comparant à franciser une seconde fois son navire; c'est pourquoi il l'a fait jauger de nouveau le... par... dont le
certificat, qu'il nous représente, est approuvé par les
contrôleur et visiteur des douanes de... et enregistré
à... le...

En conséquence, après nous avoir présenté le congé
et les titres de propriété dudit navire, le comparant a
requis qu'il nous plût le recevoir à la prestation du
serment prescrit en pareil cas, et a signé (*relater sa signature*).

(*Le surplus comme plus haut.*)

(1) Avant que le serment politique eût été abrogé par le décret du
gouvernement provisoire du 1er mars 1848, on ajoutait le serment de
fidélité au gouvernement établi.

SECTION 3.—*Autorisation au capitaine de navire de mettre en gage ou de vendre la cargaison pour les besoins du navire en cours de voyage.*

1217. Si, pendant le cours du voyage, il y a nécessité de radoub, ou d'achat de victuailles, le capitaine, après l'avoir constaté par un procès-verbal signé des principaux de l'équipage, peut, en se faisant autoriser, en France, par le tribunal de commerce, ou, à défaut, par le juge de paix; chez l'étranger, par le consul français, ou, à défaut, par le magistrat des lieux, emprunter sur le corps et quille du vaisseau, mettre en gage ou vendre des marchandises, jusqu'à concurrence de la somme que les besoins constatés exigent. C. com. 234.

FORMULE 257ᵉ. *Requéte et ordonnance pour autoriser le capitaine à emprunter, mettre en gage ou vendre.*

A M. le juge de paix du canton de... expose le sieur Surcouf, capitaine du brick *le Harpon*, amarré dans ce port, qu'ayant éprouvé en mer une avarie considérable, il a été forcé de faire relâche pour faire les radoubs nécessaires; et, comme ce contre-temps a entraîné la consommation des vivres dont il était approvisionné, ainsi que le prouve le procès-verbal ci-joint, signé des principaux de son équipage, l'exposant demande qu'il vous plaise l'autoriser à emprunter sur le corps et quille de son navire (*ou* à mettre en gage, *ou* à vendre des marchandises) jusqu'à concurrence de la somme de... estimée indispensable.   (*Signature.*)

Nous, juge de paix,

Vu la requête ci-dessus et le certificat y joint;

Procédant en vertu de l'art. 234 du Code de commerce;

Autorisons le sieur Surcouf, capitaine du brick

le Harpon, à emprunter sur le corps et quille dudit
(*ou* à mettre en gage, *ou* à vendre jusqu'à concurrence
de la somme de...).

Donné à... le...   (*Signature.*)

1218. Le capitaine est tenu, dans les vingt-quatre
heures de son arrivée au port, de faire viser son registre, et de faire son rapport. — Le rapport doit énoncer,
le lieu et le temps de son départ, la route qu'il a tenue,
les hasards qu'il a courus, les désordres arrivés dans
le navire, et toutes les circonstances remarquables de
son voyage. C. com. 242.

Le rapport est fait au greffe, devant le président du
tribunal de commerce. Dans les lieux où il n'y a pas
de tribunal de commerce, le rapport est fait au juge
de paix de l'arrondissement. Le juge de paix qui a
reçu le rapport est tenu de le renvoyer, sans délai, au
président du tribunal de commerce le plus voisin.

Dans l'un et l'autre cas, le dépôt en est fait au greffe
du tribunal de commerce. C. com. 243.

Si, pendant le cours du voyage, le capitaine est
obligé de relâcher dans un port français, il est tenu
de déclarer au président du tribunal de commerce du
lieu les causes de sa relâche. Dans les lieux où il n'y a
pas de tribunal de commerce, la déclaration est faite
au juge de paix du canton. Si la relâche forcée a lieu
dans un port étranger, la déclaration est faite au consul
de France, ou, à son défaut, au magistrat du lieu. C.
comm. 245.

1219. Le capitaine qui a fait naufrage et qui s'est

sauvé seul ou avec partie de son équipage, est tenu de se présenter au juge du lieu, ou, à défaut de juge, devant toute autre autorité civile, d'y faire son rapport, de le faire vérifier par ceux de son équipage qui se seraient sauvés et se trouveraient avec lui, et d'en lever expédition. C. com. 246.

Pour vérifier le rapport du capitaine, le juge reçoit l'interrogatoire des gens de l'équipage et, s'il est possible, des passagers, sans préjudice des autres preuves. Les rapports non vérifiés ne sont point admis à la décharge du capitaine et ne font point foi en justice, excepté dans le cas où le capitaine naufragé s'est sauvé seul dans le lieu où il a fait son rapport. La preuve des faits contraires est réservée aux parties. C. com. 247.

1220. Le capitaine ne peut abandonner son navire pendant le voyage, pour quelque danger que ce soit, sans l'avis des officiers et principaux de l'équipage; et, en ce cas, il est tenu de sauver avec lui l'argent et ce qu'il pourra des marchandises les plus précieuses de son chargement, sous peine d'en répondre en son propre nom. Si les objets ainsi tirés du navire sont perdus par quelque cas fortuit, le capitaine en demeure déchargé. C. com. 241.

[FORMULE 258e. *Rapport d'un capitaine de navire à l'arrivée dans un port.*

L'an mil huit cent... le... par-devant nous, président du tribunal de commerce de... (ou juge de paix de... ou consul de France à...)

A comparu M... capitaine du navire le... appartenant à M... armateur, demeurant à...

Lequel nous a représenté son livre de bord, qui s'est

trouvé sans blancs ni lacunes, commencé à la page...
pour le présent voyage, et finissant à la page... sur lequel registre il nous a requis d'apposer notre visa, ce
que nous avons à l'instant exécuté.

Ce fait, M... nous a rapporté qu'après être parti le...
du port de... il s'est dirigé vers... lieu de sa destination,
en passant par... et qu'il y est arrivé le... sans que son
voyage d'aller ait été marqué par aucun événement.

Qu'après avoir vendu et livré sa cargaison de... et
avoir pris un chargement nouveau de... il a mis à la
voile pour le retour, le... par un vent de... et a tenu
telle route.

Qu'arrivé à la hauteur de... le... il a éprouvé tel
coup de vent, et a été obligé de relâcher le... à...
comme le constate le procès-verbal du...; que dans ce
port il a fait faire à son navire *telle* réparation dont
l'urgence a été constatée par procès-verbal du... que
pour subvenir à cette dépense il a été autorisé par décision de M... consul de France, au port de... à vendre
quinze pièces d'huile, faisant partie de sa cargaison, et
appartenant à... suivant le connaissement dont le comparant est porteur.

Qu'il est reparti de... le... et est arrivé le... à... par
un vent de... qu'il y a rencontré... pilote lamaneur de
la nation de... qui l'a entré dans la rade... à... heures
du matin.

Duquel rapport il nous a requis acte, que nous lui
avons octroyé.

Et ledit sieur... a signé avec nous, après lecture.

(*Signatures.*)

FORMULE 259ᵉ. *Déclaration du capitaine en cas de relâche forcée.*

(Suivre la formule précédente jusqu'à la mention de la relâche, comme suit :)

Il s'est vu obligé de relâcher dans le présent port, où il se propose de faire faire au navire les radoubs nécessaires; déclarant le comparant faire la présente déclaration pour se conformer à l'art. 245 du Code de commerce.

Dont acte, et a le comparant signé avec nous et notre greffier, après lecture faite. *(Signatures.)*

FORMULE 260ᵉ. *Rapport du capitaine et interrogatoire des gens de l'équipage et des passagers, après le naufrage.*

L'an... devant nous... a comparu le sieur Surcouf, capitaine du navire *le Harpon,* qui nous a déclaré qu'il est parti de... qu'il a tenu la route de...; qu'arrivé à la hauteur de... il a été assailli par une tempête qu'il n'a pas été possible de gouverner, et qu'il a échoué sur des brisants; qu'en vue de faire vérifier ces faits, il a invité les gens de son équipage et passagers qui ont pu se sauver avec lui à faire procéder à leur interrogatoire, et il a signé. *(Signature.)*

Nous, juge de paix, avons donné acte au comparant de son rapport, et aussitôt avons procédé à l'interrogatoire des gens de mer et passagers, ainsi qu'il suit :

1° A comparu le sieur (un des officiers) lequel, après avoir prêté serment de dire la vérité, a déclaré se nommer... (*nom, prénom, âge, qualité et demeure*); interpellé sur les faits relatifs au naufrage, il a déclaré...

Lecture faite au témoin de sa déclaration, il a dit persister, et il a signé avec nous et le greffier;

2°...

Et, de tout ce que dessus, avons fait et dressé le présent procès-verbal, et l'avons signé avec notre greffier.

(Signatures.)

FORMULE 261ᵉ. *Rapport d'un capitaine, après abandon de son navire.*

L'an... devant nous... juge de paix du canton de... assisté de... notre greffier,

A comparu le sieur... demeurant à... capitaine du navire le... du port de... armé par le sieur... jaugeant ... tonneaux.

Lequel nous a déclaré qu'il est parti le... du port de... pour la destination de... qu'il a suivi la route de... que, par le résultat de... *tel accident*, son navire ayant été mis dans l'impossibilité de tenir la mer, il s'est vu obligé de l'abandonner, après avoir pris l'avis des officiers et des principaux de l'équipage; qu'il n'a pu sauver que *telle* somme (*ou telles marchandises*), et qu'il est arrivé en ce port cejourd'hui...

Duquel rapport nous avons dressé le présent acte, qui a été signé par ledit capitaine, par nous et notre greffier, après lecture faite. (*Signatures.*)

(*Interrogatoire des gens de l'équipage et des passagers comme ci-dessus.*)

SECTION 5.— *État des pertes et dommages en cas de jet à la mer.*

1224. Si, par tempête ou par la chasse de l'ennemi, le capitaine se croit obligé, pour le salut du navire, de jeter en mer une partie de son chargement, de couper ses mâts ou d'abandonner ses ancres, il prend l'avis des intéressés au chargement qui se trouvent dans le vaisseau et des principaux de l'équipage. S'il y a diversité d'avis, celui du capitaine et des principaux de l'équipage est suivi. C. com. 410.

1222. Le capitaine est tenu de rédiger par écrit la délibération, aussitôt qu'il en a les moyens. La délibération exprime les motifs qui ont déterminé le jet, les objets jetés ou endommagés. Elle présente la signature des délibérants, ou les motifs de leur refus de signer. Elle est transcrite sur le registre. C. com. 412.

1223. Au premier port où le navire abordera, le capitaine est tenu, dans les vingt-quatre heures de son arrivée, d'affirmer les faits contenus dans la délibération transcrite sur le registre. C. com. 413.

1224. L'état des pertes et dommages est fait dans le lieu du déchargement du navire, à la diligence du capitaine et par experts. Les experts sont nommés par le tribunal de commerce, si le déchargement se fait dans un port français. Dans les lieux où il n'y a pas de tribunal de commerce, les experts sont nommés par le juge de paix. Ils sont nommés par le consul de France, et, à son défaut, par le magistrat du lieu, si la décharge se fait dans un port étranger. Les experts prêtent serment avant d'opérer. C. com. 414.

FORMULE 262e. *Requête et ordonnance pour la nomination d'experts dans le cas de jet à la mer.*

A M. le juge de paix du canton de...

Expose le sieur Surcouf, capitaine du navire dit *le Harpon*, qu'étant en proie à la tempête, et pour sauver son navire, il s'est vu forcé, après avoir pris l'avis des intéressés au chargement et des principaux de l'équipage, de jeter à la mer une partie de son chargement, laquelle consistait en... ainsi qu'il résulte de la délibération transcrite sur son registre, et dûment enregistrée.

En conséquence, et pour se conformer aux dispositions de la loi, l'exposant demande qu'il vous plaise nommer trois experts pour estimer les pertes et dommages qui ont été le résultat de l'événement ci-dessus.

(*Signatures.*)

Nous, juge de paix,

Vu la requête ci-dessus et la déclaration y énoncée;

Procédant en vertu de l'art. 414 du Code de commerce;

Nommons pour experts aux fins requises les sieurs... lesquels, informés de cette commission, se sont présentés, ont déclaré l'accepter, ont prêté en nos mains le serment requis, et déclaré qu'ils allaient immédiatement procéder;

Et ont lesdits experts signé avec nous.

Cejourd'hui...   (*Signatures.*)

CHAPITRE IV.—Attributions extrajudiciaires des juges de paix, résultant de diverses lois.

SECTION 1re. — *Certificats de propriété ou actes de notoriété pour transferts de la dette publique, par suite de succession, donation, etc.*

1225. En cas de mutation de rentes sur l'Etat autrement que par la vente du titre, le nouvel extrait d'inscription est délivré à l'ayant droit, sur le simple rapport de l'ancien état d'inscription, et d'un certificat de propriété ou d'un acte de notoriété contenant ses nom, prénoms et domicile, la qualité en laquelle il procède, l'indication de sa portion dans la rente, et l'époque de sa jouissance. — Le certificat qui est rapporté, après avoir été dûment légalisé, est délivré par le notaire détenteur de la minute, lorsqu'il y a eu inventaire et partage, par acte public, ou transmission gratuite, à titre entre-vifs ou par testament. Il l'est par le juge de paix du domicile du décédé, sur l'attestation de deux citoyens, lorsqu'il n'existe aucun desdits actes en forme authentique. Si la mutation s'est opérée par jugement, le greffier dépositaire de la minute délivre le certificat. Loi du 28 floréal an VII, art. 6.

FORMULE 263ᵉ. *Certificat de propriété en cas de transfert de rentes sur l'État.*

Nous... juge de paix du canton de... arrondissement de.., département de... certifions, conformément à la loi du 28 floréal an VII, art. 6, et sur l'attestation des sieurs... (*prénoms, noms, qualités et demeure de deux citoyens*), que le sieur Charles Riter, rentier, demeurant à... est décédé *intestat* dans cette ville, le..., qu'après son décès il n'a pas été fait d'inventaire, et que Louis et Eugénie Riter, majeurs, propriétaires, demeurant à,.. ses deux seuls enfants, et ses seuls héritiers naturels, sont seuls propriétaires de la rente inscrite au livre de la dette publique, sous le nom dudit feu Charles Riter, série... nº...; que le sieur Louis et la demoiselle Eugénie Riter ont droit chacun pour une moitié à la propriété de ladite rente.

Et ont lesdits témoins signé avec nous le présent acte qui a été fait à... le... 18...   (*Signatures.*)

SECTION 2.— *Certificats d'individualité pour toucher une rente ou pension due par le Trésor.*

1226. Les propriétaires de rentes ou pensions dues par le Trésor, qui en recevront eux-mêmes les arrérages, seront tenus de justifier d'un certificat d'individualité, conforme au modèle annexé au présent décret; ce certificat, expédié sur papier au timbre de vingt-cinq centimes, sera délivré sans frais par les maires des communes, ou les juges de paix du canton, dont les signatures seront dûment légalisées. Décret du 26 fructidor an XIII, art. 1er (1).

FORMULE 264e. *Certificat d'invidualité à délivrer par un maire ou juge de paix au créancier d'une pension sur le Trésor.*

Je soussigné, maire de la commune de... département de... (*ou juge de paix du canton de... département de...*), certifie que... (*mettre les nom et prénoms*), ici présent, demeurant à... canton de... et porteur d'un extrait d'inscription 5 pour 100 consolidés (*ou d'un extrait d'inscription viagère*, ou d'un *certificat d'inscription de pension*), délivré en son nom pour la somme annuelle de... sous le n°... est véritablement l'individu ci-dessus dénommé, pour m'être parfaitement connu, et a signé avec moi, après lecture faite, à... le...

(*Signatures.*)

SECTION 3. — *Justification à faire par les héritiers des officiers décédés, pour obtenir le payement des sommes acquises à ces militaires à l'époque de leur décès.*

1227. Les héritiers des officiers décédés doivent, pour obtenir le payement des sommes acquises à ces militaires à l'époque de leur décès, à titre de solde d'activité, solde de retraite, traitement de réforme, ou autres attributions d'un service personnel, faire les jus-

(1) Aujourd'hui les rentes sur l'État se payent sans certificat d'individualité au porteur du titre; et les pensions, sur un certificat de vie délivré exclusivement par les notaires. Décret du 21 août 1806; ord. des 30 juin 1814 et 6 juin 1839.

tifications prescrites par les articles suivants. Décret du 1er juillet 1809, art. 1er.

Si l'officier décédé n'a point fait de dispositions testamentaires, les héritiers présentent, avec l'acte de décès du titulaire, un acte de notoriété dressé par le juge de paix du domicile de l'officier décédé, sur l'attestation de deux témoins. Cet acte constate que ceux qui se présentent sont seuls et uniques héritiers du défunt. Art. 2.

1228. Si le défunt n'a pas laissé d'enfants, et qu'il existe un testament par-devant notaire, portant nomination d'un héritier ou d'un légataire universel, l'héritier, ou le légataire, rapportera un extrait de ce testament, qui lui aura été délivré par le notaire. Art. 3.

Si le testament est olographe, ou mystique, l'héritier ou le légataire rapportera l'expédition d'envoi en possession qui aura été délivrée par le président du tribunal de première instance, conformément à l'art. 1008 du Code civil. Art. 4.

1229. Les formes voulues par les articles ci-dessus seront aussi suivies à l'égard des pensions, ou soldes de retraite des sous-officiers et soldats décédés. Art. 5.

FORMULE 265e. *Attestation pour obtenir des sommes dues à des militaires décédés.*

Nous... juge de paix du canton de... arrondissement de... département de... certifions, conformément au décret du 1er juillet 1809, et sur l'attestation des sieurs... (*prénoms, noms, qualités et demeure de deux citoyens*) que le sieur... capitaine au 52e régiment d'infanterie (en activité *ou* en retraite), est décédé intestat dans cette ville, le... qu'après son décès il n'a pas été fait d'inventaire, et que... (*Noms, prénoms, qualités et demeure des héritiers*), sont ses seuls héritiers, et qu'en cette qualité ils ont droit, par égales parts et portions, à toucher tout ce qui était dû au défunt, pour solde d'activité (*ou* pour solde de retraite, *ou* pour traitement de réforme, *ou autres attributions du service personnel*,; et ont lesdits témoins signé avec nous le présent acte, qui a été fait à... le... 1850.   (*Signatures.*)

SECTION 4. — *Remboursement des cautionnements des titulaires d'offices, décédés ou interdits.*

1230. La Caisse d'amortissement est autorisée à rembourser les cautionnements des titulaires décédés, des interdits, aux héritiers et ayants droit, sur simple rapport : 1° du certificat d'inscription ou des titres constatant le payement du cautionnement; 2° des certificats de *quitus* d'affiche et de non-opposition prescrits par les lois des 25 nivôse et 6 ventôse an XIII; 3° et d'un certificat ou d'un acte de notoriété contenant les noms, prénoms et domicile des héritiers et ayants droit, la qualité en laquelle ils procèdent et possèdent, l'indication de leurs portions dans le cautionnement à rembourser, et l'époque de leur jouissance.

Ce certificat devra être délivré par le notaire détenteur de la minute, lorsqu'il y aura eu inventaire ou partage par acte public, ou transmission gratuite à titre entre-vifs ou par testament.

Il le sera par le juge de paix du domicile du décédé, sur l'attestation de deux témoins, lorsqu'il n'existera aucun desdits actes en forme authentique.

Si la propriété est constatée par jugement, le greffier dépositaire de la minute délivrera le certificat.

1231. Les certificats seront assujettis au simple droit d'enregistrement de 1 franc, devront être légalisés par le président du tribunal de première instance, et conformes aux modèles annexés au présent décret. Décret du 18 septembre 1806.

FORMULE 266ᵉ. *Certificat pour remboursement de cautionnement de titulaires décédés.*

Je soussigné... (*nom, prénoms*), juge de paix du canton de... arrondissement de... département de... certifie, conformément au décret du 18 septembre 1806, et sur l'attestation de... (*noms, prénoms, qualités et résidences des deux témoins*), que le sieur... (*nom, prénoms et qualité du titulaire*) est décédé à... le... *intestat;* qu'après son décès il n'a pas été fait d'inventaire, et que dame... sa veuve, demeurant à... *ou que tel ou tels (mettre les noms, prénoms, qualités et résidences*), son seul héritier (*ou ses seuls héritiers*), est propriétaire (*ou sont propriétaires*) du capital et des intérêts du cautionnement que ledit sieur... a fourni en sa susdite qualité, et qu'il a droit (*ou qu'ils ont droit*) d'en recevoir le remboursement.

(*Ce certificat énonce la portion afférente à chacun des ayants droit; et, s'il y a des mineurs, les noms des tuteurs qui ont droit de toucher pour eux.*)

Fait à...

(*Ce certificat doit être légalisé.*)

SECTION 5. — *Exécutoire pour remboursement des droits d'enregistrement et de timbre aux officiers publics qui ont fait l'avance.*

1232. Les notaires, greffiers, huissiers et autres ayant pouvoir de faire des exploits, qui sont forcés de faire pour leurs clients l'avance des droits d'enregistrement, peuvent prendre exécutoire du juge de paix de leur canton pour leur remboursement. Loi 22 frim. an VII, art. 29, 30.

1233. Il en est de même pour les droits de timbre et les amendes. Arg. art. 76, loi 28 avr. 1816, qui a autorisé la voie de contrainte pour ces sortes de droits.

1234. Mais l'exécutoire ne peut comprendre les honoraires : ils forment une créance distincte des déboursés.

1235. Le droit des officiers publics à l'exécutoire peut être exercé par leurs héritiers ou ayants cause. Bousquet, n° 627.

1336. L'exécutoire est délivré contre chacune des parties qui a figuré dans l'acte. Il y a solidarité entre elles pour le remboursement de ce qui est dû à l'officier ministériel. Cass. 26 juin 1820.

1237. Ce mode de contrainte n'est toutefois que facultatif, et les officiers publics peuvent prendre la voie d'action, s'ils le préfèrent. Toullier, 7, n° 156; Rolland, v° *Exécutoire*, n° 5.

Ainsi, lorsque les avances ne s'élèvent pas à 200 fr. (art. 1er, loi 25 mai 1838), ils ont le droit de se pourvoir par action ordinaire devant le juge de paix, et ils obtiennent une hypothèque qu'ils ne pourraient trouver dans l'exécutoire.

1238. L'exécutoire se délivre au bas d'une requête présentée au juge de paix et à laquelle on joint copie de la quittance des droits payés. La minute de cette quittance doit en outre être représentée, et la mention de cette représentation constatée dans l'exécutoire. La requête est mise au rang des minutes du greffe; elle ne forme qu'un seul acte avec l'exécutoire dont le greffier expédie une grosse. Victor Fons, 15, n° 28.

1239. L'opposition et toutes contestations sur un pareil exécutoire sont jugées suivant les formes particulières aux instances poursuivies au nom de la régie, c'est-à-dire par le tribunal civil, sur simples mémoires respectivement signifiés, et sans autres frais que ceux du timbre, enregistrement et signification de jugement. Loi 22 frim. an VII, art. 30 et 65.

1240. L'exécutoire est soumis au timbre (loi 13 brumaire an VII, art. 12); mais il peut être mis ensuite et sur la même feuille de papier timbré que l'état des avances, suivi de la requête. Instr. gén. 23 juill. 1811, n° 533.

1241. L'exécutoire est soumis à un droit de 50 cent. par 100 francs. Le droit ne peut pas être au-dessous de 1 franc. L. 28 frim. an VII, art. 68, § 1, n° 59, § 2, n° 9.

Les 50 cent. par 100 francs sont dus par chaque débiteur séparé. Mais il n'y a lieu qu'à percevoir le droit fixe de 1 franc lorsque les droits proportionnels n'excèdent pas cette somme. Déc. min. fin. 28 oct. 1818; Bioche, au mot *Exécutoire*.

FORMULE 267e. *Exécutoire pour contraindre au remboursement d'avances faites pour le droit d'enregistrement.*

L'an... le... par-devant... est comparu le sieur A... (*prénoms, nom et profession du requérant*).

Lequel nous a dit qu'en sa qualité de... il avait été obligé de faire pour le sieur B... (*prénoms, nom, profession et domicile de celui pour qui l'avance a été faite*) l'avance des frais de l'enregistrement de... (*énoncer l'acte*) montant à... suivant la quittance du sieur... préposé à l'enregistrement au bureau de... étant au bas dudit acte à nous représenté; pour quoi de nous requier exécutoire du montant de ladite somme.

Nous, juge de paix susdit, vu l'acte du... au bas duquel est la relation du préposé en date du... contenant mention du payement de la somme de... pour les droits d'enregistrement, disons que par le premier huissier sur ce requis, le sieur B... sera contraint par toutes voies de droit de payer au sieur A... la somme de... pour remboursement de l'avance par lui faite des droits d'enregistrement de l'acte sus-énoncé.

(Signature du juge.)

La partie requérante se fera expédier cet acte en forme exécutoire.

SECTION 6. — *Ordonnance du juge de paix pour autoriser les receveurs de l'enregistrement à délivrer extrait de leurs registres.*

1242. Les receveurs de l'enregistrement ne peuvent délivrer d'extraits de leurs registres que sur une ordonnance du juge de paix, lorsque ces extraits ne sont pas demandés par quelqu'une des parties contractantes ou leurs ayants cause. Loi 22 frim. an VII, art. 58.

FORMULE 268°. *Ordonnance pour avoir extrait des registres du préposé au droit d'enregistrement.*

L'an... le... par-devant... est comparu... lequel nous a dit que dans l'instance pendante entre lui et le sieur... il a intérêt de prouver...; que pour y parvenir il lui serait nécessaire d'avoir extrait des registres du préposé au droit d'enregistrement au bureau de... dans l'arrondissement de notre canton, en ce qui concerne...; mais que n'étant ni partie, ni héritier, ni successeur des parties contractantes audit acte, il a besoin de notre autorité pour avoir expédition de ladite pièce, et a signé.

(*Signature.*)

Nous, juge de paix susdit, autorisons le requérant à se faire délivrer par le sieur A... receveur des droits d'enregistrement, au bureau de... extrait de ses registres en ce qui concerne l'acte du...

Donné à... les jour et an susdits.

(*Signature du juge.*)

SECTION 7. — *Visa du juge de paix pour rendre exécutoires les contraintes des receveurs de l'enregistrement et des contributions indirectes.*

1243. En matière de contributions indirectes, la contrainte décernée par le directeur ou le receveur de la régie, contre les redevables en retard, doit être visée et déclarée exécutoire sans frais, par le juge de paix du canton où le bureau de perception est situé. Décret 1er germ. an XIII, art. 44.

1244. Il en est de même des contraintes décernées par les receveurs de l'enregistrement pour le payement des peines et amendes prononcées pour contravention en cette matière. Loi 22 frim. an VII, art. 62.

1245. Si le juge de paix refuse de viser la contrainte pour être exécutée, il se rend responsable des valeurs pour lesquelles la contrainte aura été décernée. Décret 1er germ. an XIII, art. 44.

FORMULE 269e. *Visa et exécutoire des contraintes de la régie de l'enregistrement et des contributions indirectes.*

Vu la contrainte ci-dessus délivrée contre le sieur... nous, juge de paix du canton de... ordonnons qu'elle sera exécutée selon sa forme et teneur.

Fait à... ce... 18...   (*Signature.*)

1246. Une ordonnance du 27 novembre 1823 charge le procureur de la République de la vérification des registres de l'état civil, prescrite par l'art. 53 C. civ., dans les quatre premiers mois de chaque année. Le procès-verbal doit être divisé par cantons et subdivisé par communes et par nature de registres. — Il désigne les actes défectueux par le numéro correspondant du registre dont ils font partie, et doit indiquer les contraventions en énonçant les articles du Code civil dont les dispositions auront été violées.

1247. Les procureurs de la République peuvent, lorsqu'ils le jugent nécessaire, se transporter sur les lieux, et vérifier les registres de l'année courante. Ils peuvent, dans le même cas, déléguer le juge de paix du canton dans lequel sera située la commune dont les registres devront être vérifiés. Même décret, art. 5.

Le décret du 26 novembre 1823 trace, comme suit, les formes de la vérification et la formule.

FORMULE 270ᵉ. *Procès-verbal de vérification annuelle (ou accidentelle) des registres de l'état civil.*

Justice de paix de...

Département de...

Arrondissement de...

L'an... le... nous... juge de paix du canton de..., délégué par M. le procureur de la République près le tribunal de... agissant en exécution de l'art. 53 C. civ. et de l'ordonnance royale en date du 26 novembre 1823, et après avoir fait transporter du greffe dans..., sous notre récépissé, les registres de l'état civil des communes de l'arrondissement pour l'année... nous avons

procédé à la vérification des actes inscrits auxdits registres, et, en conséquence de cette opération, reconnu
et constaté les contraventions dont le détail suit :

Canton de... commune de...

Registre de naissance...

(*Indiquer*) : — 1° S'ils sont tenus conformément aux
art. 40 et 52 C. civ., et s'ils ne sont pas inscrits sur des
registres timbrés, ainsi qu'il est prescrit par les lois du
13 brumaire an VII (3 nov. 1798), et 28 avr. 1816;
— 2° le numéro de l'acte où se trouverait quelque contravention ; — 3° si l'inscription des actes a été faite sur
une feuille volante et autrement que sur les registres à
ce destinés ; s'il s'y trouve des indices de faux ou d'altération (art. 52 C. civ.); — 4° si l'inscription des actes
ne s'est pas faite sur les deux registres, ou ne s'y est pas
faite d'une manière uniforme (art. 40, C. civ.); — 5° si
l'on a laissé des blancs ou des intervalles sur les registres; si les renvois et les ratures n'ont pas été approuvés et signés de la même manière que le corps de l'acte,
si l'on s'est servi d'abréviations, de dates en chiffres
(art. 41 et 42 C. civ.);— 6° si l'on a omis des paraphes,
et d'annoncer les pièces produites, d'en faire mention
à la marge (art. 44, 49, 98 et 101 C. civ.); de faire les
tables (L. du 20 septembre 1792 et décret du 20 juillet
1807); 7° si l'on a omis d'énoncer l'année, le jour et
l'heure où les actes ont été reçus; les prénoms, nom,
âge, profession et domicile de tous ceux qui y sont dénommés (art. 34 et 57 C. civ.); — 8° si la déclaration
a été faite tardivement ou par des personnes non pré-
posées ou non autorisées; si l'on a omis de présenter
l'enfant, d'indiquer son sexe; si l'acte renferme des

énonciations proscrites et illégales (art. 35, 36, 55, 56, 57 C. civ.); — 9° si l'acte a été rédigé tardivement, en l'absence du nombre de témoins requis, ou devant des témoins incapables par leur âge ou par leur sexe, ou non choisis par les parties intéressées (art. 37, 56 C. civ.); — 10° s'il n'a pas été fait de lecture et de mention de lecture de l'acte; s'il n'a été signé ou fait mention que tels n'ont pu signer (art. 38 et 39 C. civ.); — 11° s'il n'a pas été dressé procès-verbal de remise d'un enfant trouvé et de ses vêtements et effets; si l'on n'a pas énoncé les circonstances du temps et du lieu où il a été trouvé, et indiqué l'autorité à laquelle il a été remis (art. 58 C. civ.); — 12° si l'on n'a pas inscrit sur les registres l'acte de naissance d'un enfant né sur mer ou à l'armée (art. 61, 62, 93, 98 C. civ.), ou l'arrêt qui aurait confirmé une adoption (art. 359 G. civ.).

Registres des publications de mariage. — Voy. ci-dessus les formalités matérielles et générales des actes. (Indiquer, en outre, pour les formalités spéciales) : — 1° S'il n'y a pas eu d'affiches, si les publications étaient anticipées ou surannées, si elles ont été faites un autre jour que le dimanche et ailleurs qu'à la porte de la mairie; si le mariage a été célébré sur une seule publication, sans preuve qu'on ait obtenu de dispenses (art. 63, 64 et 65 C. civ.); — 2° s'il n'a pas été fait mention des oppositions, des jugements ou actes de mainlevée, d'annexe de pièces requises (art. 66 et 67 C. civ.).

Registre des mariages. — Voy. ci-dessus pour les formalités matérielles et générales des actes.

Indiquer, en outre, pour les formalités spéciales, si

l'on a omis de faire mention : — 1° des deux publications dans les divers domiciles, ou des dispenses de la deuxième publication (art. 76, 165, 166, 167, 168 et 169 C. civ.); — 2° de la mainlevée d'opposition, ou de l'énonciation qu'il n'y a point eu d'opposition (art. 68, 69 et 76 C. civ.); 3° des dispenses d'âge ou de parenté obtenues (art. 144, 145, 163 et 164 C. civ.); — 4° de la remise des actes de naissance des futurs ou des actes de notoriété homologués, d'indication des lieux de naissance et domicile des époux (art. 70, 71, 72, 74, 76 et 147 C. civ.); — 5° du consentement, soit des ascendants, soit du Conseil de famille ou du tuteur *ad hoc;* soit, à défaut de consentement obtenu, des actes respectueux qui ont dû être faits (art. 73, 76, 148, 149, 150, 151, 152, 153, 154, 155, 198, 159, 160 C. civ.); — 6° de la célébration publique du mariage à la mairie, ou dans une maison ouverte, le cas échéant, en présence de quatre témoins (art. 73, 75 et 76 C. civ.); — 7° de la lecture du chap. VI C. civ., au titre du mariage (art. 73); — 8° de la déclaration réciproque des futurs (art. 75, 76 C. civ.); 9° du prononcé de l'union par l'officier de l'état civil (art. 75 et 76 C. civ.); — 10° de la déclaration de quel côté et à quel degré les témoins produits sont parents ou alliés des parties pour le cas où ils ne sont pas étrangers (art. 76 C. civ.); — 11° de la légitimation d'enfants naturels légalement reconnus, s'il y a lieu (art. 331 C. civ.); — 12° si l'on a omis de transcrire sur les registres les actes de célébration de mariage reçus à l'armée ou à l'étranger (art. 95, 98, et 171 C. civ.).

Registre des décès. — Voyez ci-dessus pour les formalités matérielles et générales des actes.

(Indiquer en outre, pour les formalités spéciales : — 1° Si les déclarations ont été faites par d'autres personnes que celles qui sont chargées de les faire (art. 77, 78, 80, 82, 83, 84, 96 Code civil); — 2° si l'état civil du défunt n'a pas été déclaré; si l'on n'a pas énoncé les noms et prénoms du conjoint, s'il y a lieu, le lieu de la naissance, les noms des père et mère, la qualité des déclarants, leur degré de parenté (art. 79 Code civil); — 3° si les actes contiennent quelques mentions illégales et prescrites, relatives au genre de mort (art. 85 Code civil); 4° si l'on a omis d'inscrire sur les registres les actes de décès envoyés d'ailleurs (art. 86, 87, 96 et 98 Code civil).

Et après avoir vérifié successivement lesdits registres et actes dans l'ordre ci-dessus établi, nous avons, par une lettre d'instruction par nous adressée à l'officier de l'état civil de la commune de... indiqué celles des irrégularités ci-dessus relevées qui peuvent et doivent être réparées tant par son fait que par celui des parties, déclarants et témoins, sans nuire à la substance des actes : avons aussi rappelé à l'exécution des mesures propres à prévenir le retour des contraventions à la loi : de tout quoi nous avons rédigé et clos le présent procès-verbal. — Clos et arrêté en la mairie de... à... le... 1850, et avons signé.

SECTION 9. — *Serment des gardes champêtres, gardes particuliers, employés des contributions indirectes et autres.*

1248. Les juges de paix reçoivent le serment des gardes champêtres et des gardes particuliers (loi 28 septembre 6 octobre et 1791); celui des préposés de la régie des contributions indirectes (décret du 1er germinal an XIII); celui des employés de l'octroi (loi du 7 frimaire an VIII); à moins qu'il n'y ait un tribunal civil dans le lieu où ils exercent (ordonnance du 9 décembre 1814); celui des employés de l'administration des postes. Loi du 26 août 1790.

Dans les cantons dont le territoire est contigu au Rhin, les juges de paix reçoivent le serment des préposés ou employés au service de la surveillance du fleuve, ou à la perception des droits de navigation, des experts chargés de visiter les embarcations, des membres des commissions de surveillance chargés de la police des ports d'embarquement ou de débarquement. Loi du 21 avril 1832.

Ils reçoivent, chacun dans sa juridiction, le serment des gardes du canal du Midi. Loi du 21 vendémiaire an V.

1249. Par arrêt du 10 juin 1843, la Cour de cassation a jugé que la loi du 31 août 1830, qui ordonnait aux gardes champêtres, comme à tous les autres fonctionnaires, de prêter le serment politique devant le tribunal civil de leur arrondissement, avait par là même abrogé la disposition précitée de la loi de 1811, qui les obligeait à remplir cette formalité devant le juge de paix. Mais le serment politique ayant été aboli par le décret du gouvernement provisoire du 1er mars 1848, il n'y a plus de raison pour que les gardes forestiers ne prêtent, comme les autres employés dénommés plus haut, serment devant le juge de paix.

FORMULE 271ᵉ. *Prestation de serment des préposés et employés, devant le juge de paix.*

Le... l'an... est comparu devant nous... juge de paix

du canton de... département de... le sieur... (*prénoms, nom et domicile du comparant*) nommé à (*énoncer la place ou commission à laquelle il est nommé, et le titre en vertu duquel il la remplit*), lequel a prêté devant nous le serment de bien et fidèlement remplir les fonctions attachées à la place (*ou* commission) sus-énoncée, et a signé avec nous et notre greffier.

(*Le greffier certifie sur la commission même de l'employé la prestation de serment en ces termes :*)

Il résulte d'un procès-verbal en date du... dressé par M. le juge de paix du canton de... que M... a prêté le serment exigé par la loi : ledit procès-verbal enregistré le...

Certifié véritable par le greffier soussigné, ce... 1850

(*Signature, et à côté le sceau de la justice de paix.*)

1250. Les juges de paix reçoivent également le serment des débitants de tabac. Circulaire du directeur des contributions indirectes, du 17 janvier 1817.

Dans ce dernier cas, le serment est prêté de la manière suivante :

« Je jure de bien et fidèlement remplir les fonctions qui me sont confiées; je promets, en outre, de distribuer sans altération, et aux prix fixés, les tabacs qui me seront confiés par l'administration ; de faire connaître à la régie les fraudeurs et les contraventions qui viendraient à ma connaissance, et de coopérer à tous procès-verbaux, saisies et arrestations de contrevenants, dès que j'en serai requis par les préposés ou agents publics ayant droit de verbaliser. »

SECTION 10.— *Affirmation des procès-verbaux.*

1251. C'est devant le juge de paix que sont affirmés les procès-verbaux des préposés des douanes et des préposés de l'octroi (loi du 22 août 1791, art. 18); des employés des impositions indirectes (décret du 1er germinal, an XIII, art. 25 et 26); des gardes champêtres (loi du 22 juillet 1791); des gardes forestiers (*Code forestier*, 165); des gardes-pêche, des conducteurs des ponts et chaussées, des employés des ponts à bascules, des gendarmes.

1252. Les juges de paix sont au nombre des officiers que la loi charge de rédiger les procès-verbaux des gardes illettrés. Loi du 25 décembre 1790, art. 1er.

FORMULE 272e. *Affirmation d'un procès-verbal devant le juge de paix.*

Par-devant nous, juge de paix du canton de... arrondissement de... département de... s'est présenté aujourd'hui.... à... heure, le sieur (*prénoms, nom et qualité de l'affirmant*), lequel nous a remis le procès-verbal dont la teneur précède, qu'il a affirmé sincère et véritable, en requérant acte de cette affirmation, que nous lui avons octroyé, après lui avoir donné lecture du tout. Et a ledit sieur... signé ici avec nous.

(Signatures.)

FORMULE 273e. *Procès-verbal dressé sur la déclaration d'un garde champêtre qui ne sait pas écrire.*

Cejourd'hui... l'an... est comparu devant nous... juge de paix du canton de... département de... (*prénoms, nom et demeure du comparant*) garde champêtre de la commune de...

Lequel nous a dit que, ne sachant écrire, il nous prie

de rédiger et d'écrire le rapport qu'il nous a fait dans les termes suivants :

Cejourd'hui (*ou le jour d'hier*) heure de... (*mettre la déclaration du garde champêtre sur le délit dont il s'agit*); et a ledit... affirmé devant nous la déclaration ci-dessus, et a signé avec nous (*ou bien* a déclaré ne savoir signer*), après lecture faite...

(*Signatures.*)

SECTION 11.— *Ouverture de ballots, malles, caisses, paquets et autres objets non réclamés dans les six mois.*

1253. Les ballots, caisses, malles, paquets et tous autres objets remis à des entrepreneurs, soit de roulage, soit de messageries par terre ou par eau, lorsqu'ils n'auront pas été réclamés dans le délai de six mois, à compter du jour de l'arrivée au lieu de leur destination, seront vendus par voie d'enchère publique, à la diligence de la régie de l'enregistrement, et après l'accomplissement des formalités suivantes. Décret 13 août 1810, art. 1er.

A l'expiration du délai qui vient d'être fixé, les entrepreneurs de messageries et de roulage devront faire aux préposés de la régie de l'enregistrement la déclaration des objets qui se trouveront dans le cas de l'article précédent. Même décret, art. 2.

Il sera procédé par le juge de paix, en présence des préposés de la régie de l'enregistrement et des entrepreneurs de messageries ou de roulage, à l'ouverture et à l'inventaire des ballots, malles, caisses et paquets. Même décret, art. 3.

Les articles suivants du décret indiquent les formali-

'tés à suivre pour la vente et pour la publicité à lui
donner.

FORMULE 274ᵉ. *Requête et ordonnance pour ouverture de caisses ou colis.*

A M. le juge de paix du canton de...

Expose le sieur Hue, directeur des messageries générales dont le siége est à Paris, rue Saint-Honoré, nᵒ...
demeurant à... rue... que, pendant le mois d'août 1849,
il a reçu savoir: le 1ᵉʳ une balle de marchandises à l'a-
dresse de... (*désigner les divers objets reçus chaque jour
du mois d'août, avec les adresses*); que les destinataires
ne s'étant pas présentés pour retirer les balles et colis à
leur adresse, l'exposant se mit en devoir de les faire
prévenir; mais, nonobstant ses démarches réitérées, il
n'a jamais pu les découvrir dans cette ville, ni personne
de leur nom.

En conséquence, et vu les dispositions du décret du
13 août 1810, l'exposant demande qu'il vous plaise désigner les jour et heure auxquels il sera par vous procédé à l'ouverture desdits colis et à l'inventaire des objets y contenus, en présence du préposé de l'enregistrement.   (*Signature.*)

Nous, juge de paix,

Vu la requête ci-dessus et le décret du 13 août 1810,

Ordonnons qu'il sera par nous procédé à l'ouverture
et à l'inventaire des colis désignés en la requête ci-dessus, le... à... heures du... en présence de M. le receveur
de l'enregistrement, ou lui dûment appelé.

Donné à... ce...   (*Signature.*)

1254. En vertu de cette ordonnance, citation est
donnée au préposé de l'enregistrement, et, aux jour

et heure indiqués, le juge de paix rédige le procès-verbal.

FORMULE 275ᵉ. *Procès-verbal d'ouverture de caisses ou colis.*

L'an... nous...

En vertu de la susdite ordonnance enregistrée, nous nous sommes transporté dans l'établissement du sieur Hue, directeur en cette ville des messageries générales, dont le siége est à Paris, rue Saint-Honoré, nᵒ... où nous avons trouvé ledit sieur Hue et M... receveur de l'enregistrement au bureau de cette ville, qui ont requis tous deux l'ouverture et l'inventaire de ladite caisse. En même temps le sieur Hue, directeur, nous a présenté les feuilles et registres sur lesquels sont inscrits (*mentionner chaque article relatif à chaque colis, et aussi la représentation des colis avec leurs adresses; constater que les colis sont entiers et intacts*). Et, attendu qu'ils n'ont pas été réclamés dans le délai de six mois, à compter du jour de l'arrivée à leur destination, nous en avons fait faire l'ouverture en présence des sus-nommés, et en avons extrait les objets suivants, que nous avons inventoriés comme suit :

(*Décrire le contenu de chaque caisse, 1ᵒ... 2ᵒ... 3ᵒ... en mentionnant l'adresse.*)

L'inventaire étant terminé, nous avons laissé les caisses et lesdits effets au sieur Hue, qui s'en est chargé comme dépositaire de justice, jusqu'au moment où il sera procédé à la vente à la diligence de M. le receveur de l'enregistrement.

Et avons du tout dressé procès-verbal, qui a été signé par le sieur Hue, par le receveur, par nous et le greffier, après lecture faite.

SECTION 12.—*Échenillage.*— *Contrainte pour les frais d'échenillage.*

1255. Dans le cas où les propriétaires ou fermiers négligent l'échenillage, les maires et adjoints le font faire aux dépens de ceux qui l'ont négligé, par des ouvriers qu'ils choisissent. L'exécutoire de ces dépenses leur est délivré par le juge de paix, sur les quittances des ouvriers, sans que ce payement puisse les dispenser de l'amende. L. du 26 vent. an IV, art. 7.

FORMULE 276e. *Exécutoire pour frais d'échenillage.*

Nous, juge de paix du canton de...

Vu l'arrêté de M. le maire de... en date de... par lequel il était enjoint au sieur Pierre Tanguy, propriétaire au même lieu, de faire écheniller ses propriétés dans le délai de huitaine ;

Vu la réquisition de ce magistrat au sieur Marly, journalier, de procéder audit échenillage à défaut du sieur Tanguy, qui n'a pas obtempéré audit arrêté ;

Vu la quittance en date du... donnée par ledit Marly ;

Mandons et ordonnons, conformément à la loi du 26 ventôse an IV, art. 7, à tout huissier requis, de contraindre le sieur Tanguy par les voies ordinaires, à restituer à M... maire de la commune de... la somme de... qu'il a payée au sieur Marly, pour ses travaux d'échenillage dans la propriété du sieur Tanguy.

Fait à... le...

SECTION 13. — *Saisie de bestiaux et instruments de labour par les gardes forestiers.*

1256. Dans le cas de saisie des bestiaux, instruments de labour, voitures et attelages par les gardes forestiers, les juges de paix peuvent donner mainlevée provisoire des objets saisis, à la charge du payement des frais de séquestre, et moyennant une bonne et valable caution. — En cas de contestation sur la solvabilité de la caution, il est statué par le juge de paix. C. forest. 168.

1257. Si les bestiaux saisis ne sont pas réclamés dans les cinq jours qui suivent le séquestre, ou s'il n'est pas fourni bonne et valable caution, le juge de paix en ordonne la vente à l'enchère, au marché le plus voisin. Il y est procédé à la diligence du receveur des domaines, qui la fait publier vingt-quatre heures d'avance. — Les frais de séquestre et de vente sont taxés par le juge de paix, et prélevés sur le produit de la vente; le surplus reste déposé entre les mains du receveur des domaines jusqu'à ce qu'il ait été statué en dernier ressort sur le procès-verbal. — Si la réclamation n'a lieu qu'après la vente des bestiaux saisis, le propriétaire n'a droit qu'à la restitution du produit net de la vente, tous frais déduits, dans le cas où cette restitution est ordonnée par le jugement. C. for. 169.

FORMULE 277ᵉ. *Ordonnance.* — *Mainlevée provisoire, à charge de caution, des objets saisis par les gardes forestiers.*

Nous...

Sur le rapport qui nous a été fait par les sieurs Jean Barry et Jacques Lebras, garde forestier dans cette commune, vu leur procès-verbal de ce jour, dûment affirmé, constatant la saisie de (*décrire les bestiaux, instruments, voitures et attelages saisis*).

Vu l'art. 168 du Code forestier :

Attendu que le sieur... propriétaire desdits objets, demande la mainlevée provisoire, à charge du payement

des frais de séquestre, et propose pour caution le sieur...
demeurant en cette commune...

Attendu que ladite caution est bonne, valable et solvable;

Ordonnons que lesdits objets seront remis provisoirement audit sieur...

Fait à... ce...   (*Signature.*)

FORMULE 278e. *Ordonnance.— Vente de bestiaux et instruments
saisis, en cas de non-réclamation.*

Nous... juge de paix...

Sur le rapport (*comme ci-dessus*).

Vu l'art. 169 du Code forestier :

Attendu que lesdits objets n'ont été réclamés par personne dans les cinq jours qui en ont suivi le séquestre
(*ou* attendu qu'il n'a pas été fourni bonne et valable caution);

Ordonnons qu'ils seront immédiatement vendus à
l'enchère, au marché le plus voisin, à la diligence du
receveur des domaines; que le produit de la vente restera déposé, frais de séquestre et de vente prélevés,
entre les mains dudit receveur, jusqu'à ce qu'il ait été
statué par le juge compétent.

Fait à... ce...   ((*Signature.*)

SECTION 14.— *Ordonnance.— Vente de gibier saisi.*

1258. Dans chaque département il est interdit de
mettre en vente, de vendre, d'acheter, de transporter et
de colporter du gibier pendant le temps où la chasse n'y
est pas permise. En cas d'infraction à cette disposition,
le gibier sera saisi, et immédiatement livré à l'établissement de bienfaisance le plus voisin, en vertu soit d'une
ordonnance du juge de paix, si la saisie a lieu au chef-

lieu du canton, soit d'une autorisation du maire, si le juge de paix est absent, ou si la saisie a été faite dans une commune autre que celle du chef-lieu. Cette ordonnance ou cette autorisation sera délivrée sur la requête des agents ou gardes qui auront opéré la saisie, et sur la présentation du procès-verbal régulièrement dressé. La recherche du gibier ne pourra être faite à domicile que chez les aubergistes, chez les marchands de comestibles et dans les lieux ouverts au public. Loi sur la chasse du 3 mai 1844, sect. 1re, art. 4.

FORMULE 279ᵉ. *Ordonnance en cas de saisie de gibier.*

Nous... juge de paix...

Sur le rapport qui nous a été fait par les sieurs Jean Barry et Jacques Lebras, gardes champêtres dans cette commune;

Vu leur procès-verbal de ce jour, dûment affirmé, constatant la saisie de... (*Décrire les pièces de gibier*);

Vu l'art. 4 de la loi du 3 mai 1844;

Ordonnons que lesdites pièces de gibier seront immédiatement livrées à l'administration de l'hospice de la présente ville, sur le récépissé de l'agent comptable de cet établissement, qui sera joint au présent acte.

Délivré à... ce... (*Signature.*)

SECTION 15.— *Saisie de poisson.*

1259. Le poisson saisi pour cause de délit est vendu sans délai dans la commune la plus voisine du lieu de la saisie, à son de trompe et aux enchères publiques, en vertu de l'ordonnance du juge de paix ou de ses suppléants, si la vente a lieu au chef-lieu du canton; ou par-devant le maire ou l'adjoint, soit de la commune de leur résidence, soit de celle où le délit a été commis ou constaté, le tout sous peine de nullité. Ces ordonnances ou autorisations sont délivrées sur le rapport des agents ou gardiens qui ont opéré la saisie, et sur la présentation du procès-verbal régulièrement dressé et affirmé par eux. Dans tous les cas, la vente a lieu en présence du receveur des domaines ou, à défaut, du maire ou adjoint de la commune, ou du commissaire de police. Loi du 15 avril 1829, art. 42.

FORMULE 280°. *Ordonnance en cas de saisie de poisson.*

Sur le rapport qui nous a été fait par les sieurs Jean Barry et Jacques Lebras, gardes-pêche, dans cette commune;

Vu leur procès-verbal de ce jour, dûment affirmé, constatant la saisie de... (*Décrire la quantité de poisson*);

Ordonnons que ledit poisson sera immédiatement vendu par les soins et à la diligence du receveur de l'enregistrement et des domaines résidant en cette ville (*ou* par les soins de M. le maire, *ou* l'adjoint, *ou* le commissaire de police*), et que le produit de la vente sera versé dans la caisse dudit receveur des domaines, qui en délivrera récépissé.

Fait à... ce...   (*Signature.*)

SECTION 16.— *Jury de révision de la garde nationale.*

1260. Il est formé, à la diligence du juge de paix, dans chaque canton, un jury de révision composé du juge de paix, président, et de douze jurés désignés par le sort, sur la liste de tous les officiers, sous-officiers, caporaux et gardes nationaux sachant lire et écrire, et âgés de plus de vingt-cinq ans. Il est dressé une liste par commune de tous les officiers, sous-officiers, caporaux et gardes nationaux ainsi désignés : le tirage définitif des jurés est fait sur l'ensemble de ces listes pour tout le canton. Loi du 22 mars 1831, art. 23.

1261. Le tirage des jurés est fait par le juge de paix, en audience publique. Les fonctions de juré et celles de membre du Conseil de recensement sont incompatibles. Les jurés sont renouvelés tous les six mois. Même loi, art. 24.

1262. Ce jury prononce sur les réclamations relatives, 1° à l'inscription ou à la radiation sur les registres matricules, ainsi qu'il est dit art. 14; 2° à l'inscription ou à l'omission sur le contrôle du service ordinaire; sont admises les réclamations des tiers gardes nationaux sur qui retomberait la charge du service (Même loi, art. 25); 3° aux cas de remplacement et de dispenses (art. 27, 28 et 29 de la loi); 4° aux réclamations élevées sur l'inobservation des formes prescrites pour l'élection des officiers et sous-officiers, ou sur les conditions d'éligibilité. Art. 54.

1263. Le jury ne peut prononcer qu'au nombre de sept membres au moins, y compris le président. Ses décisions sont prises à la majorité absolue et ne sont susceptibles d'aucun recours. Même loi, art. 26.

1264. Comme le juge de paix, lorsqu'il préside le jury de révision, sort de ses attributions ordinaires, il doit être en costume civil. Décis. minist. 7 nov. 1831.

Cependant, s'il présidait en costume, il n'en résulterait pas nullité.

FORMULE 281e. *Décision d'un jury de révision de la garde nationale.*

Jury de révision du canton de...

Audience du...

Le jury de révision, composé de **M.** le juge de paix, président, et de MM... (*noms des jurés au nombre de six au moins*) et assisté du sieur... greffier de la justice de paix.

A comparu le sieur... (*nom, profession, domicile*) suivant citation à lui donnée... à fin de répondre... (*objet de la citation*).

Le jury, après avoir entendu le sieur... en ses explications, et après en avoir délibéré;

Considérant...

Dit et déclare, à la majorité de... voix contre... que les formes prescrites par l'article... pour l'élection dudit officier n'ont pas été observées; en conséquence, casse ladite élection, dit qu'elle sera comme nulle et non avenue.

Et ont signé le président et les membres du jury avec le greffier, les jour, mois et an que devant.

(*Signatures.*)

CHAPITRE V. — Attributions extrajudiciaires des juges de paix résultant de l'usage.

1265. En dehors des attributions réglées par les lois, les juges de paix sont souvent chargés de dresser des procès-verbaux de constatation de lieux, du dommage causé par tel ou tel fait accidentel.

1266. Dans plusieurs polices d'assurance contre l'incendie on trouve cette clause, que l'assuré qui aura éprouvé un sinistre devra se présenter, dans les vingt-quatre heures, devant le juge de paix du lieu, pour faire la déclaration du dommage éprouvé.

1267. Toutes ces diverses fonctions des juges de paix ont un caractère volontaire. Aucune loi n'oblige les juges de paix à les remplir. Dans l'usage et dans la pratique, ils ne se refusent pas à faire ces constatations. Quand ils s'y prêtent, ils doivent suivre les formes nécessaires pour que les droits de toutes les parties soient saufs; car leurs procès-verbaux, sans avoir force probante jusqu'à inscription de faux et même nonobstant la preuve contraire, peuvent avoir beaucoup d'influence sur l'état des faits.

1268. Dans les procès-verbaux qu'ils rédigent en pareilles circonstances, les juges de paix sont nécessairement assujettis aux lois du timbre et de l'enregistrement; ils ne peuvent notamment mentionner aucun acte qui n'ait été enregistré. Le contrat d'assurance contre l'incendie doit être rédigé par écrit, d'où la Cour de cassation a tiré la conséquence qu'un notaire ne peut mentionner ce contrat dans un acte comme obligation *verbale*, sans porter atteinte aux articles 23 et 42 de la loi du 22 frimaire an VII (Cass. 30 novembre et 15 décembre 1846). De récents jugements de plusieurs tribunaux ont également condamné les huissiers aux peines portées par ces articles, pour avoir donné assignation en payement de primes sans citer une police écrite et enregistrée. Une loi de juin 1850 impose, dans les termes les plus rigoureux, l'obligation du timbre pour toutes les polices d'assurance, tous autant de motifs qui doivent rendre les juges de paix très-circonspects et les conduire à se faire représenter dans tous les cas des po-

lices écrites, et à mentionner le timbre et l'enregistrement.

1269. Nous donnerons quelques formules qui servi-
ront de règles pour les cas particuliers où les juges de
paix sont appelés à faire des constatations, à recevoir
des déclarations, etc.

FORMULE 282e. *Requête et ordonnance à fin de constatation
de l'état des lieux.*

A M. le juge de paix du canton de...

Expose le sieur Charles Baillif, propriétaire, demeurant à... qu'il a verbalement loué une maison et un
jardin sis en la présente ville, rue... au sieur Farcy; que
le bail a pris fin aujourd'hui même à midi; que ledit
sieur Farcy ayant vidé les lieux, le sieur Baillif s'est
aperçu que beaucoup de dégradations ont été faites à
ladite maison. C'est pourquoi il vous prie, monsieur le
juge de paix, de vouloir bien désigner jour et heure pour
vous transporter en ladite maison, avec un expert par
vous nommé d'office, à l'effet de constater lesdits dommages en présence du sieur Farcy, ou lui dûment appelé.

A... le...   (*Signature.*)

FORMULE 283e. *Ordonnance relative à une constatation de lieux.*

Nous, juge de paix,

Vu la requête ci-dessus,

Disons et ordonnons qu'il sera par nous procédé à
la constatation requise le... à... heures du... en présence de... partie adverse, ou elle dûment appelée.

Donné à... le...   (*Signature.*)

(*Si l'opération exige la présence d'un homme de l'art,
on ajoute:*)

Disons et ordonnons qu'il sera par nous procédé à la constatation requise, avec le concours du sieur... architecte, domicilié à... par nous nommé d'office, et qui prêtera serment en nos mains avant l'opération. (*Le reste comme dessus.*)

4270. Cette ordonnance est signifiée à la partie et à l'expert, avec citation pour comparaître aux jour, lieu et heures désignés. Alors il est fait un procès-verbal en ces termes :

FORMULE 284°. *Procès-verbal de constatation des lieux.*

L'an... et le... à... heures... devant nous... juge de paix du canton de... assisté de... greffier,

En exécution de notre ordonnance en date du... enregistrée, laquelle a été notifiée par exploit du... également enregistré, nous nous sommes transporté... (*désigner le lieu*), où étant, a comparu le sieur... qui a représenté ladite ordonnance et ledit exploit, a persisté dans ses réquisitions et offert de nous indiquer les localités, et il a signé. (*Signature.*)

Est aussi comparu le sieur... qui a déclaré ne pas s'opposer à la constatation requise, sous la réserve de tous ses droits. (*Signature.*)

Est également comparu le sieur Charles Boudet, architecte, domicilié à... expert par nous nommé d'office, lequel a offert de procéder, et a préalablement prêté en nos mains le serment requis. (*Signature.*)

Nous, juge de paix, avons donné acte aux parties de leurs comparution, dires, consentement et réserves, et avons procédé comme suit :

(*Décrire exactement les lieux, faire faire le plan par*

*l'architecte, si les parties le réclament, expliquer tous
les faits que l'une ou l'autre des parties a intérêt de faire
constater, etc.*)

De tout quoi nous avons dressé le procès-verbal, et
avons signé avec les susdites parties, l'expert et le greffier, après lecture faite, les jour, mois et an que dessus.

(*Signatures.*)

[FORMULE 285ᵉ. *Procès-verbal de constatation des lieux contenant
la requête et l'ordonnance.*

L'an... a comparu le sieur Charles Baillif, lequel nous
a exposé qu'il avait verbalement loué une petite maison sise en la présente ville, rue... au sieur... que le
bail a pris fin aujourd'hui même à midi; que ledit sieur...
ayant fait beaucoup de dégradations à ladite maison,
le comparant requiert qu'il nous plaise nous y transporter immédiatement, avec un expert par nous nommé
d'office, à l'effet de constater et apprécier lesdits dommages, et il a signé. (*Signature.*)

Nous, juge de paix, déférant à la réquisition ci-dessus, avons nommé d'office, pour l'appréciation des
dommages allégués, le sieur... lequel, informé, s'est
présenté, a déclaré accepter la commission à lui déférée,
a prêté en nos mains le serment préalable; et nous
étant transporté avec ledit expert et notre greffier dans
la maison ci-dessus désignée, où s'est trouvé ledit sieur
Baillif, nous avons parcouru et examiné toutes les parties de ladite maison et avons remarqué... (*Prendre l'a-
vis de l'expert pour la fixation des dommages.*)

De tout quoi, nous avons dressé... (*Suite comme en
la formule* 284).

FORMULE 286°. *Procès-verbal de constatation des lieux sans ordonnance.*

L'an...

Nous... juge de paix du canton de... assisté de... notre greffier... procédant à la réquisition du sieur... nous nous sommes transporté sur le chemin vicinal menant de la commune de... dans la commune de... dans la partie de ce chemin qui traverse le domaine dit des Closeries entre deux pièces de terre désignées sous le nom de Longchamp et de Bas-Pré, le tout commune de... où étant, nous avons constaté que, dans une longueur d'environ soixante mètres, ledit chemin est entièrement envahi par les eaux qui, n'ayant pas d'écoulement, séjournent sur ce point ; que dans plusieurs endroits les eaux s'élèvent à quatre-vingt-cinq centimètres, et qu'il renferme, en outre, des ornières et des aspérités dangereuses; d'où suit que ledit chemin est impraticable pour les piétons, voitures ou charrettes, et qu'il y a nécessité pour les voyageurs de passer sur la pièce de terre dite Longchamp, située à gauche du chemin; le Bas-Pré, situé à droite, étant lui-même également inondé dans cette partie.

De tout quoi nous avons dressé le présent procès-verbal pour valoir et servir ce que de droit.

Et avons signé avec notre greffier, les jour, mois et an que devant. (*Signatures.*)

FORMULE 287°. *Déclaration devant le juge de paix après l'incendie.*

L'an...

Devant nous, juge de paix du canton de... assisté de... notre greffier, a comparu le sieur Charles Renier, propriétaire, demeurant à... lequel nous a dit avoir assuré

sa maison, située à... rue... nº... à la Compagnie Générale, ainsi qu'il appert de la police d'assurance en date
du... qui a été enregistrée à... le... (*transcrire en entier
la mention de l'enregistrement*).

Que dans la journée d'hier, vers les neuf heures du
matin, le feu a pris à ladite maison, sans qu'on ait pu
en connaître la cause et les auteurs; que malgré les secours les plus prompts et les plus actifs, une grande
partie du bâtiment a brûlé, et que, dans cette circonstance, le comparant a éprouvé une perte qu'il évalue
à 3,000 fr., savoir... (*Détailler les dommages étage par
étage.*)

De laquelle déclaration le comparant a requis acte, à
lui concédé, et il a signé avec nous et le greffier, après
lecture faite.

TITRE VI.

COMMISSIONS ROGATOIRES DONNÉES PAR UN TRIBUNAL ADMINISTRATIF, OU ENQUÊTES ADMINISTRATIVES.

1271. Les juges de paix sont aussi quelquefois désignés par les préfets, sous-préfets, ou par les tribunaux
administratifs pour faire des enquêtes administratives.

L'enquête s'ouvre sur un projet ou exposé indiquant
le but de l'entreprise, le tracé des travaux, les dispositions principales des ouvrages et l'appréciation sommaire des dépenses. Ce projet est déposé à la mairie
pendant un temps déterminé, pour que chaque habitant
puisse en prendre connaissance. A l'expiration du délai,
le commissaire délégué par le préfet pour procéder à
l'enquête (juge de paix, maire, membre du Con-

seil d'arrondissement ou du Conseil général) reçoit
à la mairie, pendant trois jours consécutifs, et quelquefois pendant un plus long délai, les déclarations des
habitants sur l'utilité publique des travaux projetés.
Après avoir clos et signé le registre, le commissaire le
transmet immédiatement au maire avec son avis motivé et les autres pièces de l'instruction. Ord. du 23
août 1835.

FORMULE 288°. *Procès-verbal d'enquête* de commodo et incommodo.

Nous, juge de paix du canton de... assisté de notre
greffier (*ou* maire *ou* adjoint de la commune de...
arrondissement de... département de...) ayant reçu de
M. le sous-préfet de... les pièces de la demande du sieur
(*ou* des sieurs...) afin d'obtenir l'autorisation de con-
struire (*ou* établir) un (*ou* une... *désigner la nature de
l'établissement*) dans le lieu appelé... nous avons affiché,
comme est prescrit, la pétition du sieur (*ou* des sieurs...)
avec l'invitation aux intéressés d'avoir à présenter leurs
observations dans les delais indiqués; et aussitôt nous
avons ouvert le présent procès-verbal d'enquête *de
commodo et incommodo,* pour y consigner toutes les
observations et réclamations qui nous seraient faites
sur le projet contenu en ladite pétition, et, en outre,
nos propres observations.

Et le susdit jour s'est présenté :

1° Le sieur... (*nom, prénoms, âge et profession du premier comparant*), lequel, après avoir pris connaissance
des pièces déposées sur le bureau, a déclaré (*Ecrire la
déclaration favorable ou défavorable au projet et les
motifs donnés par le comparant*).

2°... 3°... (*Nom, prénoms, profession, âge et domicile de chaque comparant, sa déclaration, ses motifs.*)

Et vu que quatre heures ont sonné, qu'il ne se présente plus de déclarants, nous, commissaire chargé de l'enquête, avons clos la séance, renvoyé la suite de l'enquête à demain, neuf heures du matin, et signé avec le greffier.

Cejourd'hui... à dix heures du matin, nous, commissaire chargé de l'enquête, assisté de notre greffier, par suite du renvoi fait à la précédente séance, avons repris la continuation de nos opérations; et après avoir attendu jusqu'à quatre heures du soir, sans qu'aucun déclarant se soit présenté, nous avons, après ladite heure, clos et arrêté la présente enquête.

Mais, avant de terminer notre procès-verbal, nous avons exprimé notre avis particulier dans les termes suivants : (*Avis du juge de paix et motifs.*)

Et avons ainsi dressé et arrêté le présent procès-verbal, que nous avons signé avec notre greffier.

(*Signature.*)

TITRE VII.

DES GREFFIERS ET DES ACTES DE GREFFE. — DE LA VENTE DES MEUBLES. DE L'OFFICE DE GREFFIER.

1272. Les fonctions du greffier de la justice de paix sont de rédiger les actes de la justice de paix sous l'inspection du juge, d'en délivrer expédition, de faire les actes de greffe et de conserver provisoirement les minutes.

1273. En outre, le greffier de la justice de paix partâge, avec les huissiers et les notaires, le droit de faire dans son canton des prisées et ventes de marchandises neuves.

1274. Les greffiers reçoivent un traitement de 800 fr. à Paris, et de 500 fr. dans les autres cantons. Loi du 21 prairial an VII, art. 1er, et du 20 juin 1845, art. 3.

1275. Ils ont de plus droit à des vacations qui sont réglées par le tarif de 1807 (1).

CHAPITRE Ier. — Des actes de greffe.

1276. Il est certains actes auxquels le juge de paix peut procéder sans l'assistance du greffier, tels que les ordonnances en forme de cédule, les visas des exécutoires, les mandats, les affirmations de procès-verbaux, l'assistance pour l'ouverture des portes en cas de saisie et autres.

De son côté, le greffier est exclusivement chargé de recevoir les oppositions en scellés, de viser les originaux des exploits signifiés au greffe, et généralement de tous les actes faits au greffe, dits actes de greffe, et de ceux relatifs à la tenue des registres et répertoires.

1277. C'est encore le greffier qui rédige les qualités des jugements.

FORMULE 289e. *Acte de dépôt au greffe.*

Cejourd'hui... devant nous... greffier...

S'est présenté au greffe (*nom du déposant*),

Lequel a déposé en nos mains... (*désigner l'acte,*

_____

(1) Nous avons cité sur chaque acte principal les articles du Tarif qui s'y rapportent. Nous renvoyons, pour tout ce qui tient, en outre, au Tarif, au mot *Tarif* de notre *Répertoire général*, où toutes les règles sont détaillées et commentées. —

énoncer sur combien de feuilles il est écrit, faire mention des renvois, des mots rayés, et rapporter l'enregistrement tout au long.

Duquel dépôt nous avons rédigé le présent acte, qui a été signé par le sieur... et par nous, après lecture faite. (*Signature.*)

FORMULE 290°. *Affirmation de la partie qui demande des frais de voyage.*

Aujourd'hui, etc.,

Devant nous, Yves D... greffier de la justice de paix du canton de... au greffe... est comparu

M. Bernard F... chirurgien, demeurant à...

Lequel a affirmé, sous serment par lui prêté en nos mains, que le voyage par lui fait de sa demeure à... (*siége de la justice de paix*) le... pour soutenir l'instance entre lui et le sieur... terminée par jugement du... n'avait pas d'autre but que ledit procès; qu'il a même été forcé à venir en personne, par jugement de M. le juge de paix, en date du... enregistré, qui a ordonné sa comparution. Il a déclaré, en conséquence, requérir la taxe fixée par les règlements, et a signé avec nous, après lecture, à... les jour, mois et an susdits.

CHAPITRE II.— Répertoires.— Vérification mensuelle du juge de paix.— Certificat trimestriel.—Répertoire pour l'enregistrement.— Répertoire des huissiers.

SECTION 1re.— *Répertoire des greffiers soumis à la vérification mensuelle et trimestrielle des juges de paix.*

1278. D'après la loi du 26 frimaire an IV, art. 3, les greffiers des juges de paix doivent tenir des répertoires qui sont cotés et paraphés par les juges de paix, sur lesquels ils inscrivent, jour par jour, les dates des actes, leur nature, celle des procès-verbaux et des jugements par eux faits et rendus, avec les noms des personnes qui y sont parties.

1279. Une ordonnance du 5 novembre 1823 prescrit aux juges de paix de faire, dans les cinq premiers jours de chaque mois, le récolement des minutes sur le répertoire des greffiers, et de constater l'état matériel et la situation des feuilles d'audience et de toutes autres minutes, par un procès-verbal qui est transmis, dans les cinq jours, au procureur de la République, près le tribunal de première instance de l'arrondissement.

1280. Une ordonnance du 17 juillet 1823, art. 2 et 3, porte, en outre : Les greffiers de justice de paix tiendront un registre sur lequel ils inscriront, par ordre de date et sans aucun blanc, toutes les sommes qu'ils recevront pour les actes de leur ministère. Les déboursés et les émoluments seront inscrits dans des colonnes séparées.

Le registre mentionné en l'article précédent sera coté et paraphé par le juge de paix. Il sera tenu sous la surveillance de ce magistrat, qui, à chaque trimestre, et plus souvent, s'il le juge convenable, le vérifiera, l'arrêtera et en dressera un procès-verbal dans lequel il consignera ses observations. Ce procès-verbal sera renvoyé à notre procureur près le tribunal de première instance, qui en rendra compte au procureur général près la Cour d'appel.

FORMULE 291ᵉ. *Répertoire ordonné par l'art. 3 de la loi du 26 frimaire an IV.*

An 1850.

Justice de paix du canton de... département de...

DATES DES ACTES.	NATURE DE L'ACTE.	PARTIES DANS L'ACTE.
2 janvier..........	Enquête.................	Le sieur A, demandeur. Le sieur B, défendeur.
2 —	Jugement qui ordonne une visite....................	Le sieur C, demandeur. Le sieur D, défendeur.
2 février..........	Jugement définitif.........	Le sieur E, demandeur. Le sieur F, défendeur.
4 —	Jugement d'après l'enquête du premier...............	Le sieur A, demandeur. Le sieur B, défendeur.
6 —	Visite et jugement..........	Le sieur C, demandeur. Le sieur D, défendeur.
8 —	Jugement qui ordonne une mise en cause...............	Le sieur G, demandeur. Le sieur H, défendeur.
15 —	Jugement définitif...........	Le sieur G, demandeur. Le sieur H, défendeur. Le sieur I, assigné en garantie

FORMULE 292ᵉ. *Vérification mensuelle du registre du greffe.*

Nous, juge de paix du canton de... arrondissement de... département de...

Procédant en exécution de l'art. 3 de l'ordonnance du 5 novembre 1823, nous sommes fait représenter par notre greffier les registres, feuille d'audience et autres minutes des actes de notre juridiction intervenus pendant le mois de... qui vient d'expirer; et, après en avoir fait le récolement sur le répertoire, nous avons reconnu que tous les actes ont été exactement portés et signés conformément à la loi, et ne présentent aucune irrégularité matérielle.

A... le... 18...   (*Signature.*)

FORMULE 293ᵉ. *Certificat trimestriel de vérification des sommes perçues et déboursées par le greffier.*

Nous, juge de paix...

Procédant en exécution de l'ordonnance du 17 juillet 1825, certifions avoir vérifié et arrêté le registre tenu par notre greffier, coté et paraphé par nous, et sur lequel figurent, par ordre de dates, et sans aucun blanc ni interligne, les sommes reçues jour par jour, les déboursés et émoluments relatifs aux actes de son ministère, pendant les trois mois de... et n'avoir remarqué aucune perception illicite.

A... le... 18...   (*Signature.*)

SECTION 2. — *Des répertoires pour la perception des droits d'enregistrement.*

1281. Les greffiers sont tenus d'avoir des répertoires et d'y inscrire les actes de leur ministère, à peine d'une amende de 5 francs par chaque acte omis. Loi de l'enregistrement des 22 frimaire, an VII, art. 49, et 16 juin 1824, art. 10 et 11.

Les greffiers des juges de paix sont soumis, comme les autres greffiers à cette obligation. Ils doivent porter sur leurs registres tous les actes et jugements qui doivent être enregistrés sur la minute.

1282. Chaque article du répertoire doit contenir : 1° le numéro de l'article; 2° la date de l'acte; 3° sa nature; 4° les noms et prénoms des parties, et leur domicile; 5° l'indication des biens, leur situation et le prix, lorsqu'il s'agira d'actes qui auront pour objet la propriété, l'usufruit ou la jouissance des biens-fonds; 6° la relation de l'enregistrement.

M. Toussaint (nouvelle édition de Levasseur, n° 194)

conseille aux greffiers des juges de paix de supprimer la
cinquième colonne relative à l'indication des biens-
fonds, parce que les juges de paix ne peuvent connaître
des actions réelles concernant la propriété, l'usufruit
ou la jouissance des biens-fonds. Il est vrai que le procès-verbal à dresser au bureau de paix peut contenir
conciliation sur de pareils objets; en ce cas particulier,
qui se présentera bien rarement, il en sera fait mention
particulière et dans une colonne supplémentaire.

La quatrième colonne peut se subdiviser en deux,
pour marquer séparément 1° le prénom et le nom; 2° le
domicile des parties.

Au moyen de ce qui vient d'être observé, ce répertoire contient sept colonnes.

1283. Le répertoire des greffiers doit contenir mention de tous les jugements et actes du greffe, encore
que les droits n'auraient pas été consignés, ou que
l'enregistrement devrait avoir lieu gratis, ou en débet
(Instr. n° 388). Il faut excepter, toutefois, les jugements
de remise de cause, à moins qu'ils n'aient été rendus
après débats et sur conclusions. Ils ne sont pas tenus
d'y porter les actes émanant directement des juges.
Solut. 9 août 1807.

1284. L'exécutoire des dépens, rédigé en minute, et
signé par le greffier qui le garde, et en délivre expédition, doit être inscrit au répertoire. Solut. de la régie,
5 octobre 1832.

1285. Chaque acte doit être inscrit au jour de la date,
sous peine, contre l'officier public, d'une amende de
5 francs (loi du 22 frimaire, an VII, art. 49). Les préposés de la régie peuvent, à toute réquisition, se faire

représenter les répertoires, et constater les contraventions qu'ils auront reconnues. Même loi, art. 52.

1286. Les répertoires doivent être présentés tous les trois mois au visa des préposés de la régie, et les receveurs doivent y énoncer le nombre des actes inscrits, afin qu'il ne puisse être fait ultérieurement aucune intercalation. C'est dans les premiers jours des mois de janvier, avril, juillet et octobre, que la présentation au visa doit être faite. — Il est dû une amende pour chaque jour de retard, quand même les dix jours ne seraient pas expirés.

1287. Ils doivent aussi, dans le cours de chaque trimestre, communiquer leur répertoire aux préposés de l'enregistrement toutes les fois qu'ils en sont requis. Même loi, art. 52.

1288. Deux répertoires doivent être tenus séparément, l'un pour les actes et jugements en matière civile, l'autre, pour les actes et jugements en matières criminelle, correctionnelle, ou de police. Instr. rég., n° 920.

1289. Les répertoires des greffiers et des huissiers de la justice de paix sont cotés et paraphés par le juge de paix.

FORMULE 294°. *Répertoire à colonnes des actes sujets à l'enregistrement sur la minute.*

An 1850.

Justice de paix du canton de... département de...

NUMÉROS.	DATE des ACTES.	NATURE des ACTES.	PARTIES DANS LES ACTES.		DATE de L'ENREGIS-TREMENT.	OBSER-VATIONS
			PRÉNOMS ET NOM.	DOMICILE.		
1	Janvier. 2	Jugement portant condamnation sans titre à payer trente-cinq francs.	Ch. Lambert, demandeur.	Paris, rue... n°... départem. de la Seine.	Janvier. 11	
			Fr. Roux, défendeur.	Versailles, rue ... département de Seine-et-Oise		
2	7	Procès-verbal de conciliation.	Pierre Rémond	Corbeil, rue... département de ...	11	
			Marie Hardy.	Paris, 9e arrondissement, rue...	14	
3	12	Conseil de famille.	Marie Letulle, mineure.	Paris, 9e arrondissement, rue...		
4	15	Apposition de scellés.	Après la mort de Joseph Carnot	Paris, 9e arrondissement, rue...	17	
5	20	Vente mobilière après décès.	Rémond (J.-Bapt.), requête de ses héritiers.	Commune de B...département de...	23	

SECTION 3. — *Vérification du répertoire des huissiers audienciers.*

1290. Une circulaire du ministre de la justice du 26 décembre 1845, enjoint aux juges de paix de vérifier, chaque trimestre, les répertoires de leurs huissiers audienciers.

FORMULE 295e. *Certificat de vérification du répertoire des huissiers audienciers de la justice de paix.*

Nous, juge de paix...

Certifions que, conformément aux prescriptions de la circulaire de M. le garde des sceaux, en date du 26 décembre 1845, nous avons attentivement vérifié les répertoires de M... (*nom de l'huissier*), notre huissier audiencier, et que tous les actes inscrits audit répertoire pour le... trimestre de la présente année, ont été successivement portés à leur date, et que les coûts en ont été légalement perçus.

A... le... 18...   (*Signature.*)

CHAPITRE III. — Prisée et vente publique de meubles aux enchères.

1291. Tout ce qui a rapport aux droits, devoirs et obligations des greffiers de justice de paix, relativement aux prisées et aux ventes publiques de meubles aux enchères, ayant fait l'objet d'articles très-détaillés dans nos *Commentaires des lois* du 25 juin 1841 et du 18 juin 1843, touchant les ventes de meubles et le tarif des commissaires-priseurs, nous nous abstiendrons de les reproduire ici. — Voir aussi notre RÉPERTOIRE GÉNÉRAL, au mot *Commissaire-Priseur.*

CHAPITRE IV. — Vente et transmission d'office.

1292. Toutes les règles de la vente et de la transmission des offices sont détaillées dans notre *Répertoire général;* ce serait donc faire double emploi si nous retracions ici ces règles.

TROISIÈME PARTIE.

Procédure en matière de simple police.

LIVRE UNIQUE.

CONSTITUTION, COMPÉTENCE, JURIDICTION DES TRIBUNAUX DE POLICE DES JUGES
DE PAIX ET DES MAIRES. — PROCÉDURE DEVANT CES TRIBUNAUX.

TITRE Ier.

DE L'ACTION PUBLIQUE ET DE L'ACTION CIVILE, ET DE L'INFLUENCE
DE L'UNE A L'ÉGARD DE L'AUTRE.

1293. Tout délit ou contravention peut donner lieu
à une double action, l'action publique et l'action civile.

L'action publique est poursuivie devant les tribunaux de police par le commissaire de police ou par le
maire qui remplissent près de ces tribunaux les fonctions du ministère public.

1294. L'action civile peut être poursuivie par la
partie lésée, indépendamment de toute action publique, devant les tribunaux civils; lorsqu'elle est poursuivie séparément, l'exercice en est suspendu tant qu'il
n'a pas été prononcé définitivement sur l'action publique intentée avant ou pendant la poursuite de l'action civile. C. instr. crim. 3.

1295. La renonciation à l'action civile ne peut arrêter ni suspendre l'exercice de l'action publique. C.
instr. crim. 4.

1296. L'action civile peut être aussi poursuivie en

même temps que l'action publique, soit que la partie civile intervienne et se présente sur les poursuites du ministère public, pour demander des dommages et intérêts, soit qu'elle cite elle-même le contrevenant devant le tribunal de police. C. instr. crim. 145.

1297. Mais le juge de paix ne peut prononcer sur les dommages-intérêts que quand il applique une peine.

1298. L'influence des décisions civiles sur les décisions criminelles, et réciproquement, a fait l'objet de plusieurs graves discussions. En fait, avec l'ordre de nos juridictions, il n'est pas possible d'empêcher que l'existence du même fait ne soit soumise à deux juridictions différentes pour qu'elles en tirent chacune les conséquences qui lui conviennent. — Ainsi, le fait d'avoir tué un homme appartient à la juridiction civile en ce qu'elle condamnera l'auteur du meurtre à réparer le préjudice causé, et à la juridiction criminelle en ce qu'elle applique les peines prononcées par la loi.

TITRE II.

CONSTITUTION, COMPOSITION, JURIDICTION ET PROCÉDURE DES TRIBUNAUX DE POLICE DES JUGES DE PAIX.

1299. La connaissance des contraventions de police est attribuée aux juges de paix et aux maires, suivant les destinations établies ci-après.

CHAPITRE Ier. — Tribunaux de police des juges de paix. — Constitution, composition, juridiction et compétence en premier et en dernier ressort.

1300. Le tribunal de police des juges de paix est composé, 1° de ce juge qui préside le tribunal et pro-

nonce seul sur les affaires qui sont portées devant lui ;
2° d'un officier du ministère public; 3° d'un greffier.

1301. Si le juge de paix est absent du canton, il est
remplacé par l'un de ses suppléants; l'empêchement
doit être constaté dans le jugement pour lequel le remplacement a eu lieu, de même que la cause qui a empêché le premier suppléant de siéger, si c'est le second
qui a suppléé.

1302. Lorsqu'il y a plusieurs juges de paix dans la
même commune, le tribunal de police est présidé tour
à tour par chacun des juges de paix, en commençant
par le plus ancien (C. instr. crim. 142). Les juges de
paix doivent faire le service alternativement pendant
trois mois. Art. 39 du décret du 18 août 1810.

1303. Si les besoins du service l'exigent, il peut y
avoir deux sections dans un seul tribunal de police :
dans ce cas, chacune des deux sections est successivement présidée par l'un des juges de paix. C. instr.
crim. 143.

1304. Le ministère public près les tribunaux de police est exercé par le commissaire de police, ou l'un
des commissaires de police du lieu où siége le tribunal.

1305. S'il y a plusieurs commissaires de police, le
procureur général près la Cour d'appel désigne celui
ou ceux d'entre eux qui doivent être chargés de ce service. Art. 145.

1306. Dans les cantons où il n'existe point de commissaire, ainsi que dans tous les cas d'absence ou d'empêchement de ce dernier, les fonctions du ministère public sont remplies par le maire du chef-lieu du canton,
qui peut se faire remplacer par son adjoint. Art. 144.

1307. L'adjoint du maire, pour exercer valablement les fonctions du ministère public auprès des tribunaux de police, n'a pas besoin d'une délégation expresse de la part du maire; il suffit que celui-ci ne le désavoue pas. Cass. 20 août 1812.

1308. Suivant l'art. 162 du Code du 3 brumaire an IV, reproduit par l'art. 153 du C. instr. crim., le ministère public fait partie essentielle de tous les tribunaux de police; il doit être entendu sur toutes les affaires; tout jugement à l'instruction duquel il n'aurait pas assisté serait radicalement nul. Cass. 16 mars 1809.

1309. Dans les communes où il n'y a qu'un seul juge de paix, son greffier est ordinairement chargé du service auprès du tribunal de police. Art. 141.

1310. Mais dans les communes divisées en deux justices de paix au plus, il y a un greffier distinct pour le tribunal de police (art. 142). Ce greffier reçoit à cet effet une commission spéciale du gouvernement, quoiqu'il puisse être choisi parmi les greffiers de la justice de paix.

1311. Quand le tribunal de police est divisé en deux sections, le greffier est remplacé à l'une des sections par un commis assermenté.

1312. Comme l'officier du ministère public, le greffier fait partie intégrante du tribunal de police. Un jugement rendu sans son assistance serait nul. Arrêt de la Cour de cassation du 25 février 1819.

1313. Le tribunal de police des juges de paix exerce sa juridiction dans toute l'étendue du canton.

1314. Les juges de paix, dit l'art. 130 C. instr. crim.,

connaîtront exclusivement : 1° des contraventions commises dans l'étendue de la commune chef-lieu du canton; 2° des contraventions dans les autres communes de leur arrondissement, lorsque, hors le cas où les coupables ont été pris en flagrant délit, les contraventions auront été commises par des personnes non domiciliées ou non présentes dans la commune, ou lorsque les témoins qui doivent déposer n'y sont pas résidents ou présents; 3° des contraventions à raison desquelles la partie qui réclame conclut, pour ses dommages intérêts, à une somme indéterminée ou à une somme excédant 15 francs; 4° des contraventions forestières, poursuivies à la requête des particuliers; 5° des injures verbales; 6° des affiches, annonces, ventes, distributions ou débits d'ouvrages, écrits ou gravures contraires aux mœurs; 7° de l'action contre les gens qui font le métier de deviner et pronostiquer ou d'expliquer les songes.

Ainsi, ces contraventions doivent être portées devant le juge de paix et non devant le maire de la commune.

Toutes les autres contraventions de police peuvent être jugées concurremment ou par le juge de paix, ou par le maire de la commune où elles auront été commises, hormis le maire du chef-lieu du canton.

1315. L'article 3 du Code civil portant que les lois de police et de sûreté obligent tous ceux qui habitent le territoire, il en résulte que les étrangers sont, ainsi que les nationaux, soumis à la juridiction du tribunal de police. C'est ce qu'a jugé implicitement un arrêt de la Cour de cassation du 3 février 1827.

1316. Sont considérées comme contraventions de police simple les faits qui, d'après les dispositions du quatrième livre du Code pénal, peuvent donner lieu, soit à 15 fr. d'amende ou au-dessous, soit à cinq jours d'emprisonnement ou au-dessous, qu'il y ait ou non confiscation des choses saisies, et quelle qu'en soit la valeur. C. instr. crim. 137.

1317. Mais les contraventions de la compétence du juge de paix ne se bornent pas à celles définies et punies dans le quatrième livre du Code pénal; elles s'étendent encore à toutes les contraventions prévues par la loi sur la police rurale du 5 octobre 1791, qui ne donnent lieu qu'à une amende de 15 fr. et au-dessous, ou à cinq jours d'emprisonnement. Mais les délits qui, d'après cette loi, sont punis d'une amende égale au dommage, échappent à la juridiction de police, si la valeur du dommage est indéterminée. Cass. 11 avril 1828, Dal. 28, 1207.

1318. La juridiction du tribunal de police comprend également les contraventions réglées par les lois spéciales, soit antérieures, soit postérieures à la publication du Code pénal, et notamment les voies de fait et violences commises par des individus qui n'ont blessé ou frappé personne, la Cour de cassation décidant (arrêt du 30 mars 1832, Dal. 32, 1, 261) que, d'après l'art. 484 du Code pénal, le juge de paix doit encore appliquer les peines de simple police portées dans les art. 600, 605, n° 8, et 606 du Code de brumaire an IV; et le tribunal qui applique l'art. 605 du Code de brumaire an IV doit le combiner avec l'art. 606 du même Code qui en est le complément, et non avec les art. 464, 465 et 466 du C. pénal, applicables seulement aux contraventions de police prévues et punies par le même Code.

1319. Les jugements rendus en matière de police pourront être attaqués par la voie de l'appel lorsqu'ils prononceront un emprisonnement, ou lorsque les amendes, restitutions et autres réparations civiles excéderont la somme de 5 francs, outre les dépens. C. instr. crim. 172.

Le ministère public et les parties pourront, s'il y a lieu, se pourvoir en cassation contre les jugements rendus en dernier ressort par le tribunal de police, ou contre les jugements rendus par le tribunal correctionnel sur l'appel des jugements de police. C. instr. crim. 177.

1320. Le jugement qui renvoie le prévenu, sans amende ni dépens, n'est pas susceptible d'appel; la voie de cassation est la seule praticable contre une sentence d'absolution rendue par un tribunal de simple police : cela résulte des articles 172 et 177, qui viennent d'être cités.

CHAPITRE II. — Procédure devant les tribunaux de police. — Instruction. — Questions préjudicielles. — Jugement. — Dépens. — Dommages-intérêts. — Jugement par défaut. — Opposition. — Appel. — Recours en cassation. — Conflit. — Procédure devant le tribunal de police des maires.

SECTION 1re. — *De la citation. — Tribunal compétent. — Par qui et comment le tribunal de police peut-il être saisi ?*

1321. En matière de police, l'action doit être intentée devant le tribunal du lieu où la contravention a été commise. C. instr. crim. 139; Cass. 4 frimaire an XI.

1322. Le tribunal de police peut être saisi : 1° par une ordonnance de la Chambre du conseil, rendue après le rapport du juge d'instruction, ou par un arrêt de la Chambre des mises en accusation, dans les cas prévus par les articles 129 et 230 du Code d'instr. criminelle; 2° par la comparution volontaire des parties sur un simple avertissement; 3° et par la citation faite à la requête du ministère public ou de la partie qui réclame. Art. 147, 145 C. instr. crim.

1322 *bis*. La partie civile, à moins d'indigence constatée, est tenue, avant toutes poursuites, de déposer au greffe, ou entre les mains du receveur de l'enregistrement, la somme présumée nécessaire pour les frais de la procédure (Décret du 18 juin 1811, art. 160). Les greffiers doivent tenir, pour chaque affaire, un compte particulier sur lequel ils portent exactement les sommes reçues et payées. Quand il y a consignation, toutes les taxes, tous les exécutoires pour le payement des frais doivent être décernés directement contre la partie civile et payés en son nom par le greffier, sur les sommes déposées, principalement les témoins. Instr. gén. du 30 sept. 1826, art. 132.

1323. La citation doit être notifiée par l'un des huissiers du canton (loi du 25 mai 1838, art. 16); il en est laissé copie au prévenu et à la personne civilement responsable.

1324. La citation ne pourra être donnée à un délai moindre que vingt-quatre heures, outre un jour par trois myriamètres, à peine de nullité tant de la citation que du jugement qui serait rendu par défaut. Néanmoins, cette nullité ne pourra être proposée qu'à la première audience, avant toute exception et défense.— Dans les cas urgents, les délais pourront être abrégés et les parties citées à comparaître même dans le jour, et à heure indiquée, en vertu d'une cédule délivrée par le juge de paix. C. instr. crim. 146.

1325. Les parties pourront comparaître volontairement, et sur un simple avertissement, sans qu'il soit besoin de citation. C. instr. crim. 147.

1326. La citation ne serait pas nulle, quoique les formes générales prescrites par les art. 61 et suivants C. proc. n'auraient pas été observées, pourvu, toutefois, qu'elle contînt les mentions essentielles, c'est-à-dire que le prévenu ne pût douter que c'est bien à lui que la citation est adressée; qu'il fût bien averti du fait de la contravention, du jour et de l'heure de la comparution, du tribunal auquel il doit se présenter.

1327. La personne civilement responsable peut être citée, en même temps que le prévenu, devant le tribunal de police; mais elle ne saurait l'être séparément : en effet, l'obligation de celui qui est soumis à la responsabilité d'un fait auquel il n'a pas concouru est une obligation accessoire, purement civile, et dont par conséquent les tribunaux ne peuvent connaître qu'accessoirement à l'action criminelle qui constitue l'obligation principale. Mais ce ne serait pas un motif pour renvoyer purement et simplement de la plainte la partie civilement responsable, qui aurait seule été traduite devant le tribunal de simple police. Ce tribunal devrait surseoir à statuer, et fixer le délai dans lequel le ministère public serait tenu de mettre en cause le contrevenant.

FORMULE 296e. *Citation par huissier commis en vertu de cédule.* Tarif, 21.
C. instr. crim. 146; Tarif criminel, 71.

L'an... le... en conséquence de la cédule délivrée cejourd'hui par M. le juge de paix, président du tribunal de police du... etc., dont il est, avec celle des présentes, donné copie;

Et à la requête du sieur Pichon, etc...

J'ai, soussigné, commis à cet effet par la cédule sus-énoncée, Fabre, etc...

Donné assignation au sieur..., etc.

Pour répondre et procéder sur et aux fins des conclusions contenues en la cédule sus-énoncée; et j'ai au sus-nommé, en son domicile et parlant comme dessus, laissé copie de ladite cédule et du présent, dont le coût est de...

Formule 297°. *Citation par huissier devant un tribunal de police tenu par le juge de paix.* C. instr. crim. 145 ; Tarif criminel, 71.

L'an... le... à la requête de M. le conservateur de... (*ou* de M. le maire... *ou* de M. l'adjoint du maire, *ou* de M. le commissaire de police, *ou* de M... membre du Conseil municipal de la commune, *ou* de la ville de...), exerçant les fonctions du ministère public près le tribunal de police du canton (*ou* de la commune, *ou* de la ville) de... pour lequel domicile est élu au greffe du tribunal de police de ce canton (*ou* en la maison commune dudit lieu), je Jean-François B... huissier de la justice de paix de... demeurant à... soussigné, ai donné assignation :

1° Au sieur Jean L... (*profession*), demeurant à... prévenu, parlant à...

2° Au sieur Pierre A... (*profession*), au nom et comme responsable dudit Jean L... parlant à...

3° Au sieur Eugène B... (*profession*), demeurant à... parlant à...

4° Au sieur François C... (*profession*), parlant à...

5° Au sieur (*même indication*) parlant à...

A comparaître en personne, le... heure de... en l'audience du tribunal de police de la commune de... séant en la maison commune dudit lieu, pour, à l'égard du sieur Jean L... répondre sur les faits de contravention à l'art... dont il est prévenu par la plainte du sieur A... (*ou* par la dénonciation du sieur... *ou* par le procès-verbal, *ou* par le rapport fait le... par...)

A l'égard du sieur Pierre A... pour s'expliquer sur les faits de responsabilité civile résultant de la contravention à l'art... dont Jean L... est prévenu par la plainte, etc. ;

A l'égard dudit Eugène B... pour être entendu comme plaignant (*ou* partie civile), sur les faits de contravention contenus en sa plainte contre, etc., et prendre si bon lui semble telles conclusions qu'il avisera ;

Et à l'égard des autres personnes citées, pour déposer comme témoins sur les faits de contravention dont il leur sera donné connaissance ; leur déclarant qu'en comparaissant ils seront taxés conformément à la loi, s'ils le requièrent ; et que, faute de comparaître et de justifier d'empéchement légitime, ils seront condamnés aux peines portées par la loi contre les témoins défaillants ;

Et j'ai à chacun des sus-nommés, en parlant comme il vient d'être dit, laissé copie du présent. Coût...

FORMULE 298°. *Citation au tribunal de police, à la requête d'une partie civile.* C. instr. crim. 145 ; Tarif criminel, 71.

L'an... le... à la requête de... (*prénoms, nom, profession et domicile du citant*), je soussigné... (*prénoms, nom, qualité et demeure de l'huissier*) ai cité et donné assignation à... (*prénoms, nom, profession et domicile du cité*), en son domicile, en parlant à... à comparaître et se trouver en personne le... heure de... au tribunal de simple police du canton de... département de... séant à... pour se voir condamner à payer au demandeur la somme de... pour dommages et intérêts du préjudice qu'il a causé au demandeur, pour avoir, le... en contravention aux règlements de police... (*énoncer le fait*); que défenses lui soient faites de continuer à l'avenir, sous les peines prononcées par la loi, et de plus grands dommages et intérêts, et, en outre, qu'il sera condamné aux frais de la présente instance, coût du jugement, signification et mise à exécution du même jugement; et j'ai audit, parlant comme dessus, laissé copie du présent, dont le coût est de...

Enregistré à... le...

SECTION 2.— *De l'instruction.* — *Preuve de la contravention.* — *Procès-verbaux.* — *Preuve testimoniale.* — *Témoins.* — *Reproches.* — *Audition.* — *Jugement.* — *Opposition.*— *Appel.*— *Recours en cassation.*

ARTICLE 1er. — *De l'instruction.*— *Procès-verbaux.*— *Preuve testimoniale.*

1328. La personne citée doit comparaître par elle-même, ou par un fondé de procuration spéciale. **C. instr. crim.** 152.

1329. L'instruction de chaque affaire sera publique, à peine de nullité. Elle se fera dans l'ordre suivant : les procès-verbaux, s'il y en a, seront lus par le greffier; les témoins, s'il en a été appelé par le ministère public ou la partie civile, seront entendus s'il y a lieu; la partie civile prendra ses conclusions. La personne citée proposera sa défense, et fera entendre ses témoins, si elle en a amené ou fait citer, et si, aux termes de l'article suivant, elle est recevable à les produire; le ministère public résumera l'affaire et donnera ses conclusions : la partie citée pourra proposer ses observations. Le tribunal de police prononcera le jugement dans l'audience où l'instruction aura été terminée, et, au plus tard, dans l'audience suivante. Code instruction criminelle, 153.

1330. Les contraventions seront prouvées soit par procès-verbaux ou rapports, soit par témoins, à défaut de rapports et procès-verbaux, ou à leur appui. — Nul ne sera admis, à peine de nullité, à faire preuve par témoins, outre ou contre le contenu aux procès-verbaux ou rapports des officiers de police ayant reçu de la loi le pouvoir de constater les délits ou les contraventions, jusqu'à inscription de faux. Quant aux procès-verbaux et rapports faits par des agents, préposés ou officiers auxquels la loi n'a pas accordé le droit d'en être crus jusqu'à inscription de faux, ils pourront être débattus par des preuves contraires, soit écrites, soit testimoniales, si le tribunal juge à propos de les admettre. C. instr. crim. 154.

1331. Il est très-peu de procès-verbaux qui fassent preuve jusqu'à inscription de faux; de ce petit nombre sont les procès-verbaux des préposés de l'octroi. Pour tout ce qui tient aux règles des procès-verbaux, nous renvoyons à notre RÉPERT. GÉNÉR., au mot *Procès-verbal.*

1332. Les témoins feront à l'audience, sous peine de nullité, le serment de dire toute la vérité, rien que la vérité; et le greffier en tiendra note, ainsi que de leurs noms, prénoms, âge, profession et demeure, et de leurs principales déclarations. C. instr. crim. 155.

1333. Les ascendants ou descendants de la personne

prévenue, ses frères et sœurs, ou alliés en pareil degré, la femme ou son mari, même après le divorce prononcé, ne seront ni appelés, ni reçus en témoignage; sans néanmoins que l'audition des personnes ci-dessus désignées puisse opérer une nullité, lorsque, soit le ministère public, soit la partie civile, soit le prévenu, ne se sont pas opposés à ce qu'elles soient entendues. C. instr. crim. 156.

1334. Les témoins qui ne satisferont pas à la citation pourront y être contraints par le tribunal, qui, à cet effet, et sur la réquisition du ministère public, prononcera, dans la même audience, sur le premier défaut, l'amende, et en cas d'un second défaut, la contrainte par corps. C. instr. crim. 157.

1335. Le témoin ainsi condamné à l'amende sur le premier défaut, et qui, sur la seconde citation, produira devant le tribunal des excuses légitimes, pourra, sur les conclusions du ministère public, être déchargé de l'amende. — Si le témoin n'est pas cité de nouveau, il pourra volontairement comparaître, par lui ou par un fondé de procuration spéciale, à l'audience suivante, pour présenter ses excuses, et obtenir, s'il y a lieu, décharge de l'amende. C. instr. crim. 158.

1336. Avant le jour de l'audience, le juge de paix pourra, sur la réquisition du ministère public ou de la partie civile, estimer ou faire estimer les dommages, dresser ou faire dresser des procès-verbaux, faire ou ordonner tous actes requérant célérité. C. instr. crim. 148.

1337. Ces mesures peuvent également être ordonnées à l'audience, après avoir ouï les parties.

FORMULE 299ᵉ. *Ordonnance pour une estimation de dommages dans le cas de l'art. 148 du Code d'instr. crim.*

Nous... président du tribunal de police, faisant droit à la réquisition qui nous a été faite par M... commissaire de police (*ou* maire *ou* adjoint), faisant fonctions du ministère public (*ou la partie civile, mettre alors les noms, profession et domicile de celle-ci*), tendant à ce que nous estimions le dommage qui a été commis à son préjudice le jour de... (*Désigner ici le genre de dommage.*)

Ordonnons, sans rien préjuger, que demain, à... heure de... il sera procédé par nous à la visite et estimation du dommage dont s'agit, parties présentes ou appelées.

Fait à... le...

Cette ordonnance doit être notifiée au prévenu avec assignation pour la prochaine audience.

FORMULE 300ᵉ. *Nomination d'expert.*

Nous... président du tribunal de police de... vu la réquisition à nous faite par M... (*ministère public* ou *la partie lésée*), tendant à ce que (*rappeler la réquisition*), et y faisant droit, ordonnons que les visite et estimation du dommage seront faites par... que nous nommons à cet effet; lequel, après avoir prêté le serment voulu par la loi, procédera le... heure de... parties présentes ou appelées, aux opérations qui lui sont confiées, et sera tenu de déposer son rapport au greffe du tribunal, et d'en affirmer la sincérité à l'audience qui suivra son estimation, pour, par nous, être statué ce qu'il appartiendra.

La notification de cette dernière ordonnance doit

être faite tant à l'expert qu'au prévenu, avec assignation à celui-ci de comparaître à la prochaine audience.

FORMULE 301e. *Prestation de serment de l'expert.*

Par-devant nous, juge de paix du canton de... a comparu M... (*noms, profession et domicile*), expert nommé par... à l'effet de...

Lequel a prêté le serment de bien et fidèlement remplir la mission qui lui est confiée; dont acte, et a signé avec nous et le greffier.

FORMULE 302e. *Estimation faite par le juge.*

Cejourd'hui, l'an... le... heure de... nous, président du tribunal de police, assisté de... notre greffier, conformément à notre ordonnance en date du... enregistrée, signifiée le... par... à la requête de...

Nous sommes transporté à... à l'effet d'estimer le dommage prétendu causé, ce à quoi nous avons procédé en présence des sieurs... requérant, et... prévenu. (*Le prévenu ne se présentant pas à l'heure indiquée, on mettra* : ce à quoi, après avoir en vain attendu une heure au delà de celle indiquée, nous avons procédé en l'absence du sieur... prévenu, contre lequel nous avons donné défaut, et, pour le profit, passé outre à l'estimation.)

Le sieur... demandeur, a déclaré persister dans sa réquisition, et a signé (*ou* a déclaré ne le pouvoir). Le sieur... prévenu, a dit : (*insérer les dires*).

Procédant à ladite estimation, nous avons remarqué (*rapporter les traces du dommage, en indiquer les faits, circonstances, preuves et indices propres à le constater*).

La valeur du dommage nous a paru être de... et nous

avons renvoyé, pour y statuer, à notre audience du...
jour auquel le prévenu a été cité.

Fait aux lieu, jour, mois et an que dessus, etc.

FORMULE 303e. *Estimation faite par les experts.*

L'an... le... heure de... je... expert nommé par...
(*rappeler l'ordonnance de nomination*), ayant prêté serment devant M... juge de paix, me suis transporté à...
pour estimer ledit dommage prétendu causé par...

Etant arrivé sur les lieux, se sont présentés, 1° (*noms,
profession et domicile du requérant*), lequel a dit que...
(*insérer la réquisition*); 2° le sieur... (*noms, profession
et domicile du prévenu*), lequel a dit (*insérer son dire*).

En conséquence, j'ai procédé à la visite et estimation
dudit dommage, et ai reconnu (*indiquer la nature, les
circonstances, preuves, indices, etc.*), lequel dommage
j'ai évalué approximativement à la somme de...

Le tout fait en présence des sieurs... auxquels j'ai déclaré que je déposerais mon rapport au greffe du tribunal, le... heure de... pour, par eux, y être présents, si
bon leur semble.

(*Si le requérant ou le prévenu ne comparaissent pas,
il en est fait mention, et l'expert déclare qu'il a procédé
en leur absence.*)

FORMULE 304e. *Procès-verbal de garde champêtre.*

L'an... le... heure de...

Je (*nom, prénoms, résidence*), garde champêtre de
la commune de... arrondissement de... assermenté
pour ladite commune, le...

Faisant ma tournée, me suis aperçu qu'une charrette
avait passé, depuis peu de temps, sur une pièce de terre

ensemencée, située à (*désigner la situation, les tenants et aboutissants*), appartenant à... que le passage de cette charrette avait causé un dégât considérable sur une longueur d'environ... mètres, et sur une largeur de ... mètres, aussi environ.

Ayant interrogé des laboureurs qui travaillaient dans un champ voisin de celui où la contravention a été commise, j'ai appris que la charrette, dont je venais de reconnaître les traces, était attelée de... chevaux, et conduite par le sieur... charretier du sieur...

En effet, à quelque distance de là, j'ai joint ledit sieur... poursuivant son chemin. Lui ayant demandé pourquoi il avait ainsi passé dans un terrain ensemencé, appartenant à autrui, il m'a fait réponse (*insérer cette réponse*).

Et, attendu que le fait dont il s'agit constitue une contravention réprimée par la loi, j'ai, de tout, dressé le présent procès-verbal, pour valoir ce que de raison.

Lequel j'ai clos à... heures du... les susdits... jour, mois et an.

(*Si le garde champêtre instrumentait à la réquisition de la partie lésée, le procès-verbal commencerait ainsi :*)

L'an... le... heure de... etc.

Je, etc... à la réquisition de... (*nom, prénoms, profession, domicile*) me suis transporté à... (*désigner les lieux*), à l'effet de constater une contravention qui y avait été commise; où étant, j'ai remarqué qu'en effet (*désigner la nature, les circonstances, traces, preuves et indices de la contravention*).

Et attendu, etc.

(*Si le garde champêtre ne rédige pas son procès-verbal*

sur les lieux, il doit déclarer au prévenu le lieu où il se retire pour le rédiger, l'heure à laquelle il sera procédé à cette rédaction, avec sommation d'y être présent, si bon lui semble, ce qui se fait en ces termes :)

Et attendu, etc. ; j'ai déclaré audit sieur... que j'allais me retirer devant M. le maire de... à l'effet de faire constater ladite contravention ; le sommant de se trouver au lieu indiqué... heure de... s'il le juge à propos, pour présenter ses dires et moyens de défense.

(*Le défaut de sommation n'entraînerait pas la nullité du procès-verbal.*)

FORMULE 305ᵉ. *Procès-verbal d'un garde des bois d'un particulier.*

L'an, etc., le... jour de... heure de... je (*nom, prénoms*), garde des bois de M... demeurant à... reçu et assermenté, conformément à la loi, faisant ma tournée, me suis aperçu qu'il avait été coupé nouvellement plusieurs arbres, essence de... dans lesdits bois au canton de... lieu dit... et ayant plus particulièrement inspecté les lieu et délit, j'ai reconnu que les arbres coupés pouvaient avoir... ans, et portaient... décimètres... de tour, à un mètre du sol, et ayant remarqué des traces de voitures (*ou des pas de cheval ou d'homme*) partant dudit lieu et se dirigeant vers... j'ai suivi lesdites traces, et étant arrivé à... j'ai trouvé des... de bois que j'ai reconnus être de même essence et de même grosseur que celui qui a été coupé audit lieu de... pourquoi j'ai saisi ledit bois, consistant en... et je l'ai mis en la garde de... qui s'en est chargé comme dépositaire de justice, et a promis de le représenter à toutes réquisitions, et a signé.

(Si le bois est en enclos ou dans une cour, on mettra :)

J'ai suivi lesdites traces qui m'ont conduit à la porte d'une maison, sise en ladite commune de... occupée par... alors je me suis transporté chez M. le maire de ladite commune, et l'ai requis de m'accompagner dans ladite maison de... ce qu'il a fait; et y étant entrés ensemble, j'ai trouvé, etc., auxquels ayant fait connaître l'objet de mes perquisitions, ils ont fait réponse que... sommés de signer leurs réponses, ils ont refusé, nonobstant lequel refus j'ai constaté qu'il existe dans la cour, sous un hangar, la quantité de... qui sont fraîchement coupés, et de la même essence que le bois coupé audit lieu de... et j'ai déclaré auxdits... que je mettais sous la main de la justice ledit bois trouvé dans la cour; les ayant sommés de me présenter un gardien solvable, ils s'y sont refusés; pourquoi j'ai établi à la garde dudit bois le sieur... demeurant à... lequel s'en est chargé, et a promis de le représenter à toutes réquisitions, et a signé.

Dont et de tout ce que dessus j'ai fait et dressé le présent procès-verbal, en présence de mondit sieur... maire de ladite commune, qui a signé avec moi; lequel j'ai clos à... heures du... lès jour, mois et an que dessus.

FORMULE 306e. *Procès-verbal d'un préposé de l'octroi.*

L'an... le... *(jour et mois).*

Je... *(nom, prénoms et résidence du préposé),* assermenté pour la ville, en la commune de...

Etant dans l'exercice de mes fonctions, après avoir pris connaissance de l'expédition à moi représentée par le sieur... et procédé à la visite de son chargement... me suis aperçu que... (*désigner ici l'espèce de l'objet saisi*), du poids de... (*ou contenant telle mesure*), d'une valeur de... environ, était caché dans... pour en faciliter l'entrée sans l'acquittement des droits d'octroi.

Pourquoi, et attendu la contravention, j'ai déclaré audit sieur... la saisie de... (*objet*), lequel allait être remis à... (*noms, qualités*) que j'ai constitué gardien, ce qu'il a accepté, pour ledit *objet* être représenté toutes et quantes fois et à qui il appartiendra.

Le présent procès-verbal, dressé en présence dudit sieur... auquel lecture en a été faite, à la barrière de..., a été clos à... (*heure*).

(*Si le prévenu n'assistait pas volontairement à la rédaction, il faudrait lui faire sommation d'y être présent; et en faire mention dans le procès-verbal.*)

FORMULE 307e. *Citation aux témoins.*

L'an... le... à la requête de... (*nom, prénoms, qualité et domicile du requérant, ministère public ou partie*),

J'ai... (*nom, prénoms et immatricule de l'huissier*), soussigné,

Signifié, donné citation et par copie séparée, 1° au sieur... (*nom, qualité, domicile du témoin*); 2° au sieur ... etc., en son domicile, en parlant à...

De comparaître le... heure de... devant le juge de paix du canton de... président du tribunal de simple police, en son prétoire, audience publique;

A l'effet de déposer vérité sur les faits dont il leur sera donné connaissance, leur déclarant que, faute par eux de comparaître, ils encourront telle amende qu'il appartiendra, et même seront contraints par corps, s'il y a lieu;

Et j'ai, audit domicile et parlant comme dessus, laissé à chacun desdits sieurs... copie du présent, dont le coût est de...

FORMULE 308e. *Jugement qui prononce une amende contre un témoin défaillant, et ordonne qu'il sera réassigné.*

Entre le sieur... (*noms, profession, domicile*), demandeur, suivant citation de... en date du... enregistrée le ... ledit sieur... comparant en personne;

Et le sieur... (*noms, profession, domicile*), défendeur, ledit sieur... comparant aussi en personne;

Vu le jugement du... par lequel le sieur... a été admis, sur la dénégation du prévenu, à faire preuve des faits par lui articulés;

Vu la citation donnée par suite de ce jugement au sieur... par exploit de... enregistré, à l'effet de venir déposer sur les faits dont il lui serait donné connaissance;

Après avoir entendu M... commissaire de police (*ou* maire *ou* adjoint), remplissant les fonctions du ministère public, en ses résumé et conclusions;

Attendu que ledit sieur... ne comparaît pas, quoique dûment appelé, le tribunal le condamne à l'amende de... et attendu que sa déposition paraît nécessaire, ordonne qu'il sera réassigné à ses frais, pour comparaître à l'audience de... prochain, par... notre huissier (*ou* huissier que nous commettons à cet effet); à laquelle audience les parties comparaîtront sans nouvelle citation, pour entendre statuer ce qu'il appartiendra; condamne en outre ledit sieur... aux dépens.

Ainsi prononcé publiquement par M... tenant l'audience du tribunal de simple police, le...

FORMULE 309ᵉ. *Jugement qui, sur un second défaut, prononce la contrainte par corps.*

Entre, etc., par jugement préparatoire du... enregistré le... il a été ordonné (*rappeler les faits*). Par autre jugement du... il a été ordonné que le sieur... témoin défaillant, serait réassigné à ses frais pour la présente audience ;

Vu lesdits jugements ; vu également l'exploit de réassignation, fait à la requête dudit sieur... demandeur, par... huissier commis à cet effet, ledit exploit enregistré le...

Après avoir entendu M... commissaire de police, lequel a résumé l'affaire, et conclu à ce que...

Attendu que l'audition du sieur... témoin défaillant, paraît nécessaire pour la preuve de la contravention dont le tribunal est saisi ; que cette audition est d'ailleurs requise par le demandeur ;

Attendu que le témoin est défaillant pour la deuxième fois ; que la loi, dans ce cas, prononce la contrainte par corps ;

Le tribunal, sans rien préjuger, ordonne que ledit sieur... sera saisi par... huissier commis à cet effet, afin d'être conduit et amené à l'audience du... pour y faire sa déposition sur les faits dont la preuve est ordonnée, auquel jour les parties comparaîtront sans nouvelle citation, etc.

Ainsi prononcé publiquement par M..., etc. (*Comme au modèle précédent.*)

FORMULE 310ᵉ. *Mandat d'amener contre un témoin, dans le cas d'un deuxième défaut.*

Nous... président du tribunal de police du canton de...; vu le refus de comparaître du sieur... témoin défaillant pour la deuxième fois, quoique dûment appelé; vu l'art. 157 du Code d'instr. crim., ainsi conçu (*rappeler le texte*);

Mandons et ordonnons au sieur... que nous commettons à cet effet, d'amener et conduire à notre audience du... prochain, heure de... ledit sieur... pour y faire sa déposition sur les faits admis en preuve.

Délivré le...

FORMULE 311ᵉ. *Jugement qui, sur des causes légitimes, décharge le témoin de l'amende.*

Entre, etc.

(*Rappeler les faits et les divers jugements comme au modèle 18ᵉ, et terminer ainsi :*)

Attendu que ledit sieur... justifie qu'il était... (*rappeler la cause d'excuse*); qu'ainsi il se trouvait dans l'impossibilité de comparaître au jour fixé par la citation à lui délivrée le... par exploit de... enregistré; qu'il y a lieu, en conséquence, de le décharger de l'amende prononcée contre lui;

Vu l'art. 158 du Code d'instr. crim., ainsi conçu (*rappeler le texte*); ouï le ministère public en ses conclusions; le tribunal reçoit les excuses présentées par ledit sieur... et le décharge de l'amende à laquelle il a été condamné par jugement du...

Ainsi prononcé en audience publique, par M., etc.

FORMULE 512ᵉ. *Forme des notes à tenir, par le greffier, des dépositions des témoins.*

Nous... greffier du tribunal de police de... conformément à l'art. 155 du Code d'instr. crim., avons rédigé les notes suivantes de l'enquête faite à l'audience de ce jour, entre le sieur... demandeur, et le sieur... prévenu.

Premier témoin. (*Faire mention s'il a été cité ou simplement produit; indiquer les nom, prénoms, âge, profession et domicile du témoin*); lequel, après avoir fait serment de dire toute la vérité, rien que la vérité, a déposé que... (*écrire le sommaire de la déposition*).

Deuxième témoin. (*Mêmes énonciations.*)

Certifié véritable, audience tenante, en l'auditoire du tribunal de simple police, le... etc.

ARTICLE 2. — *Des questions préjudicielles.*

1338. On appelle question préjudicielle toute question qui, dans un procès, doit être jugée avant une autre, parce que, du jugement qui sera rendu sur la première, dépend la solution de la seconde.

Des questions préjudicielles peuvent s'élever devant le tribunal de police : ainsi, un prévenu soutient que l'anticipation qu'on lui oppose comme contravention n'existe pas, parce que le terrain sur lequel la contravention aurait été commise lui appartient. Il y a là évidemment une question de propriété qui peut détruire la base de la poursuite; d'où obligation de renvoyer à fins civiles, ou devant le tribunal compétent.

1339. Il ne suffit pas d'élever, pour obtenir le renvoi, une prétention de propriété dénuée de toute preuve; d'après l'art. 182 du Code forestier, si dans une instance en réparation de délit ou contravention, le prévenu excipe d'un droit de propriété ou autre droit réel, le tribunal saisi de la plainte *statuera sur l'incident* en se conformant aux règles suivantes : — l'exception préjudicielle ne sera admise qu'autant qu'elle sera fondée soit *sur un titre apparent*, soit *sur des faits de possession équivalents, personnels au prévenu*, et par lui articulés *avec précision*, et si le titre produit ou les faits articulés sont de nature, dans le cas où ils seraient reconnus par l'autorité compétente, à ôter au fait qui sert de base aux poursuites, tout caractère de délit ou de contravention.

Cet article a été déclaré par la Cour de cassation applicable à tous les cas analogues; il résulte, en outre, d'un arrêt de la même Cour, du 10 mars 1835 (Dal., 35, 1203), que « les tribunaux correctionnels et ceux de simple police sont appréciateurs du mérite de la question préjudicielle élevée devant eux par le prévenu : celui-ci est donc tenu de produire le titre apparent, ou d'articuler avec précision les faits équivalents qui sont de nature à le faire accueillir, puisque les juges de l'action principale ne peuvent légèrement surseoir à y statuer jusqu'après le jugement de son exception, qu'autant qu'ils la reconnaissent fondée, et déclarent que ce jugement aurait nécessairement pour résultat, s'il lui était favorable, de légitimer le fait constitutif de la prévention dont ils sont saisis; d'où la conséquence que, lorsqu'une exception préjudicielle est vaguement et dilatoirement proposée, comme dans le cas où sa décision ne saurait soustraire l'inculpé à l'effet de la poursuite exercée contre lui, les tribunaux de répression doivent la déclarer non recevable ou mal fondée, et ordonner qu'il sera immédiatement procédé à l'examen du fond.

1340. L'art. 182 du Code forestier, dont nous avons rapporté les premières dispositions ci-dessus, veut que, dans le cas de renvoi à fins civiles, le jugement fixe *un bref délai*, dans lequel *la partie qui aura élevé la question préjudicielle devra saisir les juges compétents* de la connaissance du litige, et justifier de ses diligences; sinon il sera passé outre. Toutefois, en cas de condamnation, il sera sursis à l'exécution du jugement, sous le rapport de l'emprisonnement, s'il était prononcé; et le montant des amendes, restitutions et dommages-intérêts sera versé à la Caisse des dépôts et consignations, pour être remis à qui il sera ordonné par le tribunal qui statuera sur le fond du droit.

Il résulte de cet article, que c'est le prévenu qui doit saisir de la question préjudicielle les juges compétents et qui est chargé de la preuve. L'art. 189 du Code forestier rend la même disposition applicable aux poursuites exercées au nom et dans l'intérêt *des particuliers*. Mais l'est-elle également aux contraventions étrangères aux bois, et dont la poursuite n'est point réglée par le Code forestier? Curasson, en posant cette question (première partie, section III, et n° 20), critique la jurisprudence de la Cour de cassation, qui avait adopté l'affirmative; depuis, la Cour suprême a modifié en partie cette opinion, en décidant, par arrêt du 12 août 1837, que les art. 182 et 189 du Code forestier ne sont applicables qu'aux délits et contraventions commis dans les bois ou forêts soumis au régime forestier ou appartenant à des particuliers. Quant aux autres contraventions, le principe consacré par la jurisprudence, qui met à la charge du prévenu, dans le cas où il élève une question préjudicielle de propriété, l'obligation de saisir dans un délai déterminé les tribunaux compétents pour décider la question, s'applique aux délits ou contraventions poursuivis, dans l'intérêt de l'Etat ou de la société, à la requête du ministère public, lequel serait sans qualité, sans pouvoir, sans intérêt pour saisir le tribunal civil et plaider devant lui une cause qui lui est étrangère; mais qu'on ne pourrait, sans de graves inconvénients, étendre ce principe au cas où il n'est question que d'intérêts privés ; que dans une telle position, les tribunaux correctionnels, compétents seulement pour appliquer la peine prononcée par la loi, mais sans pouvoir pour juger les questions de propriété, ne doivent, en renvoyant les parties à fins civiles, *rien préjuger sur la nature de l'action qu'elles auront à intenter, ni sur la question de savoir à qui sera imposée la charge de la preuve, et que les parties doivent être laissées à cet égard dans la plénitude de leurs droits.*

Ainsi, d'après cet arrêt, si la poursuite est exercée à la requête du ministère public, c'est au prévenu qui élève la question préjudicielle de propriété à justifier de son exception, et à saisir les tribunaux compétents dans un délai déterminé; si c'est la personne lésée qui saisit directement le tribunal de police pour obtenir des réparations civiles, la preuve n'est pas plus à la charge de l'une des parties que de l'autre; le tribunal de répression doit ordonner le renvoi sans rien préjuger.

1341. Si l'habitant d'une commune, poursuivi en contravention, avait à justifier qu'il n'a fait qu'user, sur le terrain en contestation, d'un privilége appartenant à la commune et à ses habitants, il aurait le droit, pour peu du moins qu'il fût inscrit comme contribuable au rôle de la commune, d'exercer à ses frais et risques, avec l'autorisation du Conseil de préfecture, les actions qu'il croirait appartenir à la commune, et que la commune, préalablement appelée à en délibérer, aurait refusé ou négligé d'exercer (Loi du 18 juillet 1837, art. 49). — Une question préjudicielle pourrait donc être élevée en pareille circonstance, et le renvoi à fins civiles avoir lieu dans les conditions de ʷart. 49 précité.

ARTICLE 3. — *Du jugement.*

1342. Après que le ministère public a résume ʾffaire et donné ses conclusions, que la partie citée a ét⸗ entendue dans ses observations, le juge de paix statue.

Le jugement doit être prononcé publiquement dans l'audience où l'instruction aura été terminée, ou, au plus tard, dans l'audience suivante. C. instr. crim. 153.

1343. Le jugement doit être motivé.—Le défaut d'intention criminelle n'est pas un motif d'acquittement ou d'excuse en matière de contravention, le fait matériel suffisant pour donner lieu à l'application de la peine. Cass. 14 février et 1er avril 1826, 24 février, 4, 18 octobre, et 1er décembre 1827 et 19 août 1828.

1344. Le juge ne pourrait motiver son jugement sur la connaissance personnelle que lui aurait procurée une visite des lieux qu'il aurait faite, sans y appeler contradictoirement les parties. Cass. 11 juin 1842, *Annales* 1842, p. 237; 25 mars 1843, *Annales* 1843, p. 304.

1345. Outre les motifs, le jugement doit encore contenir le texte de la loi appliquée (C. instr. crim. 163).

— Il y est fait mention s'il est rendu en dernier ressort ou en première instance.

1346. Si le jugement se base sur un règlement ou arrêté municipal, est-il nécessaire que cet arrêté soit transcrit? La Cour de cassation avait, par arrêt du 11 octobre 1810, jugé l'affirmative ; mais elle est revenue sur cette jurisprudence, par arrêts du 6 septembre 1828 et du 3 juillet 1835, « attendu que l'art. 163 n'exige pas l'insertion du texte des arrêtés municipaux. »

1347. Le même arrêt a jugé qu'il n'y aurait pas nullité, en ce que l'art. 162 du Code d'instr. crim., relatif aux dépens, n'aurait pas été transcrit littéralement dans le jugement; il suffit qu'il y soit fait mention de cet article.

1348. Enfin le jugement de simple police qui se borne à débouter le demandeur de son *opposition*, et maintient purement et simplement *le jugement par défaut,* qui en est l'objet, ne peut être annulé, en ce qu'il ne contient pas les termes de la loi appliquée, alors que le jugement par défaut a satisfait à cette formalité.

1349. La minute du jugement sera signée par le juge qui aura tenu l'audience, dans les vingt-quatre heures au plus tard, à peine de vingt-cinq fr. d'amende contre le greffier, et de prise à partie, s'il y a lieu, tant contre le greffier que contre le juge. C. instr. crim. 164.

1350. Le jugement est contradictoire, s'il est rendu entre les parties présentes et le ministère public.

Il est par défaut lorsque l'une des parties est absente.

1351. L'absence du ministère public ne peut donner lieu à un jugement par défaut (Cass. 17 déc. 1808); le tribunal de police doit, dans cette circonstance, renvoyer la cause à un autre jour, le faire inviter à se trouver à l'audience, et, en cas de refus, procéder à son remplacement.

1352. Si la personne citée ne comparaît pas au jour et à l'heure fixés par la citation, elle sera jugée par défaut. C. instr. crim. 149.

1353. Le tribunal de police, même jugeant par défaut, doit vérifier les conclusions prises devant lui; l'art. 150 C. proc. est applicable aux matières criminelles. Cass. 1ᵉʳ déc. 1842, *Annales* 1843, p. 113.

1354. Une partie, même présente à l'audience, peut être condamnée par défaut, si elle ne prend pas de conclusions et qu'elle ne propose aucune défense.

1355. Le juge de simple police peut ordonner, par jugement interlocutoire, toute preuve ou mesure d'instruction.

1356. Quoique, à la différence des jugements préparatoires, les jugements interlocutoires préjugent le fond, il est de principe, en matière criminelle comme en matière civile, que le juge n'est pas lié par l'interlocutoire.

1357. L'art. 453 du Code pénal, qui autorise à abaisser la peine lorsque le juge reconnaît des circonstances atténuantes, est-il applicable en matière de police? Deux arrêts de la Cour de cassation, des 1ᵉʳ déc. 1842 et 15 sept. 1843, ont jugé l'affirmative; il résulte de ces arrêts qu'une amende de 6 fr. à 10 fr. peut être réduite au-dessous de 6 fr. si le juge reconnaît et constate des circonstances atténuantes.

1358. Le juge ne peut statuer que sur les contraventions qui lui sont déférées ; il ne devrait pas, sans avoir préalablement été saisi dans les formes voulues par la loi, juger une contravention qui ressortirait des débats ; une poursuite ou une citation nouvelle serait indispensable.

1359. Si le fait ne présente ni délit ni contravention de police, le tribunal annulera la citation et tout ce qui aura suivi, et statuera, par le même jugement, sur les demandes en dommages-intérêts. C. instr. crim. 159.

1360. Si le fait est un délit qui emporte une peine correctionnelle ou plus grave, le tribunal renverra les parties devant le procureur de la République. C. instr. crim. 160.

1361. Si le prévenu est convaincu de contravention de police, le tribunal prononcera la peine, et statuera, par le même jugement, sur les demandes en restitution et en dommages–intérêts. C. instr. crim. 161.

ARTICLE 4. — *De la condamnation aux dépens et de leur liquidation.*

1362. La partie qui succombe doit être condamnée aux frais, même envers la partie publique. C. instr. crim. 162.

1363. Cette disposition s'applique au demandeur comme au prévenu. Par le seul fait de la citation donnée par le demandeur, celui-ci se constitue partie civile; il en est de même s'il intervient et prend des conclusions à l'audience lorsque le prévenu a été cité par le ministère public.

1364. Il faut appliquer d'ailleurs aux dépens ce que nous avons dit, ci-dessus, des dommages-intérêts ou restitutions civiles. Les dépens, comme les dommages-intérêts, ne peuvent être que la conséquence de l'application d'une peine; accessoires de la condamnation, ils ne pourraient exister sans celle-ci.

1365. Cependant, par arrêt des 10 juin 1842 (*Annales* 1842, p. 234), 25 mars 1843 (*Annales* 1843, p. 173), et 7 mars 1845 (*Annales* 1846, p. 171), la Cour de cassation a jugé que le mineur de moins de seize ans, quoique relaxé de la poursuite pour défaut de discernement, n'en doit pas moins, ou la personne civilement responsable, être condamné aux dépens.

1366. Le jugement doit contenir la liquidation des dépens (C. instr. crim. 162); mais comme il est souvent difficile de liquider les dépens à l'instant même, et d'en fixer le *quantum* au moment de la prononciation du jugement, il suffit que cette liquidation soit faite avant la signature de la minute : c'est ce qui se pratique ordinairement. Le greffier présente au juge qui a tenu l'audience l'état des frais, et celui-ci, après l'avoir examiné, en permet la transcription dans le jugement.

ARTICLE 5.— *Des dommages-intérêts.*

1367. De même que les dépens, les dommages-intérêts doivent être liquidés par le jugement (C. instr. crim. 161). L'art. 148 permet au juge, ainsi que nous l'avons vu, d'estimer d'avance ou de faire estimer le dommage causé, lorsqu'il en a été requis par le ministère public ou par la partie civile; il ne pourrait, en prononçant le jugement, condamner le prévenu en des dommages et intérêts dont il se réserverait de faire l'appréciation plus tard. Cass. 31 déc. 1835.

1368. Il est d'autres demandes sur lesquelles le juge de paix peut avoir encore à prononcer; ce sont celles par lesquelles le ministère public conclut à la destruction des objets dont l'existence constitue la contravention; ainsi, lorsque sans alignement préalable, ou au mépris de l'alignement donné, un propriétaire élève des constructions, soit sur la voie publique, soit même sur son propre terrain, le juge doit, sur la demande du ministère public, en punissant la contravention, ordonner la démolition de ces constructions. Cette démolition est la réparation due par le contrevenant; et il y a cette différence entre cette hypothèse et celle où des dommages-intérêts sont réclamés par la partie civile, que, dans ce dernier cas, le juge est appréciateur de la demande formée, qu'il peut admettre, rejeter ou modifier, tandis que, dans le premier, il ne peut se dispenser d'ordonner la destruction des ouvrages faits en contravention. La raison de cette différence est sensible : les dommages-intérêts n'étant dus à la partie civile qu'autant qu'elle a souffert un dommage, et en proportion du dommage souffert, il fallait bien laisser au juge le soin d'apprécier s'il y a eu réellement préjudice, et quels ont été ses effets. Quand il s'agit d'ouvrages faits en contravention, au contraire, il ne peut y avoir de doute sur la nécessité de la réparation et sur le moyen à employer. La contravention sera permanente tant que la destruction n'aura pas été ordonnée; ce n'est donc qu'en ordonnant cette destruction que le fait qui donne lieu à la poursuite peut disparaître, et que le but de cette poursuite est atteint. Aussi, toutes les fois que des jugements des tribunaux de police n'ont pas ordonné la destruction des ouvrages, en pareilles circonstances, la Cour de cassation n'a-t-elle pas hésité à les annuler. On peut voir les arrêts de cette Cour, des 2 déc. 1825, 26 juillet 1827, et 18 sept. 1828.

FORMULE 313°. *Modèle d'un jugement contradictoire en dernier ressort du tribunal de police sur une action du ministère public.*

Tribunal de police du canton de... département de... audience publique tenue le vendredi... mars mil huit cent... à l'heure accoutumée, au prétoire du tribunal, par M... juge de paix dudit canton, assisté de M... greffier de la justice de paix.

En présence de M... maire de la commune de... remplissant les fonctions du ministère public. (*Cet intitulé, mis en tête de la feuille d'audience, sert pour tous les jugements qui y sont portés; il est transcrit dans l'expédition de chaque jugement.*)

Entre M. le maire de la commune de... remplissant les fonctions du ministère public près le tribunal de police, demandeur, d'une part, et le sieur Paul A... menuisier, demeurant à... d'autre part.

Par exploit de M. B... huissier à... en date du... enregistré, ledit sieur A... a été, sur la requête du demandeur, cité à comparaître aujourd'hui devant le tribunal pour, attendu que... (*transcrire ici le libellé de la citation*), s'entendre condamner à la peine fixée par l'article 475, n° 4 C. pén., et aux frais.

Il a comparu et déclaré qu'il était prêt à répondre aux charges et preuves que le demandeur avait à lui opposer.

Sur cette déclaration, l'organe du ministère public a requis la lecture du procès-verbal; elle a été en conséquence faite publiquement et à haute voix par le greffier.

Le sieur A... s'est justifié des faits mis à sa charge par ledit acte, en disant que... (*Analyse de la défense de la personne citée.*)

Ensuite l'organe du ministère public a pris la parole et a dit que... (*résumé des preuves et des moyens de l'action*); il a conclu à ce que ledit sieur Paul A... fût, par application de l'art. 475, n° 4 C. pén., condamné à dix francs d'amende et aux dépens.

Le sieur Paul A... a fait observer que... (*Observations du cité.*)

Sur quoi, nous, juge de paix, remplissant les fonctions de juge de police ;

Attendu qu'il est établi par le procès-verbal que le jeudi... janvier dernier... ledit sieur A... passant en voiture dans le village de... a fait courir son cheval dans a descente qui y existe ;

Que ledit procès-verbal est régulier et fait foi de son contenu jusqu'à preuve contraire ;

Que les dénégations du sieur A... ne sont appuyées sur aucune preuve ;

Vu les art. 475, n° 4 C. pén. et 162 C. instr. crim., ainsi conçus : « Seront punis d'amende, etc. » (*Transcrire ces textes*);

Condamnons le sieur Paul A... à une amende de six francs au profit de la commune de...; le condamnons en outre aux dépens de la présente instance, liquidés à la somme de... non compris les frais d'expédition et de notification du présent jugement.

Fixons la durée de la contrainte par corps à... conformément à l'art. 52 C. pén., en exécution de la loi du 17 avril 1832, et de la loi du 13 décembre 1848.

Donné à... le... l'an... par nous... (*prénoms et nom du juge de paix ou du suppléant qui le remplace avec qualification de premier ou second*) du canton de... département de...

FORMULE 314°. *Jugement par défaut.*

Entre le sieur... remplissant les fonctions de ministère public... (*comme ci-dessus*), d'une part;

Et le sieur A... défendeur aux fins dudit exploit, non comparant, ni personne pour lui.

Lecture a été faite... (*comme ci-dessus*), hors la comparution du cité et de ses témoins.

Vu, etc.

Nous... juge de paix, avons, contre le sieur A... non comparant, ni personne pour lui, donné défaut; et, pour le profit, considérant... (*la fin comme ci-dessus*).

FORMULE 315°. *Jugement sur la comparution de celui qui s'est laissé condamner par défaut.*

Entre le sieur A... (*prénoms, nom, profession et domicile du comparant*), lequel a dit que, par jugement de notre tribunal, en date du... rendu à la requête du... faisant les fonctions de ministère public, à lui signifié le... il avait été condamné à... qu'il se présente devant nous pour être reçu opposant audit jugement; faisant droit sur son opposition, le décharger des condamnations contre lui prononcées par ledit jugement;

Et le sieur... ministère public, défendeur à ladite opposition;

Ouï le sieur A... en ses moyens de défense;

Ouï ensuite le sieur... ministère public, lequel a conclu à ce que...

Vu, etc.

Nous... juge de paix, tenant le tribunal de police, considérant que le sieur A... se présente devant nous dans les trois jours de la signification à lui faite le... du jugement rendu contre lui par défaut, le... recevons le sieur A... opposant audit jugement ; faisant droit sur son opposition, considérant que... nous avons déchargé ledit sieur A... des condamnations contre lui prononcées par ledit jugement, sans dépens.

Donné à... le... etc.

Lorsque l'opposant est condamné sur son opposition, qui est mal fondée, le dispositif est ainsi conçu :

Nous... juge de paix... (*le commencement comme ci-dessus*) ; faisant droit sur son opposition, considérant... déboutons le sieur A... de son opposition ; ordonnons que ledit jugement sera exécuté selon sa forme et teneur ; le condamnons en outre par corps aux frais de la présente instance, liquidés à... compris le coût du présent jugement et de la signification, conformément à l'art. 162 C. instr. crim., lequel est ainsi conçu :

(*Lorsque le condamné par défaut se présentera après les délais qui lui sont accordés par la loi, le jugement le déclarera non recevable.*)

Entre le sieur A... (*comme ci-devant*),

Et le sieur... ministère public, lequel, attendu qu'il y a plus de trois jours que la signification du jugement du... a été faite au sieur A... conclut à ce que le sieur A.. soit déclaré non recevable dans son opposition, et condamné aux frais du présent jugement et de la signification ;

Nous... juge de paix, considérant que depuis le... jour auquel le jugement du... a été notifié au sieur A...

à cejourd'hui... il s'est écoulé plus que les trois jours pendant lesquels le sieur A... pouvait être entendu, conformément à l'art. 150 C. instr. crim., déclarons le sieur... non recevable dans son opposition; ordonnons que le précédent jugement du... sera exécuté selon sa forme et teneur; condamnons en outre le sieur A... aux frais du présent jugement et de sa signification, liquidés à... conformément à l'art. 162 C. instr. crim., lequel est ainsi conçu : (*transcrire l'article*).

FORMULE 316e. *Jugement sur la poursuite d'une partie civile.*

Entre le sieur A... (*prénoms, nom, profession et domicile du demandeur*), demandeur aux fins de l'exploit de... en date du... enregistré le... tendant à ce que le sieur B... ci-après nommé, soit condamné à lui payer la somme de... pour dommages et intérêts du préjudice qu'il lui a causé pour avoir, le... (*détailler le fait*); comparant en personne... (*ou par... prénoms, nom, profession et domicile du fondé de pouvoir*, suivant l'acte du... enregistré le...), d'une part;

Et le sieur B... (*prénoms, nom, profession et domicile du défendeur*), défendeur aux fins dudit exploit, comparant... d'autre part, lequel a requis d'être renvoyé de la demande;

Ouï les sieurs A... et B... en leurs moyens respectifs (*s'il y a des témoins entendus, il en sera fait mention*);

Ouï ensuite le sieur... faisant les fonctions de ministère public, lequel a conclu à ce que...

Vu les art... de la loi, ainsi conçus : (*transcrire les articles*);

Nous... juge de paix, tenant le tribunal de police,

considérant qu'il est constant que le sieur B... a, le... (*détailler le fait prouvé*); faisons défense au sieur B... de récidiver à l'avenir, sous telle peine qu'il appartiendra; pour l'avoir fait, le condamnons en l'amende de... conformément à l'article... de la loi du... dont lecture a été donnée; le condamnons en outre à payer au sieur A... la somme de... par forme de dommages et intérêts, et aux dépens; fixons la durée, etc.

(*S'il y a lieu d'acquitter le défendeur, le dispositif est ainsi conçu* :)

Considérant que la contravention reprochée au sieur B... n'est pas prouvée (*ou bien que...*);

Renvoyons le sieur B... des demandes contre lui formées, soit par le sieur A... dans son exploit du... soit par le ministère public; condamnons A... aux dépens, etc.

Donné à...

FORMULE 317ᵉ. *Jugement qui renvoie la cause devant d'autres juges.*

Entre, etc. (*rappeler les faits, conclusions et défenses des parties*).

Ouï le prévenu dans ses exceptions; ensemble, M... commissaire de police (*ou* maire *ou* adjoint), remplissant les fonctions du ministère public, en ses résumé et conclusions;

Attendu que le tribunal n'est ni celui du domicile du prévenu, ni celui du lieu où la contravention a été commise; que par suite le déclinatoire du prévenu est fondé, et qu'il y a lieu d'y faire droit;

Le tribunal, statuant en premier (*ou* dernier) ressort, se déclare incompétent et renvoie la cause et les parties devant les juges qui doivent en connaître; condamne le demandeur aux dépens taxés à... non compris, etc.

Ainsi jugé et prononcé, etc.

FORMULE 318ᵉ. *Jugement qui, sur une question préjudicielle, surseoit à statuer.*

Entre le sieur... etc., et le sieur... défendeur, etc. Les conclusions du demandeur tendent à... (*rappeler ces conclusions*); à quoi le prévenu a répondu que, s'il a passé sur le terrain du demandeur, il n'a fait qu'user de son droit, un passage lui étant dû sur ledit terrain.

Par le sieur... demandeur, a été répliqué... (*insérer les moyens*).

Dans cet état, les questions suivantes se présentent : (*poser ces questions*). Parties ouïes; ensemble M... commissaire de police, lequel a résumé l'affaire, et conclu à ce que...; attendu que si l'exception du défendeur était fondée, elle ôterait au fait qui lui est imputé tout caractère de criminalité; qu'ainsi elle constitue une question préjudicielle qui doit avoir pour résultat de suspendre la décision du tribunal jusqu'à ce qu'il ait été statué sur ladite exception par les tribunaux compétents;

Attendu, néanmoins, que cette suspension doit être limitée pour que le cours de la justice ne soit pas interrompu;

Le tribunal, sans rien préjuger, surseoit à statuer sur la demande du sieur... pendant... durant lequel temps le défendeur sera tenu de faire juger son exception; faute de quoi, et à l'expiration dudit délai, il sera passé outre au jugement, sur la demande dudit sieur... dépens réservés.

Ainsi prononcé publiquement par M..., etc.

ARTICLE 6. — *De l'opposition.* — *De l'appel.* — *Du recours en cassation.*

§ 1er. — De l'opposition.

1369. La personne condamnée par défaut ne sera plus recevable à s'opposer à l'exécution du jugement, si elle ne se présente à l'audience indiquée par l'article suivant : sauf ce qui sera ci-après réglé sur l'appel et le recours en cassation. C. instr. crim. 150.

1370. L'opposition au jugement par défaut pourra être faite par déclaration en réponse au bas de l'acte de signification, ou par acte notifié dans les trois jours de la signification. — L'opposition emportera de droit citation à la première audience après l'expiration des délais, et sera réputée non avenue si l'opposant ne comparaît pas. C. instr. crim. 151.

La signification du jugement peut donc seule faire courir les délais de l'opposition.

1371. La partie civile qui a laissé juger l'affaire par défaut contre elle peut-elle former opposition au jugement comme la personne citée? L'affirmative semble résulter des termes de l'art. 150, qui réserve cette voie à la personne condamnée; d'où l'on peut conclure que tout condamné doit être admis à se pourvoir par opposition. Cependant, on peut dire qu'il est de principe qu'un tribunal de police ne peut être saisi que lorsqu'il existe une contravention à punir; et que, lorsque le prévenu a été acquitté contradictoirement avec le ministère public, il est irrévocablement jugé que le fait qui lui était imputé ne constitue pas une véritable contravention. On peut ajouter que l'art. 187 du Code d'instr. crim., n'accordant nominativement la voie d'opposition qu'au seul prévenu, d'où l'on peut induire que, lorsque l'art. 150 a parlé de la personne condamnée, il s'est uniquement occupé de la personne citée. Mais, d'un autre côté, l'opposition est de droit commun. Il y aurait d'ailleurs une espèce de contradiction à donner à un plaignant le droit de se pourvoir par appel, et à lui refuser celui de se pourvoir par voie d'opposition; on se trouve donc porté à penser que cette voie lui est ouverte; c'est ainsi que le décide Carnot; il cite même un arrêt de cassation du 29 floréal, an IX, qui l'aurait ainsi jugé en principe.

1372. Au reste, si l'opposition n'avait pas été notifiée à la partie civile, on ne peut douter qu'elle ne pût former opposition au jugement qui aurait été rendu en son absence, et qui aurait déchargé le prévenu des condamnations qu'il avait d'abord encourues, encore que le jugement eût été contradictoire avec le ministère public; c'est ce qui a été jugé par le même arrêt du 29 floréal an IX. Mais tout serait irrévocablement jugé quant à l'action publique, qui ne pourrait être reprise sur l'opposition de la partie civile.

§ 2. — De l'appel.

1373. La personne condamnée et la partie civile sont également fondées à interjeter appel d'un jugement du tribunal de police, dans les cas prévus par la loi; il n'en est pas de même du ministère public, aucune disposition de la loi ne lui attribue ce droit; il résulte, au contraire, des art. 172, 177, 199 et 202 du Code d'instruction criminelle, que cette faculté lui est interdite.

L'art. 177, en effet, lui confère le droit de se pourvoir en cassation ; or, si la loi avait entendu qu'il pût
interjeter appel, elle s'en serait expliquée.

D'un autre côté, l'art. 202, en donnant au ministère
public la faculté d'appeler en matière correctionnelle,
démontre suffisamment que ce n'est point par oubli
que le même droit ne lui a point été conféré en matière
de simple police. C'est aussi ce que la Cour de cassation
a reconnu dans deux arrêts des 28 août 1823 et 24 février 1827.

1374. Les jugements rendus en matière de police
pourront être attaqués par la voie de l'appel, lorsqu'ils
prononceront un emprisonnement, ou lorsque les
amendes, restitutions et autres réparations civiles excéderont la somme de cinq francs, outre les dépens.
C. instr. crim. 172.

1375. L'appel sera suspensif. C. instr. crim. 173.

1375 *bis*. L'appel des jugements rendus par le tribunal de police sera porté au tribunal correctionnel ;
cet appel sera interjeté dans les dix jours de la signification de la sentence à personne ou à domicile ; il
sera suivi et jugé dans la même forme que les appels des
sentences des justices de paix. C. instr. crim. 174.

1376. Lorsque, sur l'appel, le procureur de la République, ou l'une des parties le requerra, les témoins
pourront être entendus de nouveau, et il pourra même
en être entendu d'autres. C. instr. crim. 175.

1377. Les dispositions des articles précédents sur la
solennité de l'instruction, la nature des preuves, la
forme, l'authenticité et la signature du jugement définitif, la condamnation aux frais, ainsi que les peines

que ces articles prononcent, seront communes aux jugements rendus, sur l'appel, par les tribunaux correctionnels. C. instr. crim. 176.

1378. Le délai de dix jours fixé, pour interjeter appel, par l'art. 174, doit être, selon la règle générale, augmenté d'un jour à raison de trois myriamètres de distance, conformément à l'art. 1033 C. proc.

1379. Mais, lorsque le jugement a été rendu par défaut, le délai d'appel commence-t-il à courir du jour seulement où l'opposition n'est plus recevable, ou, au contraire, le délai de l'appel et celui de l'opposition courent-ils en même temps, et le condamné n'a-t-il que dix jours pour appeler, comme dans le cas où le jugement est contradictoire? — Les auteurs sont divisés sur cette question. Bourguignon pense qu'on ne peut employer contre un jugement par défaut, ni la voie de l'appel, ni celle du recours en cassation, tant que la voie de l'opposition est ouverte; il appuie son opinion sur plusieurs arrêts de la Cour de cassation, rendus sous l'empire du Code du 3 brumaire an IV, conforme sur ce point au Code d'instruction criminelle; sur un avis du Conseil d'Etat, du 11 février 1806, approuvé le 18 du même mois, qui le décide ainsi, et sur la dernière partie de l'art. 174 du Code d'instr. crim., qui veut que l'appel en matière de police soit suivi et jugé dans la même forme que les appels des sentences des juges de paix : or, dit-il, l'art. 455 du Code de proc. civ. déclare que les appels des jugements susceptibles d'opposition ne seront pas recevables pendant le délai de l'opposition. — Le Graverend (*Législation criminelle*, t. II, p. 349) est du même avis. Carnot, sur l'art. 150 du

Code d'instruction criminelle, soutient une opinion contraire, qui ne paraît pas devoir être suivie.

1379 *bis*. Le délai de dix jours fixé par la loi pour l'appel du jugement de police n'est pas applicable à l'appel incident, qui peut être relevé en tout état de cause. Cass. 24 juillet 1818.

1380. L'appel doit-il être *signifié* ou simplement *déclaré* au greffe? Le Graverend (t. II, p. 348) pense qu'il suffit d'une simple déclaration au greffe, cet usage étant général pour l'appel et le recours en cassation en matière criminelle : un arrêt de la Cour de cassation, du 1er juillet 1826, a jugé que l'appel n'est pas nul, quoiqu'il ait été relevé par citation, sans déclaration au greffe; un second arrêt du 6 août 1829 a reconnu, d'un autre côté, la validité d'un acte d'appel formé par une simple déclaration au greffe de la justice de paix.

1381. Lorsqu'un tribunal correctionnel, saisi de l'appel d'un jugement de simple police, infirme pour une cause autre que celle tirée de l'incompétence, il doit statuer au fond et définitivement, au lieu de renvoyer l'affaire au juge du premier degré. Cass. 6 juin 1844; *Annales* 1845, p. 74.

§ 3. — Du recours en cassation.

1382. Le recours en cassation peut être exercé par le condamné, la personne civilement responsable, la partie publique et la partie civile. C. instr. crim. 413.

1383. Il est recevable contre tous les jugements rendus sur appel en matière de police et contre ceux rendus par le tribunal de police en dernier ressort. Il importe peu que la condamnation ait été prononcée contradictoirement ou par défaut. Le recours en cassation est également ouvert au condamné dans les deux cas ; mais il ne peut user de cette voie pendant le délai d'opposition , lorsque le jugement est rendu par défaut.

1384. Un jugement de police peut être attaqué en cassation : 1° S'il a été rendu incompétemment ; 2° s'il a prononcé des condamnations pour un fait qui n'était ni délit, ni contravention; 3° si le ministère public n'a pas été entendu ; 4° s'il n'a pas été rendu publiquement; 5° s'il n'a pas été rendu par un juge qui ait assisté à toutes les audiences, et devant qui l'instruction et les débats n'aient pas été recommencés en entier ; 6° s'il n'est pas motivé ; 7° enfin, s'il y a eu fausse application de la loi pénale. C. instr. crim. 413 et 408.

1385. Le pourvoi en cassation doit être formé dans les trois jours de la prononciation du jugement, lorsqu'il est contradictoire (Cass. 2 août 1828); ou dans les trois jours de la signification, quand il est par défaut.

1386. La déclaration du pourvoi est faite, dans le délai de trois jours, soit par la partie elle-même, soit par un fondé de pouvoir spécial, au greffe du tribunal correctionnel pour les jugements de police dont appel a été interjeté, ou au greffe du tribunal de police pour les jugements prononcés par ce tribunal en dernier ressort.

1387. Après les dix jours qui suivront la déclaration du pourvoi, ce magistrat fera passer au ministre de la justice les pièces du procès et les requêtes des parties, si elles en ont déposé. — Le greffier de la Cour ou du tribunal qui aura rendu l'arrêt ou le jugement attaqué, rédigera sans frais et joindra un inventaire des pièces, sous peine de cent francs d'amende, laquelle sera prononcée par la Cour de cassation. C. instr. crim. 423.

1388. Les art. 416 et suivants du Code d'instruction criminelle règlent les autres formes du pourvoi; comme il est facile d'y recourir, nous ne les transcrirons pas ici.

FORMULE 319ᵉ. *Déclaration d'appel au greffe.*

Cejourd'hui... de l'an... heure de... est comparu au greffe du tribunal de simple police de... devant nous, greffier soussigné, le sieur... demeurant à... où il fait élection de domicile;

Lequel a déclaré interjeter appel du jugement rendu par ledit tribunal de simple police de... le... enregistré, qui le condamne à... et ce pour les torts et griefs que lui fait ledit jugement.

De laquelle déclaration nous avons rédigé le présent acte, et a, le déclarant, signé avec nous (*ou* a déclaré ne le savoir*).

FORMULE 320ᵉ. *Acte d'appel par citation.*

L'an... le... à la requête de... demeurant à... où il fait élection de domicile, j'ai (*nom, prénoms et immatricule de l'huissier*) soussigné, signifié, déclaré à M... commissaire de police (*ou* maire *ou* adjoint), remplissant les fonctions du ministère public près le tribunal de police du canton de.... en son domicile... en parlant à... que le requérant est appelant, comme par ces présentes, il interjette appel d'un jugement contradictoirement rendu entre lui et le sieur... par ledit tribunal, lequel le condamne à... jours d'emprisonnement et en...

francs d'amende, et ce pour les torts et griefs que lui
fait ledit jugement.

A ce qu'il n'en ignore, et j'ai, même requête, domicile... parlant comme dessus, laissé à M... copie du présent, dont le coût est de...

S'il y a une partie civile, signification doit lui être
faite, si l'on appelle du jugement en ce qu'il accorde
des dommages-intérêts.

Formule 321°. *Pourvoi au greffe du tribunal de police contre un jugement émanant de cette juridiction.*

Par-devant nous, greffier de la justice de paix de... ou
du tribunal de simple police de...

Est comparu le sieur A... (*nom, prénoms, profession
et demeure*); lequel nous a déclaré qu'il est dans l'intention de se pourvoir en cassation, comme il se pourvoit
formellement par ces présentes contre le jugement rendu
par M... juge de paix en cette juridiction, le... qui le
condamne à deux jours de prison et... fr. d'amende,
dans l'intérêt de la vindicte publique, et à... fr. de
dommages et intérêts au profit du sieur B... et cela pour
les torts et griefs que lui cause ce jugement, et qu'il ex-
posera et développera en temps et lieu.

De quoi il a requis acte que nous lui avons octroyé, et
a signé avec nous greffier, après lecture (*ou* a déclaré
ne savoir signer, après lecture).

(*Signature du requérant et du greffier.*)

Formule 322°. *Inventaire des pièces.* C. instr. crim. 423.

Inventaire des pièces transmises par le greffier soussigné du tribunal de police du canton de..., arrondissement de... département de... à M. le maire (*ou* le

commissaire de police), remplissant les fonctions de ministère public près ledit tribunal, formant le dossier de l'affaire sur laquelle il a été fait par... un pourvoi en cassation, et consistant, savoir :

1°... 2°... 3°... (*inventorier toutes les pièces*).

Fait et certifié véritable par le greffier soussigné, à... le...18... (*Signature.*)

TITRE III.

CONSTITUTION, COMPOSITION, JURIDICTION ET PROCÉDURE DES TRIBUNAUX DE POLICE DES MAIRES.

CHAPITRE Ier.— Tribunal de police des maires.—Constitution, composition, juridiction et compétence en premier et en dernier ressort.

1389. Le tribunal de police des maires se compose : 1° du maire qui juge seul; 2° d'un officier du ministère public; 3° d'un greffier.

1390. Le maire peut, en cas d'empêchement, être remplacé par son adjoint dans les fonctions de juge de police.

1391. Lorsque le tribunal de police est présidé par le maire, le ministère public est exercé par son adjoint. Lorsque celui-ci remplace le maire, le ministère public est rempli par un membre du Conseil municipal, désigné à cet effet par le procureur de la République pour une année entière.

1392. Les fonctions de greffier près les tribunaux de police des maires sont exercées par un citoyen que le maire propose, et qui prête serment en cette qualité devant le tribunal de police correctionnel. C. d'instr. crim. art. 168.

1393. La juridiction des maires, comme juges de police, ne s'étend pas au delà de la commune ; — sont exceptées même les contraventions spéciales, ou commises dans des circonstances spéciales, comprises dans l'art. 139 : Les maires des communes non chefs-lieux de canton connaîtront, concurremment avec les juges de paix, des contraventions commises dans l'étendue de leur commune, par les personnes prises en flagrant délit, ou par des personnes qui résident dans la commune ou qui y sont présentes, lorsque les témoins y seront aussi résidants ou présents, et lorsque la partie réclamante conclura pour ses dommages-intérêts à une somme déterminée, qui n'excédera pas celle de 15 fr.— Ils ne pourront jamais connaître des contraventions attribuées exclusivement aux juges de paix par l'art. 139, ni d'aucune des matières dont la connaissance est attribuée aux juges de paix considérés comme juges civils. C. instr. crim. 166.

1394. Quant à l'appel et au dernier ressort, on suit, pour les jugements rendus par les maires, les mêmes règles que pour les jugements rendus par les juges de paix au tribunal de simple police. C. instr. crim. 171.

1395. Les fonctions de greffier des maires, dans les affaires de police, seront exercées par un citoyen que le maire proposera, et qui prêtera serment en cette qualité au tribunal de police correctionnelle. Il recevra, pour ses expéditions, les émoluments attribués au greffier du juge de paix. C. instr. crim. 168.

CHAPITRE II. — Procédure devant le tribunal de police des maires.

1396. Les maires des communes non chefs-lieux de canton connaîtront, concurremment avec les juges de paix, des contraventions commises dans l'étendue de leur commune par les personnes prises en flagrant délit, ou par des personnes qui résident dans la commune ou qui y sont présentes, lorsque les témoins y seront aussi résidants ou présents, et lorsque la partie réclamante conclura pour ses dommages–intérêts à une somme déterminée, qui n'excédera pas celle de 15 fr. — Ils ne pourront jamais connaître des contraventions attribuées exclusivement aux juges de paix, par l'article 139, ni d'aucune des matières dont la connaissance est attribuée aux juges de paix, considérés comme juges civils. C. instr. crim. 166.

1397. Le ministère des huissiers ne sera pas nécessaire pour les citations aux parties; elles pourront être faites par un avertissement du maire, qui annoncera au défendeur le fait dont il est inculpé, le jour et l'heure où il doit se présenter. C. instr. crim. 169.

1398. Il en sera de même des citations aux témoins; elles pourront être faites par un avertissement qui indiquera le moment où leur déposition sera reçue. C. instr. crim. 170.

1399. Le maire donnera son audience dans la maison commune; il entendra publiquement les parties et les témoins. — Seront, au surplus, observées les dispositions des art. 149, 150, 151, 153, 154, 155, 156, 157, 158, 159 et 160, concernant l'instruction et les jugements au tribunal du juge de paix. C. instr. crim. 171.

FORMULE 323e. *Citation par avertissement devant un tribunal de police municipale.*

Le maire de la commune de... prévient le sieur Pierre

Durand qu'il est accusé d'avoir dans sa boutique d'épicerie et de mercerie des faux poids et fausses mesures (*ou, s'il est cabaretier*, de s'être mis en contravention à l'arrêté municipal de telle date, sur l'heure où les établissements publics doivent être fermés); que cela constitue une contravention de troisième classe, punie d'une peine de police, pourquoi il lui est donné avertissement et sommation de comparaître le 5 novembre présent mois, à dix heures du matin, devant le tribunal de police municipale, séant à... local de la mairie, pour s'expliquer sur les faits qui lui sont imputés, et voir requérir et appliquer, s'il y a lieu, telle peine que de droit; lui déclarant que les sieurs Jean... Pierre... seront entendus en témoignage, et sera le présent avertissement remis au sieur Durand ou à son domicile par le sieur Delaunay, garde champêtre de cette commune.

A... ce 1er juin 1850.   *Signé* le maire B...

FORMULE 324e. *Billet d'avertissement pour témoins, devant le tribunal de police municipale.*

L'adjoint de la ville de... exerçant les fonctions du ministère public près le tribunal de simple police, invite MM... à se trouver à l'audience de ce tribunal, qui aura lieu le... à... heures du... dans... pour déposer dans la procédure de... contre...

A... ce... 1850.   (*Signature.*)

TITRE IV.

DE LA COMPÉTENCE DES MAIRES ET DES JUGES DE PAIX RELATIVEMENT
A LA POLICE DE LEUR AUDIENCE.

1400. Lorsqu'à l'audience, ou en tout autre lieu où se fait publiquement une instruction judiciaire, l'un ou plusieurs des assistants donneront des signes publics soit d'approbation, soit d'improbation, ou exciteront du tumulte, de quelque manière que ce soit, le président ou le juge les fera expulser; s'ils résistent à ses ordres, ou s'ils rentrent, le président ou le juge ordonnera de les arrêter et conduire dans la maison d'arrêt; il sera fait mention de cet ordre dans le procès-verbal, et sur l'exhibition qui en sera faite au gardien de la maison d'arrêt, les perturbateurs y seront reçus et retenus pendant vingt-quatre heures. C. instr. crim. 504.

1401. Lorsque le tumulte aura été accompagné d'injures ou voies de fait, donnant lieu à l'application ultérieure des peines correctionnelles ou de police, ces peines pourront être, séance tenante et immédiatement après que les faits auront été constatés, prononcées, savoir : — celles de simple police, sans appel, de quelque tribunal ou juge qu'elles émanent, et celles de police correctionnelle, à la charge de l'appel, si la condamnation a été portée par un tribunal sujet à l'appel ou par un juge seul. C. instr. crim. 505.

1402. S'il s'agit d'un crime commis à l'audience d'un juge seul, ou d'un tribunal sujet à l'appel, le juge ou le tribunal, après avoir fait arrêter le délinquant et dressé procès-verbal des faits, enverra les pièces et le prévenu devant les juges compétents. C. instr. crim. 506.

1403. Les maires et adjoints, officiers de police judiciaire, exercent aussi les fonctions de police réglées par l'art. 504 C. instr. crim. lorsqu'ils remplissent publiquement quelques actes de leur ministère; d'où il suit qu'en cas de signes publics d'approbation ou d'improbation, ou d'excitation au tumulte, de quelque manière que ce soit, ils peuvent faire saisir les perturbateurs. Ils dressent ensuite procès-verbal du délit, et envoient ce procès-verbal, s'il y a lieu, ainsi que les prévenus, devant les juges compétents. C. instr. crim. 509.

FORMULE 325e. *Procès-verbal d'arrestation de personnes qui troublent l'ordre ou excitent du tumulte dans l'audience.*

Nous... juge de paix de... président du tribunal de... tenant l'audience dudit tribunal, et procédant à l'instruction de l'affaire pendante entre le sieur... et le sieur... constatons que l'ordre et la tranquillité ont été troublés par... qui s'est permis de (*exprimer la manière dont l'audience a été troublée*).

Après plusieurs injonctions de faire silence et de garder le respect dû à la justice, faites audit sieur... nous l'avons fait expulser de l'audience par l'huissier de service. Ledit sieur... malgré notre ordre, étant rentré dans l'auditoire en disant... nous l'avons fait sortir à l'instant en vertu de l'art. 504 C. instr. crim., et ordonné qu'il serait conduit à la maison d'arrêt pour y être détenu pendant vingt-quatre heures, enjoignant au gardien de ladite maison de le recevoir sur le vu de ce procès-verbal, qui a été de suite rédigé en présence dudit sieur... auquel lecture en a été faite par... huissier de service, chargé de la mise à exécution de notre ordonnance.

Donné au prétoire du tribunal, le...

TITRE V.

DE LA RÉCUSATION DES JUGES DE POLICE ET DU MINISTÈRE PUBLIC DEVANT LE TRIBUNAL DE POLICE.

1404. Le Code d'instruction criminelle est muet sur la récusation du juge comme sur la récusation du ministère public devant les tribunaux de police.

1405. Il est admis qu'on suit, quant à la récusation du juge, les règles tracées par les art. 44, 45, 46 et 47 C. proc. civ. pour la récusation du juge de paix en matière civile. Nous avons rapporté et commenté ces articles, ci-dessus, Ire partie, livre II, chapitre xxii, et nous avons donné les formules.

1406. Quant au ministère public, comme il est toujours, devant les tribunaux de police, partie *principale*, et non partie *jointe*, il ne peut pas être récusé. C. proc. 481 ; Cass. 15 févr. 1811.

TITRE VI.

ACTES SPÉCIAUX. — OBLIGATIONS DES GREFFIERS DES TRIBUNAUX DE POLICE.

1407. Au commencement de chaque trimestre, les juges de paix et les maires transmettent au procureur de la République l'extrait des jugements de police qui ont été rendus dans le trimestre précédent, et qui ont prononcé la peine d'emprisonnement. Cet extrait est délivré sans frais par le greffier. — Le procureur de la

République le dépose au greffe du tribunal correctionnel. — Il en rend un compte sommaire au procureur
général près la Cour d'appel. C. instr. crim. 178.

FORMULE 326e. *Extraits des jugements des tribunaux de police
portant peine d'emprisonnement.*

EXTRAITS des jugements portant peine d'emprisonnement, qui ont été
rendus pendant le... trimestre de l'an... par le tribunal de police du canton
de... *ou* de la commune de...

Nos D'ORDRE.	NOM, PRÉNOMS, profession, âge, domicile et lieu de naissance du condamné.	NOM, PRÉNOMS, profession et demeure de la personne lésée.	NATURE de la CONTRA- VENTION.	LIEU de la CONTRA- VENTION.	LOIS APPLIQUÉES.	CONDAM- NATIONS PRONONCÉES
1	Louis A... né à... âgé de...ans(pro-fession), de-meurant à...	FrançoisL.. (profession), demeurant à ...	Moutons blessés par jet de pier-res.	Commune de... quartier de...	§ 2 de l'ar-ticle 479, et 480 du Code pénal.	Trois jours d'emprison-nement; 15 fr. d'amen-de; 10 fr. de dommages-intérêts.
2	. . . . .	. . . . .	. . . . .	. . . . .	. . . . .	. . . . .
3	. . . . .	. . . . .	. . . . .	. . . . .	. . . . .	. . . . .

Pour extraits délivrés par nous, greffier du tribunal de police du canton (*ou*
de la commune, *ou* de la ville) de... pour être transmis à M. le procureur de
la République, conformément à l'art. 178 du Code d'instruction criminelle.

1408. En général, l'exécution d'un jugement ne peut
être poursuivie qu'en vertu de l'expédition, en forme
exécutoire, qui en est délivrée par le greffier, et ce
mode doit être employé par la partie civile qui veut
contraindre le condamné au remboursement des in-
demnités qui lui ont été accordées, et à celui des frais
qu'elle a pu être obligée d'avancer. Mais cette règle reçoit exception pour l'exécution des jugements de police
par le ministère public.

1409. Dans ce cas, l'emprisonnement peut être poursuivi sur un simple extrait délivré par le greffier, et visé

par le ministère public; c'est ce qui résulte de la combinaison des art. 198, 202, 407 et 472 C. instr. crim., 36 C. pén., 44 du décret du 18 juin 1811, et d'une instruction ministérielle du 30 septembre 1826; c'est aussi ce qui se pratique journellement à Paris.

FORMULE 327e. *Extrait pour l'exécution du jugement des tribunaux de police.*

République française. — Au nom du peuple français.

La République fait savoir que, par jugement du tribunal de simple police de... en date du... rendu sur la poursuite du ministère public, le sieur... a été condamné à un emprisonnement de... et en une amende de... en vertu de l'art... (*rappeler la disposition de la loi insérée dans le jugement*), pour s'être rendu coupable (*énoncer la contravention*); ledit... a été condamné, en outre, aux dépens, taxés à... non compris les frais du présent, et ceux de mise à exécution.

En conséquence, la République mande et ordonne à tous huissiers, sur ce requis, de mettre le présent jugement à exécution; aux procureurs généraux et aux procureurs de la République près les tribunaux de première instance, d'y tenir la main; et à tous commandants et officiers de la force publique, de prêter main-forte, lorsqu'ils en seront légalement requis. En foi de quoi le présent jugement a été signé par le juge et le greffier. La minute est signée... juge de paix, président... greffier, et enregistrée le... par... qui a perçu...

(*Signature du greffier.*)

(*Visa du commissaire de police, ou du maire, ou de l'adjoint, exerçant le ministère public.*)

QUATRIÈME PARTIE.

LIVRE UNIQUE.

PROCÉDURE EN MATIÈRE D'INSTRUCTION CRIMINELLE. — ATTRIBUTIONS DES JUGES DE PAIX COMME AUXILIAIRES DU PROCUREUR DE LA RÉPUBLIQUE, OU COMME DÉLÉGUÉS DU JUGE D'INSTRUCTION, OU COMME OFFICIERS DE POLICE JUDICIAIRE.

TITRE Ier.

NOTIONS GÉNÉRALES. — CRIMES, DÉLITS, CONTRAVENTIONS. — AUTEURS PRINCIPAUX, COMPLICES. — PRESCRIPTION. — POURSUITES CONTRE LES AGENTS DU GOUVERNEMENT, AUTORISATION. — POLICE JUDICIAIRE.

CHAPITRE Ier. — Du crime, du délit, de la contravention.

1410. Comme auxiliaires du procureur de la République, ou comme délégués du juge d'instruction, les juges de paix sont chargés de rechercher les crimes et les délits, et de procéder aux actes les plus importants de la procédure criminelle. C. instr. crim.

1411. Comme les formalités de poursuites sont toutes différentes, suivant qu'il s'agit de contraventions, de crimes ou de délits, il est nécessaire que nous définissions chacun de ces divers degrés de culpabilité.

La contravention est l'infraction que les lois punissent de peines de simple police, c'est-à-dire d'une amende de quinze francs et au-dessous, ou d'un emprisonnement de cinq jours et au-dessous, qu'il y ait ou non confiscation des choses saisies et quelle qu'en soit la valeur. C. d'instr. crim. 137; C. pén. 464 et suiv.

1412. Le délit est l'infraction que les lois punissent de peines correctionnelles, c'est-à-dire d'une amende de seize francs et au-dessus, d'un emprisonnement qui ne peut être de moins de cinq jours, sauf le cas des circonstances atténuantes (C. pén. 463), ni de plus de cinq ans, sauf le cas de la récidive (C. pén. 59); enfin de l'interdiction à temps de certains droits politiques, civils ou de famille. C. pén. 9, 40, 41, 42.

1413. Le crime est l'infraction que les lois punissent de peines afflictives et infamantes, ou de peines infamantes seulement. Les peines afflictives et infamantes sont : la mort, les travaux forcés à perpétuité, la déportation, les travaux forcés à temps, la détention, la réclusion (C. pén. 7); les peines seulement infamantes sont : le bannissement et la dégradation civique. C. pén. 8.

CHAPITRE II. — Des auteurs principaux et des complices.

1414. On distingue les personnes punissables, en auteurs et en complices.

1415. L'auteur d'un crime ou d'un délit est celui qui en a consommé l'exécution. Si le délit a été commis par plusieurs qui ont agi ensemble et de concert, d'une manière active, les délinquants sont des coauteurs et non des complices.

1416. Le complice, dans le sens légal, est celui qui, sans avoir participé à la perpétration du crime ou du délit, a excité à le commettre ou en a favorisé l'exécution en connaissance de cause. C. pén. 60, 61, 62, 63, 285, 293.

Sont encore considérés comme complices, tous ceux

qui auront procuré des armes, des instruments et autres moyens ayant servi au crime, sachant qu'ils y devaient servir. Ceux qui, connaissant la conduite criminelle des malfaiteurs exerçant des brigandages ou des violences contre la sûreté de l'Etat, la paix publique, les personnes ou les propriétés, leur fournissent *volontairement et habituellement* logement, lieu de retraite ou de réunion. C. pén. 61.

Ceux qui, sciemment, auront recélé en tout ou en partie les choses enlevées, détournées ou obtenues à l'aide d'un crime ou d'un délit. C. pén. 62 et 63.

1417. Il n'y a point de complicité sans fait principal. Cass. 14 janvier 1820.

CHAPITRE III.—De la prescription.

1418. Les crimes et délits se prescrivent par un laps de temps déterminé par la loi, c'est-à-dire que l'action publique s'éteint par la prescription.

1419. La prescription s'opère, s'il s'agit d'un crime, après dix années révolues à compter du jour où le crime aura été commis, si, dans cet intervalle, il n'a été fait aucun acte d'instruction ou de poursuites. C. d'instr. crim. 637.

S'il s'agit d'un délit, le temps de la prescription est de trois ans. C. instr. crim. 638.

1420. L'action publique s'éteint encore par la mort du prévenu. C. d'instr. crim. 2.

Mais la mort du prévenu qui éteint l'action publique par rapport à lui, la laisse subsister par rapport à son complice. Cass. 13 août 1829 et 3 juin 1830.

CHAPITRE IV. — Des exceptions aux règles de poursuites. — Soustractions entre parents. — Agents du gouvernement. — Excuses légales.

1421. Des considérations morales ont fait exclure de la vindicte publique certains crimes ou délits, comme la soustraction entre parents et le recèlement d'un parent criminel (C. pén. 248 et 380). Mais la poursuite n'en aurait pas moins lieu contre les complices de ces crimes ou délits.

1422. D'autres crimes ou délits sont déclarés excusables. Mais les excuses légales ne peuvent faire obstacle à l'instruction, notamment le meurtre commis par l'époux sur l'épouse, ou sur son complice dans le cas d'adultère à l'instant où il les surprend en flagrant délit dans la maison conjugale. C. pén. 65, 321 et suiv.

1423. En vertu de l'art. 75 de la Constitution de l'an VIII, les agents du gouvernement ne peuvent, hors le cas de flagrant délit, être poursuivis pour les faits commis dans l'exercice de leurs fonctions, mis sous coup de mandat, arrêtés, ni interrogés, sans une autorisation préalable. Nous disons hors le cas de flagrant délit, car l'art. 121 C. pén. permet, en cas de flagrant délit ou de clameur publique, de donner ou signer l'ordre ou le mandat de saisir ou arrêter même les ministres et les plus hauts fonctionnaires de l'État.

1424. En dehors même du flagrant délit, les faits dont les agents du gouvernement sont inculpés peuvent être l'objet de constatation en la forme ordinaire, sauf à ne pas atteindre les personnes provisoirement. Décret du 9 août 1806, art. 3.

1425. L'instruction et la poursuite des crimes et délits commis par les juges, magistrats et autres officiers de justice, a lieu, hors le cas de flagrant délit, suivant les formes indiquées par les art. 1479 et suiv. C. instr. crim.

CHAPITRE V. — De la police judiciaire.

1426. C'est à la police judiciaire qu'appartient la recherche des crimes et des délits. Elle est avertie par la clameur publique, l'avis donné par un fonctionnaire, la plainte ou la dénonciation.

1427. La police judiciaire recherche les faits punissables à quelque juridiction qu'ils appartiennent, ordinaire ou extraordinaire ; par exemple, les crimes ou délits commis par des militaires ou par des marins au service de l'Etat, quoique les coupables soient justiciables des Conseils de guerre ou des tribunaux maritimes, sauf à renvoyer ensuite les procédures à qui de droit.

TITRE II.

ATTRIBUTIONS DES JUGES DE PAIX DANS LA RECHERCHE OU LA POURSUITE DES CRIMES OU DES DÉLITS, SOIT COMME OFFICIERS DE POLICE JUDICIAIRE ET COMME AUXILIAIRES DU PROCUREUR DE LA RÉPUBLIQUE, SOIT COMME DÉLÉGUÉS DU JUGE D'INSTRUCTION OU AUTRE MAGISTRAT INSTRUCTEUR.

1428. Le Code d'instruction criminelle place les juges de paix au nombre des officiers de police judiciaire (art. 9). Il les range parmi les auxiliaires du procureur de la République (art. 48, 40, 52). Enfin, il les charge de recevoir les délégations ou commissions du juge d'instruction (art. 83, 84), ou des autres magistrats de l'ordre judiciaire. Art. 283.

CHAPITRE Ier.— Fonctions des juges de paix et des suppléants des juges de paix comme officiers de police judiciaire et comme auxiliaires du procureur de la République. — Dénonciation officielle ou privée. — Plainte. — Poursuites d'office. — Flagrant délit ou réquisition d'un maître de maison.

1429. Comme officiers de police judiciaire, les juges de paix sont tenus, du moment où dans l'exercice de leurs fonctions ils acquièrent la connaissance d'un crime ou d'un délit, d'en donner avis au procureur de la République près le tribunal dans le ressort duquel le crime ou délit aurait été commis, ou dans le ressort duquel le prévenu pourrait être saisi, et de transmettre à ce magistrat tous les renseignements, procès-verbaux et actes qui y sont relatifs. C. instr. crim. 29.

1430. Comme auxiliaires du procureur de la République, les juges de paix reçoivent les dénonciations des crimes et délits commis dans leur canton. Art. 48.

1431. Ils peuvent recevoir, suivant les mêmes règles, les plaintes qui leur seraient présentées, et même les déclarations des plaignants qu'ils entendent se porter partie civile, et leur désistement s'il y a lieu. Art. 63 et 64.

1432. Le juge de paix peut être remplacé par ses suppléants dans toutes les opérations de l'instruction ou de la police judiciaire (Cass. 2 frim. an XIV et 7 juill. 1809). Deux autres arrêts de la Cour suprême, l'un du 7 novembre 1824, déclare les suppléants des juges de paix tenus au service des jurés, à moins qu'ils n'aient rempli dans les affaires à juger les fonctions d'officier de police judiciaire; l'autre, du 30 septembre 1831, les déclare exempts du service de la garde nationale, attendu qu'ils peuvent être appelés à chaque instant à remplir les fonctions d'officier de police judiciaire, **et** requérir la force publique.

Les suppléants peuvent donc remplacer les juges de paix, soit au tribunal de police, soit dans leurs fonctions d'officier de police judiciaire, et lors même qu'il s'agirait de remplir une commission rogatoire.

La cause de l'empêchement n'a pas besoin d'être indiquée, la présomption de droit étant pour l'empêchement légitime (Cass. 9 avril 1819); mais il faut qu'il soit exprimé que le suppléant n'agit que parce que le juge de paix est empêché.

SECTION 1re. — *De l'avis à donner au procureur de la République des crimes et délits.* — *Dénonciation officielle.*

1433. Le juge de paix est tenu, aussitôt qu'il acquiert la connaissance d'un crime ou d'un délit, d'en donner sur-le-champ avis au procureur de la République, et de transmettre à ce magistrat tous les renseignements, procès-verbaux et actes qui y sont relatifs. C. instr. crim. 29.

S'il s'agissait d'un crime capital ou d'une grande importance, il devrait envoyer un exprès. La gendarmerie, sur sa réquisition, lui fournirait à cet effet une ordonnance ou estafette (Ord. 29 oct. 1820, art. 69). A défaut de gendarmes, il prendrait un commissionnaire ou coureur ordinaire.

1434. Si le prévenu avait été arrêté, le juge de paix devrait le faire conduire lui-même au procureur de la République avec toutes les pièces et renseignements qu'il aurait recueillis, procès-verbaux qu'il aurait dressés, etc. Dans les cas même où le juge de paix est tenu d'opérer sans retard, il doit, le plus tôt possible, instruire le procureur de la République, pour que celui-ci se rende lui-même sur les lieux, s'il le juge utile, et requière le transport du juge d'instruction.

1435. Les lettres ainsi écrites au procureur de la République doivent être, en général, spéciales aux faits qui les occasionnent, parce qu'il est, le plus souvent, nécessaire de les annexer au dossier de l'affaire qu'elles concernent, au moins pendant l'instruction.

SECTION 2. — *Des plaintes et dénonciations.*

1436. Il ne faut pas confondre la dénonciation avec la plainte : la plainte est l'action intentée pour dommage causé par un crime ou par un délit. C'est le premier acte de poursuite lorsqu'on n'appelle pas l'auteur du délit par action directe devant le tribunal correctionnel, ou par action civile devant les tribunaux civils; mais qu'on s'adresse au procureur de la République ou aux officiers de police judiciaire qui le remplacent, afin qu'il poursuive lui-même au nom de la vindicte publique.

1437. Il faut avoir été lésé soi-même, et avoir un intérêt direct à la réparation du crime ou du délit, pour porter une plainte.

1438. La plainte peut, dans certains cas, par exemple lorsqu'il s'agit d'un délit, être remplacée par une action directe devant le tribunal de police correctionnelle (C. instr. crim. 182). Lorsqu'il s'agit d'un crime, l'action directe est interdite. Un prévenu ou accusé ne peut être traduit devant le jury que sur la réquisition du procureur général; une plainte est donc alors nécessaire.

1439. La dénonciation a un tout autre caractère que la plainte. Tout individu a qualité pour dénoncer un délit ou un crime sans avoir un intérêt direct ni même personnel à la répression.

1440. On distingue deux espèces de dénonciations : la dénonciation commandée par la loi est celle que l'art. 29, déjà cité, du Code d'instr. crim. impose à tout fonctionnaire ou officier public qui, dans l'exercice de ses fonctions, a acquis la connaissance d'un crime ou d'un délit, ou l'avis qu'est pareillement tenu de donner au procureur de la République toute personne qui aura été témoin d'un attentat, soit contre la sûreté publique, soit contre la vie ou la propriété d'un individu. C. instr. crim. 30.

1441. La dénonciation volontaire est celle que peut faire tout citoyen du crime ou du délit dont il a acquis la connaissance, de quelque manière qu'il l'ait acquise.

1442. C'est le procureur de la République qui est spécialement chargé de recevoir, soit les dénonciations, soit les plaintes : « Les dénonciations seront rédigées par les dénonciateurs ou par leurs fondés de procuration spéciale, ou par le procureur de la République, s'il en est requis; elles seront toujours signées par le procureur de la République à chaque feuillet, et par les dénonciateurs ou par leurs fondés de pouvoir. Si les dénonciateurs ou leur fondés de pouvoir ne savent ou ne veulent pas signer, il en sera fait mention. La procuration demeurera toujours annexée à la dénonciation; et le dénonciateur pourra se faire délivrer, mais à ses frais, une copie de sa dénonciation. » C. instr. crim. 31.

1443. Cependant les juges de paix, les officiers de gendarmerie, les commissaires généraux de police reçoivent aussi les dénonciations de crimes ou délits commis dans les lieux où ils exercent leurs fonctions habituelles.

1444. Le dénonciateur ou le plaignant, dont la déclaration serait repoussée mal à propos, aurait le droit d'appeler sur le magistrat dont il aurait éprouvé le refus, les remontrances du procureur général.

1445. Mais le procureur de la République n'est pas tenu, quoiqu'il ait reçu une plainte, d'y donner suite. Il conviendrait, dit M. Duvergier, n° 91, de rappeler à l'occasion aux parties plaignantes pour *simples délits,* qui ne justifieraient pas de leur indigence, qu'il fut jugé par la Cour de cassation, le 8 décembre 1826, que lorsque la plainte porte sur un délit qui n'intéresse pas l'ordre public, et que le plaignant ne déclare pas se rendre partie civile, le procureur de la République n'est pas tenu d'en faire la poursuite, et qu'il ne doit pas surcharger ainsi le Trésor public de frais inutiles.

Au surplus, on devrait avertir les plaignants pour délits correctionnels, qu'ils ont droit de faire citer directement, devant le tribunal correctionnel, les prévenus et les témoins. C. instr. crim. 64, 182 à 189.

1446. Les dénonciations et les plaintes peuvent être reçues en forme de requête, ou rédigées en forme de procès-verbaux, par l'officier à qui elles sont adressées. Quel que soit cet officier, les formes déterminées par l'art. 31 précité doivent être suivies.

1447. Lorsque l'auteur du crime ou du délit est inconnu, la dénonciation ou la plainte est dirigée contre un *quidam.*

1448. Si le dénonciateur ou plaignant déposait des pièces de conviction, il faudrait faire mention de la remise au procès-verbal, et y décrire les objets déposés.

1449. Si la déposition ou la plainte a pour objet un crime de faux, on fait signer et parapher, et l'on signe et paraphe de même, à toutes les pages, les pièces arguées de faux, et les pièces de comparaison que dépose le dénonciateur ou le plaignant, et l'on énonce l'observation de cette formalité, ou la déclaration de ne pouvoir, ne savoir, ou ne vouloir signer et parapher, de la part de la partie qui fait le dépôt.

1450. En cas de dénonciation ou de plainte portée par mandataire, la procuration, qui est expressément exigée (C. instr. crim. 31), demeurerait annexée.

1451. Il suffirait que la procuration fût sous signature privée, pourvu que cette signature fût dûment légalisée. Le juge doit la faire signer et parapher par le porteur.

1452. Toutes les prescriptions de l'art. 31 doivent être exactement suivies ; les renvois doivent, en outre, être signés ; les mots surchargés approuvés. Enfin, les mots rayés, comptés et numériquement rejetés. Arg. art. 78 C. instr. crim. ; Duvergier, n° 101.

1453. Si la plainte est dans l'intérêt du plaignant, elle est assujettie au timbre et à l'enregistrement (Instruction générale de la régie, du 12 novembre 1823, n° 1102). « Si la plainte n'est faite que dans l'intérêt de la société, et que le plaignant ne se constitue point partie civile, elle rentre dans la classe des actes de vindicte publique. Tous les actes de vindicte publique sont nommément compris dans la classe des actes exempts de la formalité du timbre, par l'art. 16 de la loi du 13

brumaire, an VII; or, dans l'espèce, la plainte ne peut
être considérée sous un autre rapport.

Quoique la plainte soit assujettie à l'enregistrement
lorsque le plaignant se porte partie civile, le juge de
paix peut, en cas d'urgence, l'adresser tout enregistrée au procureur de la République, en donnant ses
motifs, et sauf régularisation ultérieure.

Le plaignant peut se désister de sa plainte dans les
vingt-quatre heures, et alors les poursuites se font
d'office (articles 62 et 96 du Code du 3 brumaire,
an IV). Il en est de même lorsqu'il déclare ne vouloir
pas être partie dans le procès.

1454. Les dénonciations étant toujours censées faites
par des personnes désintéressées, et ne comportant pas
partie civile, sont donc toujours exemptes du timbre et
de l'enregistrement.

1455. Mais, comme tout plaignant peut s'abstenir
d'énoncer qu'il entend se porter partie civile, et se réserver d'exercer son action plus tard, réserve qui est,
d'ailleurs, de droit, il peut toujours présenter sa plainte
sur papier libre, non enregistrée, et le juge ne peut refuser de la recevoir. Cependant, il ne faut pas oublier
que le procureur de la République ne poursuit, dans
l'usage, directement les simples délits, que si les parties plaignantes justifient de leur indigence, ou si
elles se portent parties civiles. Il n'est donc pas indif-
férent que la plainte soit sur papier timbré, et enregistrée.

1456. Le juge de paix qui reçoit une plainte doit
avertir le plaignant de son droit de se porter partie civile, en tout état de cause (C. instr. crim. 66-67); comme

aussi de se départir dans les vingt-quatre heures. Mêmes articles.

1457. Toute partie civile qui ne demeurera pas dans l'arrondissement communal où se fait l'instruction, sera tenue d'y élire domicile par acte passé au greffe du tribunal. — A défaut d'élection de domicile par la partie civile, elle ne pourra opposer le défaut de signification contre les actes qui auraient dû lui être signifiés aux termes de la loi. C. instr. crim. 68.

1458. En matière de police simple ou correctionnelle, la partie civile qui n'a pas justifié de son indigence (C. instr. crim. 420) est tenue, avant toutes poursuites, de déposer au greffe, ou entre les mains du receveur de l'enregistrement, la somme présumée nécessaire pour les frais de la procédure.

Le juge de paix, en transmettant la plainte, indiquerait au procureur de la République, le cas échéant, si la partie civile a ou non consigné.

1459. L'officier qui reçoit la plainte doit toujours rappeler la date du jour et même l'heure de la remise, puisque la loi n'accorde à la partie civile que vingt-quatre heures pour se départir. C. instr. crim. 66.

1460. Le juge de paix qui, d'après une plainte ou une dénonciation, estime qu'il y a lieu de se transporter sur les lieux, s'y rend sans ordonnance de transport. Cass. 5 flor. an III.

1461. Le plaignant, qui veut se désister dans les vingt-quatre heures de sa plainte, peut se présenter devant le juge de paix, qui reçoit ou qui rédige son désistement avec les mêmes formalités que celles exigées pour la réception ou pour la rédaction de la plainte.

M. Duvergier prétend qu'ils doivent en outre faire signifier leur désistement à la personne contre qui la plainte a été portée.

FORMULE 328°. *Plainte adressée au juge de paix et rédigée par le plaignant.*

À M. le juge de paix du canton de... officier de police judiciaire.

Jacques Ortis, laboureur, demeurant à... tant en son nom personnel que comme fondé de procuration spéciale de Jean Botu, son domestique, passée devant... notaires et témoins, le... laquelle sera annexée à la présente plainte, vous représente que cejourd'hui, 9 heures du matin (*exposer le fait et les circonstances, nommer les témoins*), ledit Jean Botu, blessé, ne pouvant se transporter lui-même, à cause de ses blessures, a fait venir un notaire qui, en présence de témoins, a rédigé la procuration spéciale annexée à la présente plainte; pourquoi ledit Jacques Ortis, tant en son nom que comme fondé par ladite procuration, déclare qu'il vous rend plainte des faits ci-dessus énoncés, dont il offre d'affirmer la vérité, et qui seront attestés par les témoins amenés avec lui; demande acte de la remise qu'il fait en vos mains de... (*Désigner les objets ou pièces de conviction*), et vous requiert d'agir conformément à la loi.

Signé (à toutes les pages) Jacques Ortis.

Tant pour moi que comme fondé de procuration spéciale de Jean Botu.

FORMULE 329°. *Déclaration du juge de paix écrite au pied de la plainte ou de la dénonciation qu'il reçoit toute rédigée.*

La présente plainte (*ou* dénonciation), signée de... (*prénoms, nom, qualité et demeure de la personne qui*

dépose la plainte ou la dénonciation), nous a été présentée le… à… heure du matin (*ou* du soir), par le sieur…
(*ajouter, s'il y a lieu :* comme fondé de procuration
de, etc… ladite procuration du… annexée à la plainte
(*ou* dénonciation) prémentionnée, après avoir été signée
et paraphée par nous, par ledit sieur… lequel nous a
affirmé, sur notre réquisition, que les faits sont exactement tels qu'il les a exposés dans la plainte (*ou* dénonciation). — En conséquence, nous avons nous-même
signé à toutes les pages, et lui avons donné acte de la remise qu'il nous a faite de ladite plainte (*ou* dénonciation).

A… (*localité*), le (*date et heure du jour*).

Le juge de paix du canton de…   (*Signature.*)

FORMULE 330ᵉ. *Procès-verbal du juge de paix requis de rédiger
une plainte ou dénonciation.*

L'an… le… heure du matin (*ou* du soir), devant
nous (*prénoms et nom du juge de paix*), juge de paix
du canton de… arrondissement de… département de…
étant à… et procédant comme officier de police judiciaire
de M. le procureur de la République de… s'est présenté
(*prénoms, nom, qualité et demeure du comparant*), lequel nous a exposé (*énoncer les faits, circonstances et
toutes les indications nécessaires pour poursuivre et informer*); ledit sieur… nous a déclaré qu'il dénonce ces
faits dans l'intérêt public (*ou* que, lésé par ces faits, il
en porte plainte, et se rend *ou* ne se rend pas partie
civile), et il nous a indiqué pour témoins (*désigner
les témoins*); il nous a représenté et remis, pour servir à
conviction (*les objets décrits sont scellés et retenus conformément aux art. 35, 37, 38, 453, C. instr. crim.*).

Lecture faite, ledit sieur... (ès nom, *si c'est un fondé de pouvoir*) a affirmé, sur notre réquisition, que les faits qu'il a déclarés sont véritables, et a signé avec nous à toutes les pages.

A... le... heure...   (*Signatures.*)

FORMULE 331ᵉ. *Désistement de l'action civile, dans les vingt-quatre heures, par le plaignant.*

L'an... le... heure de... Jacques Ortis s'est présenté devant nous, et nous a déclaré qu'il renonçait purement et simplement à se porter partie civile sur sa plainte par lui déposée devant nous le... au sujet (*on spécifie le délit*), et dont les circonstances sont détaillées en ladite plainte, n'entendant donner aucune suite à la dénonciation du crime; pour quoi il nous requiert d'anéantir ladite déclaration.

Nous, attendu que le délai de vingt-quatre heures, fixé par la loi, n'est pas encore expiré, avons donné acte audit... de son désistement; mais, attendu que le fait énoncé dans la plainte intéresse l'ordre public, nous avons pris ladite plainte pour dénonciation; en conséquence, disons qu'elle subsiste, à l'effet d'être procédé, conformément à la loi, à la poursuite du fait dont il s'agit, et avons, de ce que dessus, dressé le présent acte.

(*Signé par le plaignant et l'officier de police.*)

SECTION 3. — *Attributions et pouvoirs du juge de paix pour le cas de flagrant délit, de réquisition d'un maître de maison, et de constatation urgente d'un crime non flagrant, ou même d'un délit ordinaire.*

1462. En général, le procureur de la République et ses officiers auxiliaires n'ont que le droit de rechercher les crimes et les délits, et d'en poursuivre les auteurs.

Quant à la mission de les constater, elle appartient au juge d'instruction. C. instr. crim. 22, 47.

1463. Mais, dans tous les cas de flagrant délit, lorsque le fait est de nature à entraîner une peine afflictive ou infamante (art. 32), ou toutes les fois que, s'agissant d'un crime ou délit, même non flagrant, commis dans l'intérieur d'une maison, réquisition de le constater est faite par le chef de cette maison (art. 46), le procureur de la République ou le juge de paix peuvent se transporter sur le lieu sans aucun retard, pour y dresser les procès-verbaux nécessaires, à l'effet de constater le corps du délit, l'état des lieux, et de recevoir les déclarations des personnes qui auraient été présentes ou qui auraient des renseignements à donner.

1464. Dans les cas de flagrant délit, dit l'art. 49, les juges de paix, les officiers de gendarmerie, les commissaires généraux de police, ou dans le cas de réquisition de la part d'un chef de maison, dresseront les procès-verbaux, recevront les déclarations des témoins, feront les visites et les autres actes qui sont, audit cas, de la compétence des procureurs de la République; le tout dans les formes et suivant les règles établies au chapitre du *Procureur de la République*.

1465. Mais il faut, pour que le juge de paix puisse remplacer, en pareil cas, le procureur de la République, que le crime ou délit ait été commis dans son canton, ou que l'inculpé y ait sa résidence, soit habituelle, soit momentanée, ou qu'il y ait été trouvé.

1466. Les maires, adjoints de maire et les commissaires de police reçoivent également les dénonciations et font les actes énoncés en l'art. 49, en se conformant aux mêmes règles.

1467. Il pourrait arriver que plusieurs officiers auxiliaires d'un seul ou de différents cantons s'occupassent à la fois du même crime ou délit, soit parce que l'instruction aurait été commencée par le maire d'une commune où ne résiderait pas le juge de paix, avant l'arrivée de ce magistrat, soit parce que, après avoir commis le crime dans un canton, le prévenu se serait retiré ou aurait été saisi dans un autre canton.

1468. S'il s'agit de plusieurs instructions ainsi commencées en divers cantons, il n'existe aucun motif de les interrompre. Au contraire, il importe à la découverte de la vérité qu'aucune recherche ne soit négligée, que tous les faits soient constatés. L'officier de police auxiliaire saisi de l'instruction dans les premiers moments doit donc y procéder, en ce qui le concerne, sans s'inquiéter du tribunal auquel appartiendra en définitive la connaissance de l'affaire; puis il adressera toutes les pièces au procureur de la République de son arrondissement.

1469. Quant à la concurrence qui existerait entre les officiers de police judiciaire de divers ordres, l'article 54 du Code d'instr. crim. indique une règle qui semble pouvoir être étendue. « Dans les cas de concur- « rence, dit cet article, entre le procureur de la Répu- « blique et les officiers de police énoncés aux articles « précédents, le procureur de la République fera les « actes attribués à la police judiciaire. S'il a été prévenu, « il pourra continuer la procédure, ou autoriser l'offi- « cier qui l'aura commencée à la suivre. »

A part l'autorisation de suivre, qui ne paraît pas pouvoir être donnée par le juge de paix aux maires ou aux autres officiers auxiliaires qu'il trouve en fonctions au moment de son arrivée sur le lieu du crime, il semble convenable que la suite de l'information lui soit cédée comme au plus expérimenté et au plus versé dans les opérations judiciaires et dans la rédaction des procès-verbaux, et aussi parce que ses fonctions sont plus élevées.

Même hors le cas de concurrence, le procureur de la République, exerçant son ministère dans les cas des art. 82 et 46 du Code d'instr. crim., peut, s'il le juge utile et nécessaire, charger le juge de paix ou tout autre officier de police auxiliaire de partie des actes de sa compétence.

1470. Le juge de paix peut même être requis ou délégué par le procureur de la République d'un autre arrondissement, de procéder dans son canton aux recherches relatives à la poursuite d'un crime ou d'un délit ; sauf le droit de décerner, en pareil cas, des mandats d'amener, de dépôt et d'arrêt contre les prévenus, qui ne pourrait être délégué. C. instr. crim. 283.

Le juge de paix ainsi requis ne peut refuser d'obtempérer à la réquisition ; l'art. 283 est formel. Dès lors que la délégation ou la réquisition est autorisée, l'obligation d'obtempérer en résulte évidemment.

1471. Le juge de paix, tout en se transportant sur les lieux du flagrant délit, doit donner avis au procureur de la République, pour que celui-ci avertisse immédiatement le juge d'instruction, ainsi que l'y oblige l'article 32 du Code d'instruction criminelle.

1472. Les art. 33 et suivants du même Code définissent et détaillent les pouvoirs du procureur de la République dans l'exercice de ses fonctions pour la recherche et la poursuite des crimes en cas de flagrant délit, ou lorsqu'il est requis par un chef de maison, art. 46.

1473. L'art. 49 donne, comme nous l'avons vu plus haut, les mêmes attributions aux juges de paix et autres officiers de police judiciaire.

1474. En ce qui touche aux procès-verbaux du procureur de la République et quelques autres formalités ou attributions, V. Code d'instr. crim. art. 42, 43, 32, 33, 34, 35, 36, 37, 38, 39.

1475. Le juge de paix agissant comme officier de police auxiliaire doit être accompagné de son greffier.

1476. Si le greffier était absent, malade ou empêché, le juge de paix nommerait d'office un remplaçant qui devrait être âgé de vingt-cinq ans, et auquel il ferait prêter serment de remplir fidèlement les fonctions qui lui seraient confiées; mention serait faite sur les procès-verbaux de l'empêchement du greffier ordinaire, de la commission et du serment du remplaçant.

1477. Les gendarmes, en leur qualité d'agents de la force publique, ont capacité pour faire les actes des huissiers dans les procédures criminelles; le juge de paix peut donc les employer pour toutes significations.

1478. Le juge de paix a la faculté de se faire assister au besoin de manouvriers, de même que de gens de l'art.

1479. Lorsque des cris partent d'une maison pour appeler du secours, à raison d'un crime ou d'un délit, le procureur de la République ou ses auxiliaires doivent y accourir, quand même ils ne seraient pas proférés par le chef de la famille ou de la maison. La maison de toute personne est inviolable; nul n'a, pendant la nuit, le droit d'y entrer que dans le cas d'incendie, d'inondation ou de réclamation *faite de l'intérieur de la maison*. Loi du 22 frim. an VII, art. 76.

1480. Dès que le juge d'instruction est arrivé sur les lieux, les pouvoirs de tous les autres magistrats, même du procureur de la République, relativement à l'instruction, cessent; c'est le juge d'instruction qui agit; le procureur de la République ne conserve que le droit de requérir. C. instr. crim. 47, 61 et suiv.

1481. Mais, quoique le Code d'instruction criminelle n'indique que le cas de flagrant délit emportant peine afflictive ou infamante, et le cas de réquisition du maître de maison, comme autorisant le juge de paix à agir directement et à commencer l'instruction, ce n'est pas à dire qu'il ne puisse, en l'absence du procureur de la République et du juge d'instruction, constater également d'autres délits ou crimes, procéder et verbaliser.

Par exemple, s'il s'agit d'une mort violente ou d'une mort dont la cause soit inconnue et suspecte, il doit, comme remplaçant le procureur de la République, se transporter sur les lieux, assisté d'un ou de deux officiers de santé, qui font leur rapport sur la cause de la mort et sur l'état du cadavre. Les personnes ainsi appelées pour assister le juge de paix dans la levée d'un corps, prêtent serment de faire leur rapport et de donner leur avis en leur honneur et conscience. C. instr. crim. 44.

1482. Lorsqu'à l'audience, ou en tout autre lieu où se

fait publiquement une instruction judiciaire, l'un ou plusieurs des assistants donneront des signes publics soit d'approbation, soit d'improbation, ou exciteront du tumulte, de quelque manière que ce soit, le président ou le juge les fera expulser; s'ils résistent à ses ordres, ou s'ils rentrent, le président ou le juge ordonnera de les arrêter et conduire dans la maison d'arrêt : il sera fait mention de cet ordre dans le procès-verbal, et, sur l'exhibition qui en sera faite au gardien de la maison d'arrêt, les perturbateurs y seront reçus et retenus pendant vingt-quatre heures. C. instr. crim. 504.

1483. Lorsque le tumulte aura été accompagné d'injures ou voies de fait donnant lieu à l'application ultérieure de peines correctionnelles ou de police, ces peines pourront être, séance tenante et immédiatement après que les faits auront été constatés, prononcées, savoir : celles de simple police, sans appel, de quelque tribunal ou juge qu'elles émanent; et celles de police correctionnelle, à la charge de l'appel, si la condamnation a été portée par un tribunal sujet à appel, ou par un juge seul. C. instr. crim. 505.

1484. Mais il faut observer que ces articles ne sont applicables que lorsque l'instruction judiciaire se fait publiquement. Si le juge avait toléré la présence d'étrangers à des actes ou à des opérations qui, de leur nature, doivent être secrets, il ne pourrait que faire expulser les assistants qui s'écarteraient du respect dû ou occasionneraient du tumulte, sauf à dresser procès-verbal des délits ou crimes, s'il en était commis, à faire arrêter le prévenu en cas de flagrant délit et crime, et à le renvoyer devant les juges compétents.

FORMULE 332e. *Réquisition de la force publique.*

Nous... juge de paix du canton de... agissant comme officier de police judiciaire, auxiliaire de M. le procureur de la République, requérons, en vertu de l'art. 25 du Code d'instruction criminelle, le sieur M.., commandant la force publique de... de nous prêter secours de la gendarmerie (*ou* de la troupe de ligne, *ou* de la garde nationale) sous ses ordres, pour... (*Donner ici les motifs de l'emploi de la force publique.*)

Fait à... le.

    (*Sceau.*)   (*Signature.*)

FORMULE 333e. *Réquisition d'un expert, médecin ou autre.*

Nous N... juge de paix du canton de... arrondissement de... département de... agissant comme officier de police judiciaire, auxiliaire de M. le procureur de la République, requérons M... (*profession*), demeurant à... de se transporter de suite auprès de nous, à... aux fins de nous assister dans la constatation d'un... (*l'espèce de crime*), et de procéder à toutes les opérations qui seront jugées nécessaires (*au cas que le juge de paix ne puisse les indiquer*).

Fait à... le...

    (*Sceau.*)   (*Signature.*)

Nota. Le juge de paix atteste au pied du réquisitoire les opérations qui ont été faites par l'expert, et le temps qui y a été employé, ou ce qu'a fait l'officier de santé, lorsque leur ministère est épuisé.

Si l'on craignait d'éprouver de la résistance de la part de la personne appelée, on ferait bien d'employer la citation qui, étant plus solennelle, vaincrait mieux, sans doute, les répugnances.

FORMULE 334e. *Procès-verbal de constat en cas de flagrant délit.* — *Perquisitions au domicile de l'inculpé et apposition de scellés* (1).

L'an mil huit cent... le... heure de...

Nous (*exprimer la qualité de l'officier qui procède*), officier de police, auxiliaire de M. le procureur de la République, assisté de... notre greffier, instruit par la dénonciation à l'instant faite devant nous par le sieur Jacques M. (*si l'avis vient d'une autre part on met*) : par la plainte rendue devant nous le... (*ou* par l'avis qui nous a été donné, *ou* par la voie, *ou* clameur publique), qu'un homicide venait de se commettre sur la personne du sieur A. domicilié dans une maison sise en cette commune (*ou* ville), rue... n°...

Procédant en cas de flagrant délit, conformément aux art. 32 et 48 (*ajouter l'art. 50, quand c'est ou un maire, ou un adjoint du maire, ou un commissaire de police qui agit*) du Code d'instruction criminelle, nous nous sommes transporté dans ladite maison, dont nous avons fait garder l'extérieur et les issues, avec défense à qui que ce soit de sortir de la maison et de s'éloigner du lieu jusqu'après la clôture de notre procès-verbal, sous les peines de l'art. 34 du même Code.

Monté au premier étage par un escalier à droite, au fond de la cour, nous avons été introduit dans un appartement composé de cinq pièces, donnant sur la cour et sur un jardin dépendant de la maison, où nous avons trouvé réunis, 1° le nommé Jean E... domestique du sieur A...; 2° les sieurs Louis G... et Jean H... voisins,

(1) Cette formule et les suivantes sont empruntées à l'*Instruction du procureur de la République près le tribunal de première instance de la Seine à MM. les officiers de police judiciaire.*

demeurant dans la maison ; 3° et un individu que l'on nous a désigné comme étant celui arrêté par le sieur Jacques M... dénonciateur, et par son domestique.

Sur notre interpellation, cet individu nous a déclaré se nommer Nicolas B... etc. Nous l'avons remis entre les mains de la force publique, en recommandant de veiller à ce qu'il ne communiquât avec personne, et ne jetât ou ne détruisît rien de suspect.

En présence, tant de cet individu que des personnes ci-dessus nommées, nous avons constaté le corps du délit et ses circonstances ainsi qu'il suit :

Dans une troisième pièce donnant sur le jardin et servant de chambre à coucher, nous avons vu sur un lit, dont les draps, la couverture et les matelas étaient inondés de sang, un cadavre du sexe masculin, que le nommé E... domestique, et les sieurs G. et H... voisins du sieur A... nous ont déclaré être celui dudit sieur A...

L'inculpé a reconnu l'identité du sieur A...

Ce cadavre était couché sur le dos ; il était vêtu d'une simple chemise et coiffé d'un bonnet de coton. La chemise et le bonnet sont ensanglantés ; la chemise est, de plus, percée de plusieurs trous dans la partie antérieure.

Le sang avait jailli jusque sur la muraille du côté de la ruelle.

Par terre, à peu de distance du lit, était un poignard teint de sang, à manche de bois d'ébène, dont la lame est de... centimètres de longueur, et ne porte aucun nom ou marque de fabricant.

Sur une commode placée à droite en entrant dans la chambre à coucher, était posée une lanterne sourde,

toute neuve, en fer-blanc et garnie d'un verre, lequel
se cache au moyen d'une plaque de fer-blanc qui se
rabat par-dessus; dans cette lanterne était un bout de
bougie éteint et presque consumé.

Requis par nous de procéder à l'examen des causes
de la mort du sieur A... les sieurs... docteurs, l'un en
médecine, l'autre en chirurgie, ont prêté entre nos
mains le serment de faire leur rapport en leur honneur
et conscience.

Leur examen terminé, ils nous ont rapporté qu'inspection faite de l'extérieur du cadavre, ils ont reconnu...

Qu'ouverture faite du cadavre, ils ont trouvé...

Qu'ayant, sur notre réquisition, rapproché de *telles* et
telles blessures les trous faits à la chemise dont est vêtu
le défunt, ils ont reconnu que ces coupures correspon-
daient à ces blessures par leur situation et direction;
qu'elles avaient la même longueur et étaient faites par
le même instrument tranchant;

Qu'ayant également, sur notre réquisition, rapproché la lame du poignard trouvé dans la chambre, des
blessures faites au défunt, et des trous observés à sa chemise, ils ont reconnu que la largeur de la lame était de
la longueur des plaies et trous;

Que, d'après toutes ces observations, ils estiment que
telles et *telles* blessures n'étaient pas mortelles, que
telles et *telles* étaient essentiellement mortelles, et ont
causé une mort très-prompte;

Que *telles* et *telles* blessures, ainsi que *telles* coupures
de la chemise, ont été produites par le même instru-

ment tranchant, et que cet instrument est le poignard
en question;

Que le nombre des blessures, et surtout la multitude
des écorchures qui se voient au visage et aux mains du
défunt, font présumer qu'il a cherché à se défendre contre son assassin.

Nous avons requis les hommes de l'art de visiter l'inculpé arrêté; ce qu'ayant effectué, ils nous ont rapporté
que son visage, ses mains, son habit, son gilet, sa chemise et sa cravate sont ensanglantés, ce que nous avons
nous-même vérifié; qu'il existe à sa main droite et à son
poignet gauche plusieurs écorchures, et à *tels* et *tels*
doigts de la même main des traces de morsures; que ces
écorchures et morsures sont tellement récentes qu'elles
sont encore sanguinolentes.

Ce rapport terminé, nous avons observé qu'il n'existait dans les divers objets et meubles de l'appartement
aucune effraction ou dérangement qui pût faire présumer qu'on y eût volé ou qu'on eût eu le temps d'y
voler.

Voulant constater comment on avait pénétré dans
l'appartement, nous avons remarqué qu'il n'existait à
la porte d'entrée aucune trace d'effraction. Une clef était
dans la serrure à l'extérieur; cette clef n'étant ni neuve
ni nouvellement limée, et s'ajustant d'ailleurs très-bien
à la serrure, qui est une serrure de sûreté, nous avons
présumé que cette clef était la véritable clef de la serrure.

Instruit qu'une porte qui donne du jardin sur la rue
avait été trouvée entr'ouverte, et présumant que l'assassin était entré par ce côté dans la maison, le jardin

n'étant séparé de la cour que par un mur d'appui dans lequel est une porte fermant seulement au loquet, nous nous sommes rendu à la porte de ce jardin par l'extérieur pour ne point effacer ni confondre les empreintes de pas qu'aurait pu laisser l'assassin dans l'intérieur du jardin.

La rue étant pavée, nous n'avons rien vu au dehors; mais, dans une des allées qui conduisent intérieurement de la porte du jardin à la maison, nous avons remarqué sur la terre amollie par la pluie qui est tombée hier, des empreintes de pas qui se dirigeaient de la porte à la maison; que ces empreintes, toutes de même grandeur, appartenaient à deux souliers différents, les uns portant la trace de trente clous au talon, les autres ne portant au talon que vingt-huit clous, une trace de clou manquant au milieu du talon.

Nous avons fait déchausser Nicolas B..., et nous avons vu que le soulier de son pied gauche s'adaptait parfaitement aux empreintes où se voit la trace de trente clous, et que le soulier de son pied droit s'adapte parfaitement aux empreintes où est la trace de vingt-huit clous; qu'à ce soulier il manque un clou à la même place qu'à ces dernières empreintes.

Nous avons ensuite fait fouiller Nicolas B...; il ne s'est trouvé sur lui qu'un passe-partout, que nous avons essayé à la porte du jardin, et qui l'ouvre avec peu de difficulté.

Nous nous sommes transporté dans le domicile de Nicolas B... rue... et là, en sa présence, nous avons fait une perquisition dans tous les lieux qui dépendent de sa location, et nous n'y avons rien trouvé, si ce n'est un billet sans signature, portant son adresse, qui était caché derrière la glace, et qui contient ces mots : « Retardez jusqu'à demain soir ; je vous en dirai la raison demain matin, à notre rendez-vous ordinaire.»

Sur notre réquisition, Nicolas B... a signé et paraphé avec nous ce billet, dont nous nous sommes saisi.

D'après l'interrogatoire de Nicolas B... rédigé séparément du présent procès-verbal, des soupçons graves s'élevant sur Jacques D... neveu du défunt, nous nous sommes transporté à son domicile, rue... Cet individu étant absent, nous avons fait ouvrir la porte de son logement par le sieur... serrurier, rue... par nous requis ; nous avons fait, dans tous les lieux dépendant de la location de D... une perquisition par l'effet de laquelle nous n'avons rien trouvé de suspect.

Jacques D... ayant été arrêté en vertu de notre mandat d'amener pendant le cours de nos opérations, immédiatement après son interrogatoire, nous l'avons confronté avec le cadavre de son oncle, dans le domicile duquel nous étions retourné. A la vue du cadavre, il a pâli et s'est troublé ; nous lui avons demandé s'il le reconnaissait ; il nous a déclaré, en balbutiant, que c'était celui de son oncle, et que ses assassins étaient bien criminels.

Nous nous sommes emparé, pour servir à conviction, de la chemise, du bonnet de coton, des draps et de la couverture de lit du défunt, du poignard, de la lanterne, de la clef de l'appartement, du passe-partout saisi sur Nicolas B... de l'habit, du gilet et des souliers de cet inculpé, à qui nous en avons fait prendre d'autres lors de la perquisition faite chez lui (*ou*) à qui nous en avons fait fournir d'autres par le sieur... marchand fripier, rue... (*dans ce cas, les vêtements sont payés sur la taxe qui en est faite*).

L'information et les interrogatoires terminés, nous avons renfermé les objets par nous saisis dans un sac de toile, que nous avons fermé au moyen d'une corde sans nœuds, aux deux bouts de laquelle nous avons adapté une feuille de papier au moyen de cire à cacheter rouge, que nous avons scellée de notre sceau. Sur notre interpellation, B... inculpé, a signé et paraphé avec nous cette bande de papier. Quant à D... second inculpé, il a déclaré ne vouloir la signer et parapher, ce dont nous avons fait mention sur ladite bande.

Personne ne pouvant nous donner les renseignements nécessaires pour la rédaction de l'acte du décès du sieur A... et étant instruit par le sieur G... l'un des voisins présents, que l'acte de naissance du sieur A... était renfermé dans son secrétaire, nous avons ouvert ce meuble à l'aide de la clef, que nous avons trouvée dans la poche du pantalon du défunt, et nous avons trouvé, dans un des tiroirs, ledit acte de naissance, duquel il résulte que le sieur A... porte les prénoms de... et qu'il est né à... le... du sieur... et de la dame... son épouse.

Les sieurs G... et H... nous ont déclaré que le défunt n'avait jamais été marié, et que ses père et mère étaient décédés sans qu'ils pussent indiquer le lieu ni le temps de leur décès.

Nous avons averti le juge de paix de cet arrondissement (*ou* canton), du décès du sieur A... à l'effet par lui d'apposer les scellés à la conservation des droits de qui il appartiendra, et, à son arrivée, nous lui avons remis la clef du secrétaire. (*Si c'est le juge de paix lui-même qui procède, il appose les scellés immédiatement après avoir constaté le délit, et par un procès-verbal séparé et rédigé selon les formes civiles.*)

Et attendu que Nicolas B... est inculpé d'être auteur de l'assassinat du sieur Jean-Baptiste A...; que Jacques D... est inculpé de s'être rendu complice de ce crime, en provoquant, par promesse, B... à le commettre, et en lui procurant les instructions et moyens de le consommer, nous avons ordonné qu'ils resteront sous la main de la justice, en état de mandat d'amener, et nous avons dressé le présent procès-verbal en présence du maire (*ou* de l'adjoint du maire, *ou* du commissaire de police, *ou* des sieurs... tous deux) domiciliés en cette ville (*ou* commune), rue... par nous requis (*ou* sans assistance de témoins, n'ayant pu nous en procurer tout de suite).

Lecture faite du présent procès-verbal aux inculpés et aux personnes y dénommées, ils l'ont signé à chaque feuillet avec nous, excepté Jean E... qui a déclaré ne savoir signer, et Jacques D... qui a refusé de signer, de ce interpellé selon la loi.

FORMULE 535°. *Information en cas de flagrant délit.*

L'an mil huit cent... le... heure de... nous (*indiquer la qualité de l'officier qui procède*), officier de police, auxiliaire de M. le procureur de la République, assisté de... notre greffier.

Procédant, en cas de flagrant délit, par suite de notre procès-verbal de ce jour, nous avons fait comparaître devant nous, à... en la maison du sieur A... rue... où nous nous étions transporté, les personnes ci-après nommées, à nous indiquées comme pouvant nous donner des renseignements sur l'homicide du sieur A...; elles nous ont fait successivement et séparément les unes des autres, hors de la présence du prévenu, leurs dépositions ainsi qu'il suit :

1° Jean D... âgé de... domestique au service du sieur M... demeurant chez son maître, en cette maison, nous a déclaré :

Je.....

Lecture à lui faite de sa déclaration, il a dit qu'elle contient vérité, qu'il y persiste, et l'a signée avec nous à chaque feuillet (*ou a déclaré ne savoir signer, de ce interpellé, et nous avons signé à chaque feuillet*).

(*Signatures du témoin, du juge de paix et du greffier.*)

2° Jacques E... âgé de... domestique au service du sieur A... demeurant en cette maison, chez son maître, nous a déclaré :

Je.....

Représentation faite au témoin de la clef trouvée par nous cette nuit à la porte de l'appartement, et du passe-partout saisi sur Nicolas B..., le témoin nous a dit reconnaître la clef pour être la double clef qui était disparue; quant au passe-partout, il nous a dit ne l'avoir jamais vu. Sur notre interpellation, il nous a fait voir la véritable clef du jardin, qui était déposée dans sa chambre, et dont il nous a dit être ordinairement le dépositaire.

Lecture, etc.

3° ...

. Fait et clos à... le... et avons signé avec notre greffier.   (*Signatures.*)

FORMULE 336e. *Levée d'un cadavre.*

L'an...

Nous... juge de paix du canton de... assisté du sieur
... notre greffier.

Informé qu'un cadavre gît sur le bord du chemin
dit... nous nous sommes immédiatement transporté sur
le lieu désigné, accompagné de M. Denis, docteur en
médecine, domicilié en cette ville, par nous requis. Là,
nous avons trouvé, gisant sur le bord du chemin, le
corps d'un homme renversé sur le dos. Sur notre invitation, M. le docteur, après avoir prêté en nos mains
le serment préalable, nous a déclaré que l'individu
soumis à son examen était réellement mort ; qu'à la
vérité il ne voyait aucune trace de mort violente,
mais qu'une autopsie lui paraissait nécessaire.

L'individu décédé est vêtu... (*décrire son costume*).
Aucun papier ou portefeuille n'a été trouvé sur le mort,
mais le nommé... (*nom, prénoms, âge, profession et domicile*), et le nommé... (*nom, prénoms, âge, profession et
domicile*), présents sur les lieux, nous ont appris qu'il
s'appelait... qu'il était domicilié à... qu'il exerçait la
profession de... était âgé de... était né dans la commune de... arrondissement de... département de...

Et, vu la nécessité reconnue de faire l'autopsie, nous
avons fait transporter le cadavre à l'hospice de cette
ville, dans la salle à ce destinée, où nous nous rendrons
ce soir, à deux heures de relevée, conjointement avec
le susdit médecin, pour y procéder à cette opération.

(Dans les communes où ces établissements n'existent pas, on choisit un autre local.)

Avant de quitter le lieu où gisait le cadavre, nous avons interrogé les personnes présentes sur les circonstances qui ont déterminé le décès.

A cet effet, ont successivement comparu les témoins ci-après dénommés, que nous avons interrogés dans l'ordre suivant :

1° Le sieur... (*nom, prénoms, âge, profession et domicile*), a déclaré que, ce matin, en allant à son travail, il s'était trouvé en présence d'un homme renversé ; que l'ayant touché pour s'assurer s'il était mort, ou seulement endormi, il a reconnu qu'il était froid ; que ses vêtements étaient dans le même état qu'ils étaient tout à l'heure, et qu'il estime que l'individu est mort de sa mort naturelle ; et il a signé.

2° Le sieur... (*nom, prénoms, âge, profession et domicile*), a déclaré... (*Après avoir reçu toutes les déclarations, on continue comme suit :*)

Après avoir recueilli ces renseignements, nous nous sommes retiré ; et, à deux heures, nous nous sommes transporté, avec notre greffier, à la salle de l'hospice où est déposé le susdit cadavre. Nous y avons trouvé M. le docteur Denis, qui s'est mis en devoir de faire l'autopsie, et nous a rapporté ce qui suit...

(*Consigner ici toutes les circonstances de l'opération.*)

L'autopsie étant terminée, M. le docteur a rajusté les diverses parties du cadavre ; et attendu qu'aucun parent du défunt ne le réclame, nous avons donné les ordres nécessaires pour qu'il soit pourvu à l'inhumation aux frais de la commune, conformément au décret

du 12 juin 1804 (23 prairial au XII), art. 26, sauf le recours de la commune contre les héritiers du défunt.
Décret du 18 juin 1811, art. 3, § 4.

Les vêtements du défunt sont restés à l'hospice.

Ainsi fait et dressé le présent procès-verbal, dont un
extrait va être remis à M. l'officier de l'état civil de la
présente commune, conformément à l'art. 82 C. civ.

Et a le docteur Denis signé avec nous et notre greffier.

(*Si des papiers ou portefeuille ont été trouvés sur le
défunt, on les mentionne dans le corps du procès-verbal,
en les décrivant et en constatant les renseignements, qui
en résultent, sur le défunt.—A la fin on dit*) : Nous avons
visé lesdits papiers et portefeuille, et les avons joints au
présent procès-verbal.

SECTION 4. — *Du mandat de comparution.— Du mandat d'amener
et du mandat de dépôt.*

1485. Le mandat d'amener est décerné presque exclusivement par les juges d'instruction, de même que
le mandat de dépôt. Cependant, le procureur de la République, en cas de flagrant délit, et lorsque le fait est
de nature à entraîner peine afflictive et infamante, ou
l'officier de police auxiliaire qui le remplace, peuvent,
aux termes de l'art. 40 (C. instr. crim.), faire saisir les
prévenus présents contre lesquels il existerait des indices
graves; et, si le prévenu n'est pas présent, rendre une
ordonnance à l'effet de le faire comparaître. Cette ordonnance s'appelle *mandat d'amener*. La dénonciation
seule, ajoute le même article, ne constitue pas une présomption suffisante pour décerner cette ordonnance
contre un individu ayant domicile.

Le même droit de décerner des mandats d'amener

appartient au procureur de la République ou à ses auxiliaires, en cas de réquisition du maître de maison.
Art. 46.

1486. Ils peuvent, dans les mêmes cas, décerner des
mandats de dépôt.

1487. Il n'y aurait lieu de recourir au mandat de
comparution que si un juge de paix était délégué par le
juge d'instruction pour interroger le prévenu (Voir le
chapitre qui suit); cependant, nous réunirons sous cette
section les formules des trois mandats.

FORMULE 337ᵉ. *Mandat de comparution.*

Nous N... juge de paix du canton de... arrondissement de... département de... agissant en vertu de la
commission rogatoire de M... juge d'instruction de... en
date du... mandons et ordonnons à tous huissiers ou
agents de la force publique, de citer à comparaître devant nous, en notre cabinet, à... le nommé... profession
de... demeurant à... le... à... heure du... à l'effet d'y
être interrogé et entendu sur les faits à lui imputés, et
de déclarer que, faute de ce faire, il sera contre lui décerné mandat d'amener.

Fait à... le...

(*Sceau.*) (*Signature.*)

FORMULE 338ᵉ. *Mandat d'amener.*

Nous... juge de paix du canton de... arrondissement
de.. agissant comme officier de police judiciaire, auxiliaire de M. le procureur de la République, et procédant
en cas de flagrant délit, en vertu de l'article 40 C. instr.
crim.;

Mandons et ordonnons à tous huissiers ou agents de

la force publique d'amener par-devant nous, à... le...
le nommé... prévenu de...

Pour être entendu sur les imputations à lui faites, et
dont il lui sera donné connaissance;

Requérons tous dépositaires de la force publique de
prêter main-forte pour l'exécution du présent mandat
en cas de nécessité et de réquisition.

A... le...

(*Sceau.*)   (*Signature.*)

FORMULE 339e. *Procès-verbal dressé par le porteur d'un mandat
d'amener.*

L'an... je... soussigné, en vertu du mandat d'amener
délivré par... officier de police judiciaire, le... signé de
lui et scellé, me suis transporté au domicile de Victor...
demeurant à... auquel, parlant à sa personne, j'ai notifié le mandat d'amener dont j'étais porteur, le requérant de me déclarer s'il entend obéir audit mandat, et
se rendre par-devant ledit... officier de police. Ledit S...
m'a répondu qu'il était prêt à obéir à l'instant; en conséquence, j'ai conduit ledit... par-devant le... officier
de police judiciaire de... pour y être entendu et être
statué à son égard ce qu'il appartiendra, et j'ai, de tout
ce que dessus, dressé le présent procès-verbal.

(*Si l'inculpé refuse d'obéir, l'huissier doit se conduire
ainsi qu'il va être dit.*) Lequel m'a répondu qu'il ne
voulait point obéir audit mandat d'amener. Je lui ai
vainement représenté que sa résistance injuste ne pouvait le dispenser d'obéir au mandement de la justice, et
m'obligeait à user des moyens de force que j'étais autorisé à employer par la loi; ledit... s'est obstiné à refuser
d'obéir au mandat. En conséquence, je l'ai saisi et ap-

préhendé au corps, étant assisté de... gendarmes du
département de... résidant à... desquels j'ai requis l'assistance pour que force demeure à justice. J'ai conduit
ledit... par-devant, etc.

FORMULE 340ᵉ. Mandat de dépôt.

Nous... juge de paix du canton de... officier de police judiciaire, mandons et ordonnons à tous huissiers
et agents de la force publique de conduire en la maison
d'arrêt de... le sieur... (indiquer exactement les noms,
prénoms, profession, demeure et signalement), prévenu
de s'être rendu coupable le... à... du crime de... enjoignons en conséquence au gardien de ladite maison de le
recevoir provisoirement et le tenir à la disposition de
M. le procureur de la République.

Requérons tout dépositaire de la force publique de
prêter main-forte pour l'exécution du présent mandat,
s'il en est requis par le porteur d'icelui; à l'effet de quoi
nous avons signé le présent, scellé de notre sceau.

Fait à... le...

(Signature et sceau du juge de paix.)

FORMULE 341ᵉ. Mandat de dépôt contre une personne qui a enfreint la
défense de sortir de la maison où se fait l'instruction, dans le cas de
flagrant délit.

Nous... juge de paix du canton de... arrondissement
de... agissant comme officier de police judiciaire auxiliaire de M. le procureur de la République, et procédant en cas de flagrant délit;

Mandons et ordonnons à tous huissiers ou agents de
la force publique, de conduire à la maison d'arrêt de...
le nommé... que nous avons fait arrêter, pour avoir

contrevenu à ce que nous avions défendu, conformément à l'art. 34 du C. d'instr. crim.

Enjoignons au gardien de ladite maison d'arrêt, de le recevoir et retenir en dépôt jusqu'à nouvel ordre.

Requérons tous dépositaires de la force publique de prêter main-forte, en cas de nécessité et de réquisition, pour l'exécution du présent mandat.

Fait à... le...

(Sceau.)   (Signature.)

CHAPITRE II. — Fonctions des juges de paix comme délégués des juges d'instruction. — Instruction. — Audition de témoins. — Preuves par écrit et pièces de conviction.

SECTION 1re. — Délégation.

1488. Les juges de paix participent encore à l'instruction criminelle comme délégués du juge d'instruction. Ainsi le juge d'instruction peut, par une Commission rogatoire, charger le juge de paix d'entendre des témoins en dehors du canton chef-lieu du tribunal.

Lorsqu'il sera constaté, par le certificat d'un officier de santé, que des témoins se trouvent dans l'impossibilité de comparaître sur la citation qui leur aura été donnée, le juge d'instruction se transportera en leur demeure, quand ils habiteront dans le canton de la justice de paix du domicile du juge d'instruction. — Si les témoins habitent hors du canton, le juge d'instruction pourra commettre le juge de paix de leur habitation, à l'effet de recevoir leurs dépositions, et il enverra au juge de paix des notes et instructions qui feront connaître les faits sur lesquels les témoins devront déposer. C. instr. crim. 83.

1489. Si les témoins résident hors de l'arrondissement du juge d'instruction, celui-ci requerra le juge d'instruction de l'arrondissement dans lequel les témoins sont résidants, de se transporter auprès d'eux pour recevoir leurs dépositions. Dans le cas où les témoins n'habiteraient pas le canton du juge d'instruction ainsi requis, il pourra commettre le juge de paix de leur habitation, à l'effet de recevoir leurs dépositions, ainsi qu'il est dit dans l'art. précédent. C. instr. crim. 84.

« Quelques magistrats ont cru, d'après les articles 83 et 84 du Code d'instruction criminelle, que le juge d'instruction ne pouvait déléguer la faculté de recevoir les dépositions de témoins résidant hors de son canton ou de son arrondissement, qu'autant que ces témoins étaient dans l'impossibilité de comparaître devant lui, et que cette impossibilité était constatée par un certificat d'officier de santé : c'est une erreur. Le droit de déléguer tient aux règles générales de la procédure criminelle ; il est d'ailleurs rappelé par plusieurs dispositions du Code d'instruction. Les articles 83 et 84 ne sont pas limitatifs, mais ils indiquent, dans un cas particulier, la marche à suivre par le juge instructeur, lorsqu'il est obligé de déléguer une partie de ses fonctions ; et il doit s'y conformer exactement dans tous les autres cas où il peut y avoir lieu de déléguer. Ces cas sont très-fréquents : le juge d'instruction ne doit se déplacer que dans les circonstances graves ou urgentes ; il doit aussi éviter, autant que possible, de faire citer devant lui des témoins éloignés. » Circ. min. just. 23 sept. 1812 et 9 avril 1825.

1490. Il est donc admis que tous les pouvoirs du

juge d'instruction, relativement à l'instruction, peuvent être délégués au juge de paix ; nous disons relativement à l'instruction, car il n'en serait pas de même du pouvoir de décerner des mandats d'amener, de dépôt et d'arrêt.

1491. L'art. 283 du Code d'instruction criminelle, relatif à la délégation des pouvoirs que le procureur de la République a reçus du procureur général pour la poursuite spéciale de crimes ou délits, porte que, dans tous les cas où les procureurs généraux sont autorisés à remplir ainsi les fonctions d'officier de police judiciaire ou de juge d'instruction, ils pourront déléguer au procureur de la République, au juge d'instruction et au juge de paix, même d'un arrondissement communal voisin du lieu du délit, les fonctions qui leur sont respectivement attribuées, autres que le pouvoir de délivrer les mandats d'amener, de dépôt et d'arrêt contre les prévenus.

1492. Mais pour tout ce qui est instruction, comme audition de témoins, art. 83, 84, visites, perquisitions et autres mesures mentionnées dans les art. 35 et 39, 87 à 90 du Code d'instr. crim., de même que pour tout ce qui tient à l'instruction ou aux poursuites ordonnées par les chambres d'accusation, art. 228 et suivants, ou par les procureurs généraux, art. 271 et suivants, le juge de paix peut être délégué.

1493. Si le juge de paix délégué ne peut décerner le mandat d'arrêt, de dépôt ou d'amener, il n'en est pas de même du mandat de comparution ; commis pour interroger un prévenu, il n'a que ce moyen de le mettre en demeure d'obéir à la justice et de venir présenter sa défense. En cas de désobéissance au mandat de comparution, le juge de paix avertirait le juge d'instruction, qui décernerait un mandat d'amener conformément à l'art. 91 du Code d'instr. crim.

1494. Quant aux témoins, le juge de paix les fait citer par un huissier ou par un agent de la force publique (C. instr. crim. 72). D'après l'article 80, toute personne citée pour être entendue en témoignage sera tenue de comparaître et de satisfaire à la citation : sinon, elle pourra y être contrainte par le juge d'instruction, qui, à cet effet, sur les conclusions du procureur de la République, et sans autre formalité ni délai, et sans appel, prononcera une amende qui n'excédera pas cent francs, et pourra ordonner que la personne citée sera contrainte par corps à venir donner son témoignage.

1495. Ainsi, le juge d'instruction lui-même ne peut lancer de mandat d'amener contre le témoin et le condamner à l'amende pour refus de se présenter, que sur les conclusions du procureur de la République; d'où l'on doit conclure que ce droit ne peut appartenir, en aucun cas, au juge de paix.

1496. Mais le juge de paix qui, sans délégation du juge d'instruction, se serait transporté auprès d'un témoin malade, et aurait reconnu qu'il n'était pas dans l'impossibilité de comparaître sur la citation qui lui avait été donnée, aurait-il le pouvoir de décerner, ainsi que le juge d'instruction y est autorisé par l'art. 86, un mandat de dépôt contre le témoin et l'officier de santé qui aura délivré le faux certificat de maladie? Il faut encore répondre négativement; d'après ce même article 86, la réquisition du procureur de la République est exigée, comme dans le cas qui précède, pour l'application de la peine; il n'y a pas d'ailleurs urgence. Le juge de paix doit donc se borner à prévenir le juge d'instruction.

1497. Il faut remarquer que dans toutes les dispositions relatives à la délégation ou à la commission rogatoire, que nous avons citées, l'ordre hiérarchique des juridictions est ponctuellement observé : ainsi, un juge de paix ne peut être commis directement que par le juge d'instruction de son arrondissement (C. instr. crim. 83, 84); par le conseiller délégué de la Chambre d'accusation du ressort (art. 283); ou par les présidents des Cours d'assises (art. 303); de même qu'il ne peut recevoir de réquisition que du procureur de la République de son arrondissement ou du procureur général du ressort. Art. 52, 274, 279.

1498. Il n'est appelé que médiatement (art. 84) à remplir les commissions rogatoires des juges d'instruction des autres arrondissements, des officiers rapporteurs près les Conseils de guerre, ou des magistrats des Cours où il ne ressortit pas, autres que les présidents des Cours d'assises.

1499. Si ces commissions lui parvenaient autrement que par l'intermédiaire du juge d'instruction de son arrondissement, elles ne seraient pas valablement données; le juge de paix serait sans pouvoir légal; son devoir serait d'informer sur-le-champ le procureur de la République, pour qu'il relevât l'irrégularité et la fît réparer. Duvergier, n° 59.

SECTION 2. — *Instruction. — De l'audition des témoins.*

1500. Nous avons donné ci-dessus les règles et for—

mules de l'instruction en cas de flagrant délit; elles peuvent servir également lorsque le juge de paix agit par délégation, sauf qu'il doit mentionner par qui il se trouve délégué. Nous ne parlerons donc, dans cette section, que de l'audition des témoins.

1501. Le juge d'instruction fera citer devant lui les personnes qui auront été indiquées par la dénonciation, par la plainte, par le procureur de la République ou autrement, comme ayant connaissance, soit du crime ou délit, soit de ses circonstances. C. instr. crim. 71.

1502. Les témoins seront cités par un huissier, ou par un agent de la force publique, à la requête du procureur de la République. C. instr. crim. 72.

1503. Ils seront entendus séparément, et hors de la présence du prévenu, par le juge d'instruction, assisté de son greffier. C. instr. crim. 73.

1504. Ils représenteront, avant d'être entendus, la citation qui leur aura été donnée pour déposer; et il en sera fait mention dans le procès-verbal. C. instr. crim. 74.

1505. Les témoins prêteront serment de dire toute la vérité, rien que la vérité; le juge d'instruction leur demandera leurs nom, prénoms, âge, état, profession, demeure; s'ils sont domestiques, parents ou alliés des parties, et à quel degré : il sera fait mention de la demande, et des réponses des témoins. C. instr. crim. 75.

1506. Les dépositions seront signées du juge, du greffier, et du témoin, après que lecture lui en aura été faite et qu'il aura déclaré y persister. Si le témoin ne veut ou ne peut signer, il en sera fait mention. Chaque page du cahier d'information sera signée par le juge ou par le greffier. C. instr. crim. 76.

1507. Les formalités prescrites par les trois articles précédents seront remplies, à peine de 50 fr. d'amende, contre le greffier, même s'il y a lieu de prise à partie contre le juge d'instruction. C. instr. crim. 77.

1508. Aucune interligne ne pourra être faite : les ratures et les renvois seront approuvés et signés par le juge d'instruction, par le greffier et par le témoin, sous les peines portées en l'article précédent. Les interlignes, ratures et renvois non approuvés, seront réputés non avenus. C. instr. crim. 78.

1509. Les enfants de l'un et de l'autre sexe, au-dessous de l'âge de 15 ans, pourront être entendus par forme de déclaration, et sans prestation de serment. C. instr. crim. 79.

1510. Chaque témoin qui demandera une indemnité sera taxé par le juge d'instruction. C. instr. crim. 82.

1511. Le juge de paix qui aurait reçu des dépositions de témoins, comme délégué, en conséquence des articles 83 et 84 du Code d'inst. crim., les enverra closes et cachetées, au juge d'instruction saisi de l'affaire. C. instr. crim. 85.

SECTION 3. — *Des preuves par écrit et des pièces de conviction.*

1512. Le juge d'instruction se transportera, s'il en est requis, et pourra même se transporter d'office dans le domicile du prévenu pour y faire la perquisition des papiers, effets, et généralement de tous les objets utiles à la manifestation de la vérité. C. instr. crim. 87.

1513. Le juge d'instruction pourra pareillement se transporter dans les autres lieux où il présumerait qu'on aurait caché les objets dont il est parlé dans l'art. précédent. C. instr. crim. 88.

1514. Les dispositions des art. 35, 36, 37, 38 et 39 concernant la saisie des objets dont la perquisition peut être faite par le procureur de la République, dans les cas de flagrant délit, sont communes au juge d'instruction. C. instruct. crim. 89.

FORMULE 542e. *Procès-verbal d'information par le juge de paix en vertu de délégation.*

L'an... le... heure...

Par-devant nous... (*prénoms et nom*) juge de paix du canton de.... agissant en vertu de la Commission rogatoire de M. le juge d'instruction de... en date du... (1), arrondissement de... département de.. étant à... assisté de... (*prénoms et nom*), notre greffier.

En conséquence de la citation donnée à la requête de M. le procureur de la République, de... par exploit de... (*nom de l'huissier*) huissier du... (*date de l'exploit*) conformément à votre cédule du...

Ont comparu les témoins ci-après, chacun desquels appelés successivement et séparément, hors de la présence du prévenu, après avoir représenté la citation qui lui a été donnée pour déposer; avoir reçu communication des faits contenus dans la Commission rogatoire sus-relatée, relative à... (*nature du délit*) imputé à ...(*Désignation du prévenu ou des prévenus*); avoir prêté

_____

(1) *Ou* en vertu de la délégation de M. le juge d'instruction de... en date du... pour l'exécution de la commission rogatoire de M... en date du...

serment de dire toute la vérité, rien que la vérité, et enquis par nous de ses nom, prénoms, âge, état, profession, demeure; s'il est domestique, parent ou allié du prévenu et à quel degré (*ou des prévenus, et encore s'il y a lieu* de N... partie civile), nous a répondu et a fait sa déposition, ainsi qu'il suit :

1° Jacques Sire, âgé de vingt-huit ans, tanneur, demeurant à... commune de... non domestique, parent ni allié du prévenu (ni de la partie civile), dépose

Tel jour, à *telle* heure, en *tel* lieu, j'ai vu, j'ai entendu...

J'ai appris de *telle manière*...

Je sais de plus...

Interpellé d'expliquer *tel* fait, ou de déposer ce qu'il sait sur *telle* circonstance, ou de faire connaître la moralité du prévenu, le témoin a répondu : Je...

Représentation faite de *telle* pièce de conviction, le témoin a déclaré : Je connais *tel* objet.

Lecture faite a persisté, a requis taxe que nous avons allouée de la somme de... a déclaré ne savoir signer, de ce requis, et nous avons signé avec le greffier (*ou s'il y a lieu*, avec le greffier commis).

Approuvé les mots (*les mots renvoyés en marge sont inscrits ici*) renvoyés en marge et rejeté... mots rayés nuls.

(*Signature du juge, signature du greffier.*)

2° Jean Henri Manurel, âgé de... forgeron... demeurant à... non domestique du prévenu, mais son allié au troisième degré (*s'il y a partie civile le témoin déclare ses rapports avec elle*), dépose :

Je...

Lecture faite, a persisté, n'a requis taxe, et a signé avec nous et le greffier.

(*Signature du témoin, signature du juge, signature du greffier.*)

3° Pierre Mercet, âgé de treize ans, sans profession, demeurant à... non domestique, parent ni allié du prévenu, parent au troisième degré de M. Joseph N... partie civile, entendu par forme de déclaration et sans prestation de serment, vu son âge, dépose :

Je...

Lecture faite, etc. (*Signatures.*)

Tous les témoins assignés étant entendus, à l'exception seulement de Louis Landrin, qui nous a fait présenter une excuse ci-annexée, attestant qu'une gastrite aiguë l'a mis dans l'impossibilité d'obéir à la citation et l'empêchera de pouvoir comparaître de longtemps, et Marie Todeur, qui n'a ni comparu ni fourni d'excuses, quoique valablement assignée, nous avons clos le présent procès-verbal, les jour, mois et an que dessus, et nous avons signé avec notre greffier. (*Signatures.*)

Si l'information dure plusieurs jours, le procès-verbal peut être continué ainsi :

Et l'an... le... heure... par continuation,

Devant nous, juge de paix susdit, agissant et assisté comme dit est, ont comparu les témoins ci-après, par suite de l'exploit sus-relaté.

Lesquels témoins, après l'accomplissement de toutes les formalités énoncées au commencement de notre présent procès-verbal, ont répondu et déposé comme suit :

4° etc.

5° etc.

Fait et clos à... le... et nous avons signé avec notre greffier. (*Signature du juge, signature du greffier.*)

Nota. Remarquez que ce modèle de clôture est fait pour le cas où les témoins excusés sont trop éloignés pour qu'on puisse les entendre sur-le-champ, et consigner leurs dépositions, sans désemparer, à la suite des témoignages déjà reçus.

Mais, si les témoins malades demeuraient à la résidence du juge de paix, ou à sa proximité, en sorte qu'il pût se rendre immédiatement auprès d'eux, pour les entendre, alors ce modèle de clôture ne servirait pas; il y aurait lieu d'expliquer que le juge s'est rendu de suite auprès des témoins, pour telle cause, et qu'il a reçu leurs dépositions, avec les formalités prémentionnées.

TITRE III.

DE L'ENREGISTREMENT DES ACTES D'INSTRUCTION. — DU TIMBRE. — DE LA TAXE, DU TARIF ET DE QUELQUES ACTES DE RÉQUISITION.

CHAPITRE Ier. — De l'enregistrement des actes d'instruction et du timbre.

1515. L'art. 16 de la loi du 13 brumaire an VII et l'art. 70 de la loi du 22 frimaire an VII dispensent du timbre et de l'enregistrement les actes, procès-verbaux et jugements concernant la police générale. La même exception s'applique aux actes qui sont l'objet de la police de sûreté et de la vindicte publique. Ainsi, les procès-verbaux, actes et jugements, soit en matière de crimes, soit en matière de délit, lorsqu'il n'y a pas de partie civile, sont affranchis du timbre et de l'enregistrement.

Cette exemption comprend les procès-verbaux du procureur de la République, du juge d'instruction, des juges de paix, des commissaires de police et autres officiers de police judiciaire; les rapports des chirurgiens, médecins et autres personnes chargées par le ministère public d'apprécier la nature du crime ou du délit; les procès-verbaux d'enquête, les mandats d'amener et de dépôt, les ordonnances du juge d'instruction, celles rendues en la Chambre du conseil, y compris celles qui déterminent la nature de la poursuite et qui règlent la compétence des tribunaux, soit qu'il s'agisse de crimes ou de délits. Instr. de la régie de l'enregistrement, du 12 novembre 1823.

CHAPITRE II. — De la taxe et du payement des frais de justice criminelle.

1516. C'est le décret du 18 juin 1811, dit tarif criminel, qui règle le taux de l'allocation et le mode de payement des frais en matière criminelle.

Les frais sont avancés par l'administration de l'enregistrement pour les actes qui sont ordonnés d'office ou à la requête du ministère public, sauf à poursuivre ainsi que de droit le remboursement desdits frais qui ne doivent point rester à la charge de l'État. Tarif de 1811, art. 1er.

1517. Toutes les fois qu'il y a partie civile en cause et qu'elle n'a pas justifié de son indigence, dans la forme prescrite par l'art. 420 du Code d'instruction criminelle, les exécutoires de frais sont donnés directement contre elle en matière de police simple ou correctionnelle, car la consignation des frais est en pareil cas exigée. Tarif, 159, 160.

L'art. 160 indiquait le dépôt des frais par la partie civile, *soit* entre les mains du receveur de l'enregistrement, *soit* au greffe. Une circulaire du garde des sceaux, du 3 mai 1825, prescrit aux greffiers de recevoir, dans tous les cas, la somme dont la partie civile fait le dépôt. C'est donc le greffier qui paye, sur les frais consignés, les exécutoires dirigés contre la partie civile.

1518. Le tarif criminel du 18 juin 1811 est aux mains de tous les juges de paix et greffiers; nous ne le transcrirons donc pas ici, et nous nous bornerons à quelques observations et à rapporter les diverses dispositions qui ont modifié le tarif.

1519. La taxe des témoins doit être faite sur la copie de l'assignation (Décret du 18 juin 1811, art. 133). Si pourtant le témoin a égaré sa copie, la taxe mise à la suite d'un certificat donné par le juge de paix ou par le greffier pourrait valoir, et ce moyen n'a éprouvé aucune contradiction de la part de la Cour des comptes.

1520. Lorsque les témoins n'ont été appelés que par un simple avertissement, c'est au bas même de cet avertissement que doivent être apposés la taxe et le mandat.

1521. En cas de flagrant délit, les témoins peuvent être entendus sans citation : s'ils comparaissaient même sans avertissement écrit, mais sur un simple avertissement verbal, et requéraient taxe, elle devrait leur être faite suivant la formule donnée n° 1523 ci-après, sauf qu'on n'aurait pas de citation à relater, et qu'on devrait, au contraire, exprimer que le témoin a comparu sans citation, sur l'invitation du juge, l'information étant faite en cas de flagrant délit. Circ. min. just. 30 mai 1826.

1522. L'apposition et la levée des scellés, faits par les officiers de police judiciaire, n'entraînent aucuns frais autres que l'indemnité du gardien, quand il y a lieu. Tarif, art. 16, 37, 38, 89, 90.

1523. Le décret du 7 avril 1813 ayant apporté à celui du 18 juin 1811 quelques changements dans les allocations des taxes de témoins, nous transcrivons les dispositions qui sont relatives à ces taxes :

« Il ne sera plus accordé de double taxe aux témoins, « dans le cas prévu par l'article 29 du règlement du « 18 juin 1811 (1). » Art. 1er du décret du 7 avril 1813.

« Les témoins qui ne seront pas domiciliés à plus d'un « myriamètre du lieu où ils seront entendus, n'auront « droit à aucune indemnité de voyage; il ne pourra « leur être alloué que la taxe fixée par les articles 27 et « 28 du règlement.

« Ceux domiciliés à plus d'un myriamètre recevront « pour indemnité de voyage, s'ils ne sortent point de « leur arrondissement, un franc par myriamètre par-« couru en allant, et autant pour le retour.

« S'ils sont appelés hors de leur arrondissement, « cette indemnité sera d'un franc cinquante centimes.

« Dans les deux derniers cas, la taxe fixée par les « articles 27 et 28 sus-énoncés ne sera point allouée, « sans néanmoins rien innover à l'article 30 dudit rè-« glement, relatif aux frais de séjour. » Art. 2, *eodem.*

Il n'est dû aucuns frais de voyage « aux gardes cham-

(1) Témoins comparaissant en justice dans les cas d'infirmité ou de maladie dûment constatée.

« pêtres ou forestiers, tant pour la remise qu'ils sont
« tenus de faire de leurs procès-verbaux, conformé-
« ment aux articles 18 et 20 du Code d'instruction cri-
« minelle, que pour la conduite des personnes par eux
« arrêtées devant l'autorité compétente.

« Mais, lorsque ces gardes seront appelés en justice,
« soit pour être entendus comme témoins, lorsqu'ils
« n'auront point dressé de procès-verbaux, soit pour
« donner des explications sur les faits contenus dans
« les procès-verbaux qu'ils auront dressés, ils auront
« droit aux mêmes taxes que les témoins ordinaires.

« Il en sera de même des gendarmes. » Art. 3, *eodem.*

« L'augmentation de taxe accordée par l'article 94
« du règlement, pour frais de voyage, pendant les mois
« de novembre, décembre, janvier et février, est égale-
« ment supprimée, tant pour les témoins que pour les
« autres parties prenantes désignées dans l'article 92. »
Art. 4, *eodem.*

1524. L'art. 145 du décret du 28 juin est remplacé
par l'art. 2 de l'ordonnance du 28 novembre 1838,
ainsi conçu :

« Il ne sera plus fait que deux expéditions de chaque
« état du mémoire des frais de justice non réputés ur-
« gents, l'une sur papier timbré, l'autre sur papier libre.

« Chacune de ces expéditions sera revêtue de la taxe
« et de l'exécutoire du juge.

« La première sera remise au receveur de l'enregis-
« trement avec les pièces, au soutien des articles sus-
« ceptibles d'être ainsi justifiés.

« La seconde sera transmise à notre ministre de la
« justice.

« Le prix du timbre, tant du mémoire que des pièces
« à l'appui, est à la charge de la partie prenante. »

1525. D'après des circulaires du ministre de la justice des 23 septembre 1812, 12 décembre 1820 et 31 mai 1813, l'indemnité de transport ne devait être accordée aux juges de paix qu'autant qu'ils agissaient comme délégués du juge d'instruction. Mais une circulaire du même ministre, du 11 février 1824, de l'avis du Comité de législation au Conseil d'État, a décidé : 1° qu'il est dû une indemnité de transport aux juges de paix, dans le cas de l'art. 49 du Code d'instruction criminelle, c'est-à-dire quand ils procèdent comme auxiliaires du procureur de la République ; 2° que les juges de paix et les officiers du ministère public ont droit, dans les mêmes cas, de se faire accompagner d'un greffier, à qui est due l'indemnité fixée par l'art. 89 du règlement.

1526. Les articles 149 et 152 du décret du 18 juin 1811 sont remplacés par l'art. 5 de l'ordonnance du 28 novembre 1838, conçu en ces termes :

« Les mémoires qui n'auront pas été présentés à la
« taxe du juge dans le délai d'une année à partir de l'é-
« poque à laquelle les frais auront été faits, ou dont le
« payement n'aura pas été réclamé dans les six mois de
« leur date, ne pourront être acquittés qu'autant qu'il
« sera justifié que les retards ne sont point imputables
« à la partie dénommée dans l'exécutoire.

« Cette justification ne pourra être admise que par
« notre ministre de la justice, après avoir pris l'avis de
« nos procureurs généraux, s'il y a lieu. »

FIN DU SECOND VOLUME.

TABLE DES MATIÈRES

DANS LE SECOND VOLUME.

DEUXIÈME PARTIE. — LIVRE III.

FIN DE LA TABLE MÉTHODIQUE DU SECOND VOLUME.

TABLE ALPHABÉTIQUE

DES

MATIÈRES CONTENUES DANS LES DEUX VOLUMES.

———————

(Les chiffres renvoient aux numéros d'ordre des deux volumes,
et non aux pages.)

FIN DE LA TABLE ALPHABÉTIQUE.

Typ. HENNUYER, rue Lemercier, 24. Batignolles.

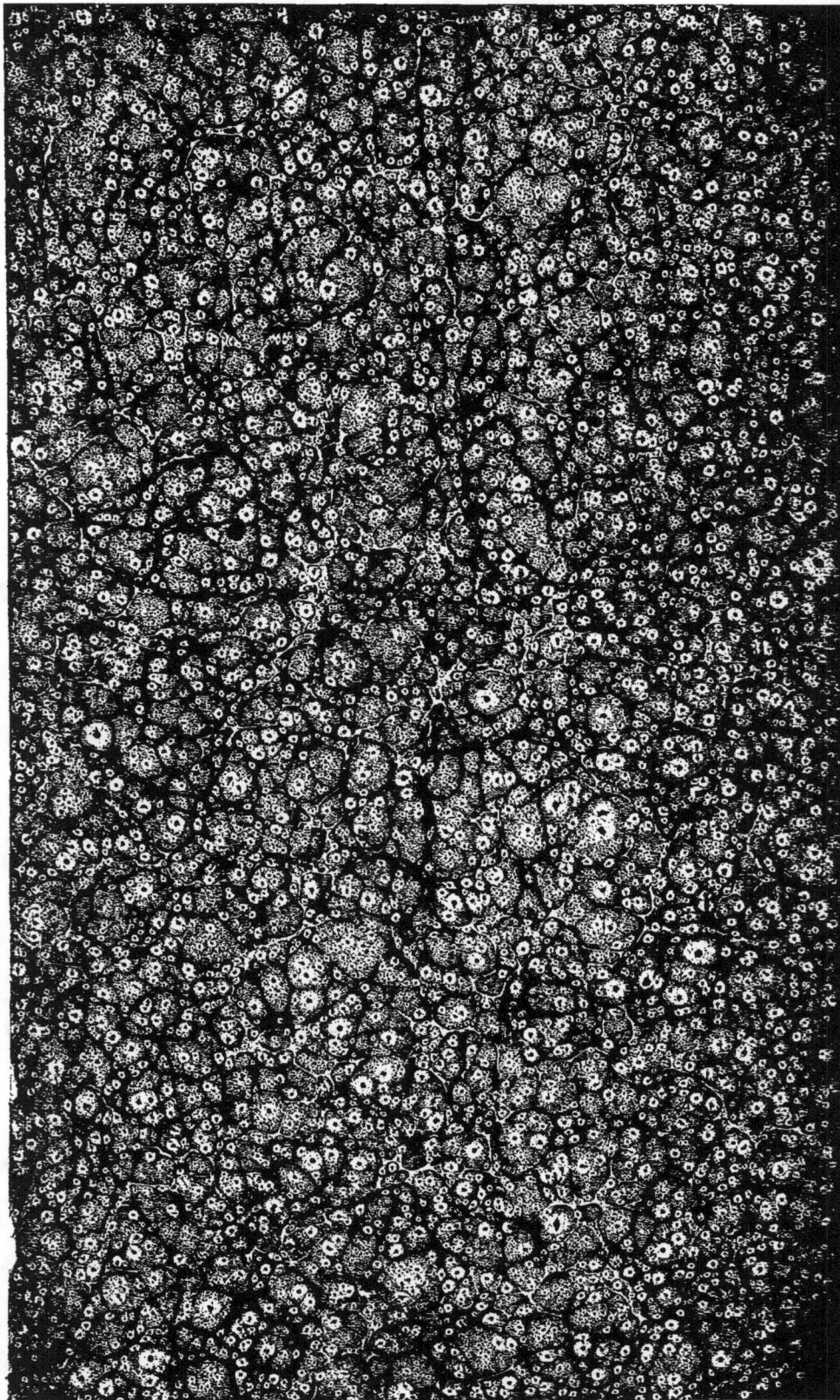

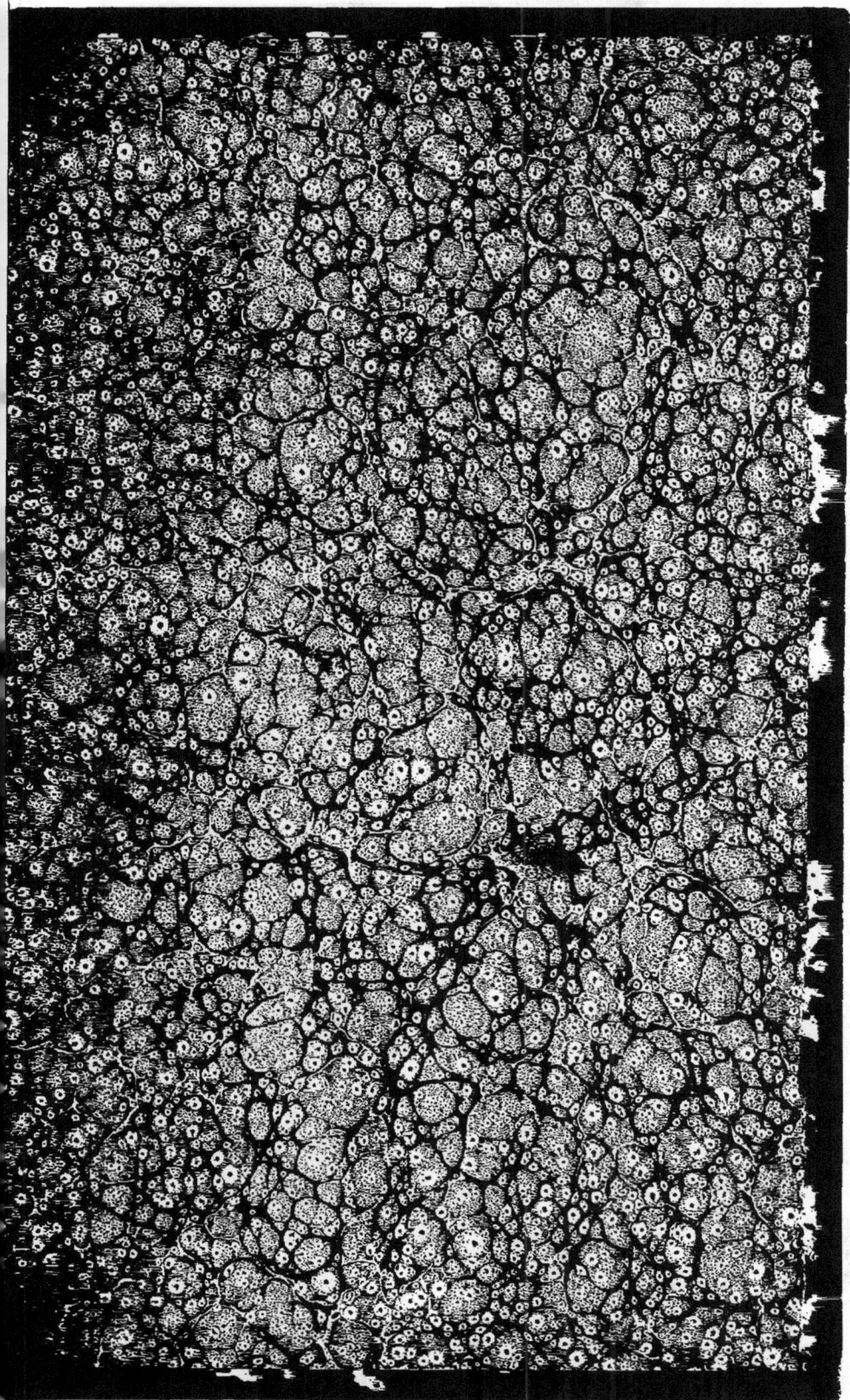

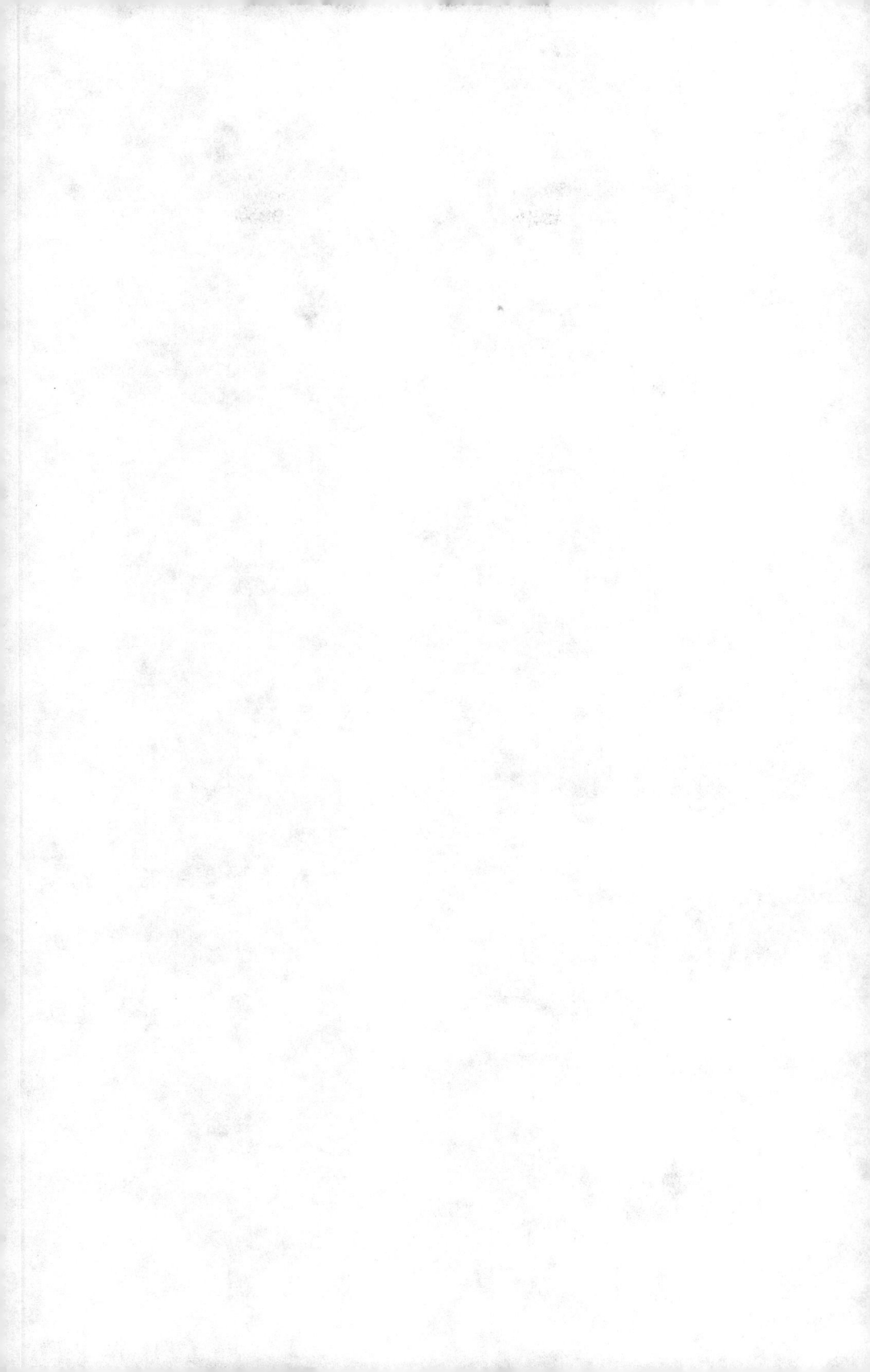

www.ingramcontent.com/pod-product-compliance
Lightning Source LLC
Chambersburg PA
CBHW052100230326
41599CB00054B/3386